Die ehrenamtlichen Richterinnen und Richter
beim Arbeits- und Sozialgericht

Die ehrenamtlichen Richterinnen und Richter beim Arbeits- und Sozialgericht

Rechte und Pflichten von der Anbahnung über die Begründung bis zur Beendigung des Ehrenamtes

von

Dr. jur. Peter Bader
Vizepräsident
des Hessischen Landesarbeitsgerichts

Roger Hohmann
Ministerialrat

und

Dr. jur. Harald Klein
Präsident
des Hessischen Landessozialgerichts

mitbegründet von

Dr. jur. Hans G. Joachim
Präsident des Landesarbeitsgerichts
Frankfurt a.M. a.D.

Dr. jur. Dietrich Wiegand
Richter am Bundessozialgericht a.D.

und

Dr. jur. Lothar Ostheimer
Vorsitzender Richter
am Hessischen Landesarbeitsgericht a.D.

11., neu bearbeitete und erweiterte Auflage

CFM

C.F. Müller Verlag · Heidelberg

Bibliografische Information Der Deutschen Bibliothek

Die Deutsche Bibliothek verzeichnet diese Publikation
in der Deutschen Nationalbibliografie; detaillierte bibliografische Daten
sind im Internet über <http://dnb.ddb.de> abrufbar.

Printed in Germany
Satz: Strassner ComputerSatz, Leimen
Druck: Grafische Großbetriebe Friedrich Pustet, Regensburg
ISBN 3-8114-1857-2

Vorwort

Dieses Buch hat seit seinem ersten Erscheinen als Broschüre im Jahr 1971 dazu beigetragen, das gegenseitige Verständnis zwischen den zuständigen Ressortministern, dem hauptamtlichen Personal der Arbeits- und Sozialgerichtsbarkeit und ihren ehrenamtlichen Richtern zu fördern und zu vertiefen. Die ehrenamtlichen Richter der Arbeits- und Sozialgerichtsbarkeit aller drei Instanzen erhalten mit diesem Werk gerade auch über diejenigen Rechte und Pflichten Auskunft, über die das Gesetz nichts sagt. Wenn in dieser Broschüre vom ehrenamtlichen Richter die Rede ist, dann sind damit natürlich auch die zahlreichen ehrenamtlichen Richterinnen eingeschlossen. Die Beschränkung auf die männliche Form darf nicht als Geringschätzung der ehrenamtlichen Richterinnen missverstanden werden, sondern erfolgt lediglich entsprechend der geltenden Gesetzesfassung und aus Vereinfachungsgründen im Interesse einer besseren Lesbarkeit. Dankenswerterweise werden die Verfasser sowohl von den Ministerien wie von den Gerichtsbarkeiten, den Verbänden und nicht zuletzt von den ehrenamtlichen Richtern selbst informiert, wenn es hier und da einmal Zweifelsfragen gibt. Die Verfasser versuchen sodann, zu diesen Zweifelsfragen in der jeweils nächsten Auflage Stellung zu nehmen.

Das Werk wendet sich nicht nur an die „Amtsinhaber“, sondern gleichermaßen auch an diejenigen, die sich im Vorfeld erst noch ein Bild machen wollen, ob sie sich für das ehrenamtliche Richteramt zur Verfügung stellen wollen oder können. Über die vielfältigen Amtsvoraussetzungen und das zu beachtende Vorschlags-, Auswahl- und Berufungsverfahren gibt das Werk ausführliche und solide Informationen. Adressaten sind natürlich auch die vielen vorschlagsberechtigten Stellen, die Gewerkschaften und Arbeitnehmervereinigungen, Arbeitgebervereinigungen, Behindertenverbände, Krankenkassenverbände, Kassenärztlichen und Kassenzahnärztlichen Vereinigungen sowie Behörden auf Bundes- und Landesebene. Ihnen soll die Prüfung erleichtert werden, welcher Personenkreis speziell angesprochen werden kann und inwieweit interessierte Personen die gesetzlichen Anforderungen erfüllen und somit in eine Vorschlagsliste mit Erfolg aufgenommen werden können. Zugleich kann ihnen die Broschüre auch als Bildungsmaterial bei der Motivierung bzw. Schulung sowohl an dem Amt Interessierter als auch bereits im Amt befindlicher Beisitzer dienen. Diese erweiterte Zielsetzung machte eine Neugliederung und umfassende Neukonzipierung des Werkes im Rahmen der 11. Auflage notwendig.

Außerdem sind seit der letzten Auflage allein das Arbeitsgerichtsgesetz dreizehnmal und das Sozialgerichtsgesetz zehnmal geändert worden. Die umfangreichen gesetzlichen Änderungen sind eingearbeitet, insbesondere die durch das 4. Euro-Einführungsgesetz, das Zivilprozessreformgesetz und das 6. SGG-Änderungsgesetz. Die brandaktuelle Neuregelung des Entschädigungsrechts für ehrenamtliche Richter in dem neuen Justizvergütungs- und -entschädigungsgesetz wird ausführlich erläutert; das Gesetz über die Entschädigung der ehrenamtlichen Richter ist durch das Kostenrechtsmodernisierungsgesetz vom 5. Mai 2004 mit Wirkung vom 1. Juli 2004 ersetzt worden. Ebenso sind die neuere Rechtsprechung und Beiträge in der juristischen Fachliteratur berücksichtigt. Diese Auflage enthält eine erweiterte synoptische Wiedergabe von Vorschriften des Arbeits- und des Sozialgerichtsgesetzes und – erstmals – anderer Gesetze, die „rund um das Amt“ von Bedeutung sind. Ebenfalls abgedruckt ist der aktuelle Runderlass des Hessischen Ministeriums der Justiz vom 12.2.2002 über die Wahl der Mitglieder der Ausschüsse der ehrenamtlichen Richter bei den Gerichten für Arbeitssachen. Da das

Gesetz selbst über das Wahlverfahren schweigt, müssen sich die ehrenamtlichen Richter selbst nach Absprache mit dem Direktor bzw. Präsidenten des Gerichts über das Wahlverfahren schlüssig werden, falls Ausführungsbestimmungen fehlen. Der Runderlass (Anhang 6) erleichtert diese Beschlussfassung, zumal es sich in der Praxis herausgestellt hat, dass es – zumindest bei den größeren Gerichten – nur im Wege der Briefwahl zu einer angemessenen Wahlbeteiligung kommt, dass aber andererseits gerade bei der Briefwahl an eine Wahlordnung, die allen demokratischen Grundsätzen entspricht, recht hohe Anforderungen gestellt werden müssen.

Neu ausgewählt wurde im Anhang 8 eine aktuelle Prozessakte erster Instanz, die dem neu berufenen ehrenamtlichen Richter mit der Klage und den sich hieran anschließenden Schriftsätzen einschließlich der richterlichen Verfügungen, einer Beweisaufnahme und dem abschließenden Urteil ein anschauliches Beispiel vom Gang des Verfahrens gibt. Aus Gründen des Datenschutzes sind die Namen der Parteien, Prozessbevollmächtigten, Zeugen, Richter und Urkundsbeamten abgedeckt worden.

Wir hoffen, dass auch diese Auflage wohlwollende Aufnahme findet. Die Mitwirkung ehrenamtlicher Richter ist Ausfluss des den Gewerkschaften und Arbeitgeberverbänden in Art. 9 Abs. 3 des Grundgesetzes garantierten Rechts auf Koalitionsbetätigung sowie insgesamt des in Art. 20 Abs. 1 des Grundgesetzes gewährleisteten Sozialstaats- und Demokratieprinzips. Sie hat in beiden Gerichtsbarkeiten in den vergangenen Jahrzehnten zu einem verstärkten Vertrauen der Betroffenen in die Richtigkeit der Entscheidungen geführt, an der ehrenamtliche Richter aus ihrem Lebenskreis beteiligt waren. Gerade der Umstand, dass beide Gerichtsbarkeiten im Raum gesamtgesellschaftlicher Gegensätze und Spannungen tätig werden, macht die gleichberechtigte Mitwirkung der ehrenamtlichen Richter und Richterinnen unentbehrlich. Sie verstärkt die demokratische Legitimation der Dritten Gewalt. Um so wichtiger ist es, dass die Ehrenamtlichen über ihre eigene Rechtsstellung nicht im Zweifel gelassen werden.

Solms/Eppstein/Darmstadt,
im Juli 2004

Die Verfasser

Inhaltsverzeichnis

Anhang

Abkürzungs- und Literaturverzeichnis

a. A.	anderer Ansicht
Abs.	Absatz
Abschn.	Abschnitt
AiB	Arbeitsrecht im Betrieb (Zeitschrift)
AktG	Aktiengesetz
Alt.	Alternative
Anm.	Anmerkung
AP	Arbeitsrechtliche Praxis (Nachschlagewerk des BAG)
ArbG	Arbeitsgericht
ArbGG	Arbeitsgerichtsgesetz
ArbGV	Arbeitsgerichtsverfahren, Komm. zum ArbGG, herausgegeben von Düwel und Lipke, 2000
ArbRspr.	Die Rechtsprechung in Arbeitssachen
ArbuR	Arbeit und Recht (Zeitschrift)
Art.	Artikel
Ascheid	Urteils- und Beschlussverfahren im Arbeitsrecht, 1995
ARSt.	Arbeitsrecht in Stichworten (Zeitschrift)
AuA	Arbeit und Arbeitsrecht (Zeitschrift)
Aufl.	Auflage
Az.	Aktenzeichen
BAG	Bundesarbeitsgericht
BAGE	Amtliche Entscheidungssammlung des BAG
BAnz.	Bundesanzeiger
BArbBl.	Bundesarbeitsblatt (Zeitschrift)
BAT	Bundes-Angestelltentarif
Baumbach u.a.	Komm. zur ZPO, 61. Aufl. 2003
BB	Betriebs-Berater (Zeitschrift)
BBG	Bundesbeamtengesetz
Bd.	Band
Beschl.	Beschluss
BetrVG	Betriebsverfassungsgesetz
BGB	Bürgerliches Gesetzbuch
BGH	Bundesgerichtshof
BGHSt	Amtliche Entscheidungssammlung des BGH in Strafsachen
BMWA	Bundesministerium für Wirtschaft und Arbeit
Brackmann	Handbuch der Sozialversicherung, 11. Aufl. 1988 (Loseblattwerk)
Breith.	Breithaupt (Sammlung von Entscheidungen der Sozialversicherung, Versorgung und Arbeitslosenversicherung)
BRKG	Bundesreisekostengesetz
Brocke/Reese	Die Entschädigung von Zeugen, Sachverständigen und ehrenamtlichen Richtern, 2. Aufl. 1964
BSG	Bundessozialgericht

BSGE	Amtliche Entscheidungssammlung des BSG
BStBl.	Bundessteuerblatt
BT-Drs.	Bundestagdrucksache
BVerfG	Bundesverfassungsgericht
BVerfGE	Amtliche Entscheidungssammlung des BVerfG
BVerwG	Bundesverwaltungsgericht
BWG	Bundeswahlgesetz
BZRG	Bundeszentralregistergesetz
bzw.	beziehungsweise
DB	Der Betrieb
Dersch/Volkmar	Komm. zum ArbGG, 6. Aufl. 1955
Die Arbeitsgerichtsbarkeit	Festschrift zum 100jährigen Bestehen des Deutschen Arbeitsgerichtsverbandes, 1994
Dietz/Nikisch	Komm. zum ArbGG, 1954
DO-Angestellte	Dienstordnungs-Angestellte
DRiG	Deutsches Richtergesetz
DRiZ	Deutsche Richterzeitung
DVBl.	Deutsches Verwaltungsblatt
EG StGB	Einführungsgesetz zum Strafgesetzbuch
Ehrenamtliche Richter	Demokratie oder Dekoration am Richtertisch?, Festschrift zum 10jährigen Jubiläum der Deutschen Vereinigung der Schöffinnen und Schöffen, 1999
EhrRiEG	Gesetz über die Entschädigung der ehrenamtlichen Richter
Entsch.	Entscheidung
EStG	Einkommensteuergesetz
EzA	Entscheidungssammlung zum Arbeitsrecht
EzS	Entscheidungssammlung zum Sozialversicherungsrecht
ff.	folgende Seiten
Fitting u. a.	Komm zum BetrVG, 21. Aufl. 2002
Flatow/Joachim	Komm. zum ArbGG, 1928
Fn.	Fußnote
Germelmann u.a.	Komm. zum ArbGG, 4. Aufl. 2002
Geskomm	SGB/RVO/SGG Gesamt-Kommentar, SGG Bd. 8, bearbeitet von Bley (Loseblattwerk)
GG	Grundgesetz
ggf.	gegebenenfalls
Gift/Baur	Das Urteilsverfahren vor den Gerichten für Arbeitssachen, 1993
GK-ArbGG	Gemeinschaftskommentar zum ArbGG, bearbeitet von Ascheid, Bader, Dörner, Leinemann, Schütz, Stahlhacke, Vossen und Wenzel (Loseblattwerk)
Grunsky	Komm. zum ArbGG, 7. Aufl. 1995
GS	Großer Senat
GVG	Gerichtsverfassungsgesetz
Hartmann	Komm. zu den Kostengesetzen, 32. Aufl. 2002
Hauck/Helml	Komm. zum ArbGG, 2. Aufl. 2003
HBG	Hessisches Beamtengesetz
Hennig	Komm. zum SGG (Loseblattwerk)
HessLAG	Hessisches Landesarbeitsgericht
HessLSG	Hessisches Landessozialgericht

HessVGH	Hessischer Verwaltungsgerichtshof
HMdI	Hessisches Ministerium des Innern
HMdJ	Hessisches Ministerium der Justiz
Hueck/Nipperdey	Lehrbuch des Arbeitsrechts, Bd. 1, 7. Aufl. 1963
HVwVfG	Hessisches Verwaltungsverfahrensgesetz
InsO	Insolvenzordnung
i. S.	im Sinne
JZ	Juristen-Zeitung
JMBl.	Justiz-Ministerial-Blatt für Hessen
JVEG	Justizvergütungs- und -entschädigungsgesetz
KG	Kommanditgesellschaft
Kissel	Komm. zum GVG, 3. Aufl. 2001
KO	Kostenordnung
Komm.	Kommentar
LAG	Landesarbeitsgericht
LAGE	Entscheidungen der Landesarbeitsgerichte
Lauterbach	Komm. zur SGB VII – Unfallversicherung, 4. Aufl. (Loseblattwerk)
LSG	Landessozialgericht
LStR	Lohnsteuer-Richtlinien
Meyer/Höver/Bach	Komm. zum Gesetz über die Entschädigung von Zeugen und Sachverständigen, 22. Aufl. 2002
Meyer-Ladewig	Komm. zum SGG, 7. Aufl. 2002
MDR	Monatsschrift für Deutsches Recht (Zeitschrift)
MTL	Manteltarifvertrag der Länder
MünchArbR	Münchener Handbuch zum Arbeitsrecht, herausgegeben von Richardi und Wlotzke, Band 3, 1993
m. w. N.	mit weiteren Nachweisen
NJW	Neue Juristische Wochenschrift
Nr.	Nummer
n. v.	nicht veröffentlicht
NZA (-RR)	Neue Zeitschrift für Arbeitsrecht (-Rechtsprechungsreport)
NZS	Neue Zeitschrift für Sozialrecht
OHG	Offene Handelsgesellschaft
OLG	Oberlandesgericht
OVG	Oberverwaltungsgericht
Peters/Sautter/Wolf	Komm. zur Sozialgerichtsbarkeit, 4. Aufl. (Loseblattwerk)
R	Richtlinie
RAG	Reichsarbeitsgericht
RdA	Recht der Arbeit (Zeitschrift)
RG	Reichsgericht
RGZ	Amtliche Entscheidungssammlung des RG in Zivilsachen
Rn.	Randnummer
Rohwer-Kahlmann	Komm. zum SGG, 4. Aufl. (Loseblattwerk)
RpflAnpG	Rechtspflege-Anpassungsgesetz
Rspr.	Rechtsprechung
RVO	Reichsversicherungsordnung
s.	siehe
S.	Seite

Schaub	Arbeitsgerichtsverfahren – Handbuch –, 7. Aufl. 2001
SchwbG	Schwerbehindertengesetz
SGb	Die Sozialgerichtsbarkeit (Zeitschrift)
SGB III	Sozialgesetzbuch, III. Buch – Arbeitsförderung
SGB IV	Sozialgesetzbuch, IV. Buch – Gemeinsame Vorschriften über die Sozialversicherung
SGB VI	Sozialgesetzbuch, VI. Buch – Gesetzliche Rentenversicherung
SGB VII	Sozialgesetzbuch, VII. Buch – Gesetzliche Unfallversicherung
SGB IX	Sozialgesetzbuch, IX. Buch – Rehabilitation und Teilhabe behinderter Menschen
SGG	Sozialgerichtsgesetz
sog.	sogenannte(r)
SozR	Sozialrecht (Zeitschrift)
SozVers	Die Sozialversicherung (Zeitschrift)
Stahlhacke/Bader	Arbeitsgerichtsgesetz, Textausgabe mit Kurzerläuterungen, 3. Aufl. 1991
StAnz.	Staatsanzeiger für das Land Hessen
StGB	Strafgesetzbuch
Tschischgale/Satzky	Das Kostenrecht in Arbeitssachen, 3. Aufl. 1982
TVG	Tarifvertragsgesetz
u. a.	unter anderem
Urt.	Urteil
usvw.	und so weiter
u. U.	unter Umständen
v.	vom
vgl.	vergleiche
VglO	Vergleichsordnung
VwGO	Verwaltungsgerichtsordnung
Wolmerath	Der ehrenamtliche Richter in der Arbeitsgerichtsbarkeit, 2003
z. B.	zum Beispiel
Ziff.	Ziffer
ZPO	Zivilprozessordnung

1. Sinn und Aufgabe der Mitwirkung ehrenamtlicher Richter in der Arbeits- und Sozialgerichtsbarkeit

Die **Gerichte für Arbeitssachen** sind in allen Rechtszügen neben den Berufsrichtern paritätisch mit **ehrenamtlichen Richtern** aus den Kreisen der Arbeitgeber und Arbeitnehmer besetzt.

Die Beteiligung der Arbeitgeber- und Arbeitnehmerschaft an den arbeitsgerichtlichen Angelegenheiten geht auf eine **lange und bewährte Tradition** zurück. Vorbild hierfür ist der Rat der Gewerbeverständigen, dem durch Gesetz v. 18.3.1806 in Lyon die Schlichtung der Streitigkeiten der Lyoner Seidenfabrikanten mit ihren Arbeitern zugewiesen wurde. Dieser Rat bestand aus fünf Fabrikanten und vier Werkmeistern. Ein unparteiischer Vorsitzender war nicht vorgesehen. Die Beteiligung der Arbeitgeber und Arbeitnehmerschaft wurde dann später durch das Gesetz über die Gewerbegerichte v. 29.7.1890 und das Gesetz über die Kaufmannsgerichte v. 6.7.1904 für Deutschland übernommen. Nach dieser Regelung wurden die Beisitzer durch unmittelbare und geheime Wahlen in getrennten Wahlgängen der Arbeitgeber und Arbeitnehmer gewählt. Die Gewerbe- und Kaufmannsgerichte verhandelten regelmäßig in der Besetzung von drei Mitgliedern unter Einschluss des Vorsitzenden[1].

Der Zweck dieser Beteiligung der Arbeitgeber- und Arbeitnehmerschaft an den arbeitsgerichtlichen Angelegenheiten besteht in der Verwertung der **Anschauungen des Arbeitslebens** bei der Rechtsfindung. Aufgrund der Mitwirkung der Beisitzer hat der Berufsrichter die Möglichkeit, die Erfahrungen der beteiligten Bevölkerungskreise zu hören, gemeinsame Einschätzungen und Interessengegensätze zwischen der Arbeitnehmer- und Arbeitgeberseite kennen zu lernen und dies bei der Beratung und Urteilsfindung zu berücksichtigen. Dazu hat das Bundesverfassungsgericht festgestellt, dass die ehrenamtlichen Richter der Arbeitsgerichtsbarkeit qualifizierte und erfahrene Kräfte sind, die sich nicht nur von ihrem Rechtsgefühl und ihrem Interessenstandpunkt leiten lassen. Daher liege der Schwerpunkt der Mitwirkung der ehrenamtlichen Richter am Landesarbeitsgericht nicht einseitig in dem Einbringen von Lebenserfahrung aus dem betroffenen Sozialbereich; sie könnten und sollten nach dem Gesetz **mit dem gleichen Gewicht** wie der Vorsitzende die Rechtsfragen mitentscheiden[2]. Man kann deshalb ohne Übertreibung sagen, dass die ehrenamtlichen Richter mit die Hauptstütze der gesamten Arbeitsgerichtsbarkeit sind. In keiner anderen Gerichtsbarkeit haben ehrenamtliche Richter eine so hervorragende Rolle gewonnen wie gerade in der Arbeitsgerichtsbarkeit. Das arbeitsgerichtliche Verfahren ist von Anfang an und heute mehr denn je ohne den **Sachverstand der ehrenamtlichen Richter** nicht denkbar. Dieser Sachverstand bezieht sich nun nicht darauf, dass die ehrenamtlichen Richter juristisch versierter als die Berufsrichter sind. Der hier benannte Sachverstand leitet sich gerade nicht vorrangig aus der juristischen Sachkenntnis ab, sondern bezieht sich auf die realen Erfahrungen und Kenntnisse des betrieblichen Geschehens. Denn wer anders als die direkt Beteiligten und konkret Betroffenen kennt besser die betrieblichen Zusammenhänge und deren Konflikte sowie ihre sachge-

1 Zur Entwicklung der Arbeitsgerichtsbarkeit s. *Wenzel*, 75 Jahre Deutsche Arbeitsgerichtsbarkeit, JZ 1965 S. 697 ff.; vgl. auch *Wenzel* in GK-ArbGG, Einführung Rn. 1 ff.

2 Beschl. v. 4.6.1969 – 2 BvR 412/66, 120/68 – BVerfGE 26 S. 163.

mäße Beurteilung. Dies wird auch weitestgehend von Berufsrichtern anerkannt. Zahlreiche Probleme, von der Einstellung über Eingruppierungen und Akkordwesen, Arbeitsbewertung und sonstige Entlohnungsmethoden bis hin zur Kündigung und zum Zeugnis, lassen sich nicht allein vom grünen Tisch her lösen. Der regelmäßig rein juristisch vorgebildete Richter ist allein häufig nicht ausreichend in der Lage, die Belange des Betriebes und des Arbeitslebens richtig zu erfassen[3]. Hier helfen die ehrenamtlichen Richter. Sie bieten die Gewähr dafür, dass der Berufsrichter sich von Überlegungen reiner Begriffsjurisprudenz löst. Er wird immerhin gezwungen, seine Rechtsansichten meist juristisch nicht geschulten Beisitzern darzulegen und verständlich zu machen. Er kann so ständig prüfen, ob er seine Auffassung hinreichend nachvollziehbar dargestellt hat. Dies führt zu einer lebensnahen, von den beteiligten Rechtskreisen getragenen Rechtsprechung.

Empirische Untersuchungen in der Arbeitsgerichtsbarkeit haben ergeben:

1. Sowohl die Berufsrichter wie die ehrenamtlichen Richter selbst halten die Beteiligung der ehrenamtlichen Richter für vorteilhaft oder gar für sehr vorteilhaft.
2. Die ehrenamtlichen Richter fühlen sich als Partner von den Berufsrichtern akzeptiert. Sie üben ihr Amt gern aus.
3. Die ehrenamtlichen Richter vertreten bei der Urteilsfindung nicht ihren „Haus-Standpunkt". Oft können Rechtsreferendare, die zu ihrer Ausbildung den Gerichten für Arbeitssachen zugewiesen werden und als solche – ohne Stimmrecht – an der Beratung teilnehmen, nach der Beratung nicht sagen, welcher Beisitzer Arbeitgeber und wer Arbeitnehmer sei. Die Entscheidungen ergehen zu weit über 90 % einstimmig. Nicht selten kommt es vor, dass der Arbeitnehmerbeisitzer den Arbeitgeberstandpunkt, der Arbeitgeberbeisitzer dagegen den Arbeitnehmerstandpunkt („Rollenwechsel") vertritt[4].

Bemerkenswert ist dabei, dass die Rechtsprechung in Arbeitssachen heute mehr als früher auf die Sachkunde und Erfahrung der ehrenamtlichen Richter auf dem Gebiet des Arbeitslebens angewiesen ist, nachdem mit dem Inkrafttreten des Deutschen Richtergesetzes am 1. Juli 1962 im Zuge der Schaffung eines einheitlichen Richtertyps § 18 Abs. 3 des Arbeitsgerichtsgesetzes in damaliger Fassung, der von den Vorsitzenden besondere Kenntnisse und Erfahrungen auf den Gebieten des Arbeitsrechts und Arbeitslebens verlangte, aufgehoben wurde.

Die Beteiligung Ehrenamtlicher findet sich auch bei den Vorläufern der **Sozialgerichtsbarkeit,** den Versicherungsämtern, Oberversicherungsämtern und dem Reichsversicherungsamt für die Sozialversicherung, den Militärversorgungsgerichten und dem Reichsversorgungsgericht für die Kriegsopferversorgung. Hierbei handelte es sich nicht um „Gerichte" im eigentlichen Sinne, sondern um Verwaltungsbehörden. Dennoch war die Stellung der Mitglieder der Spruchkörper der eines Richters zumindest stark angenähert. In Angelegenheiten der Sozialversicherung wirkten als sog. „Versicherungsvertreter" Vertreter der Versicherten und der Arbeitgeber gleichberechtigt mit. Sie wurden von den Selbstverwaltungsorganen der Krankenkassen gewählt. In der Versorgungsgerichtsbarkeit wirkten seit 1919 neben Vertretern des Fiskus (darunter ein Richter der ordentlichen Gerichtsbarkeit) auch Vertreter der Versorgungsberechtigten gleichberechtigt mit. Letztere wurden nach Anhörung der Kriegsopferverbände berufen. Streitigkeiten aus dem Kassenarztrecht wurden von den Schiedsämtern entschieden, die mit Vertretern der Kassenärzte und der Krankenkassen besetzt waren.

Die Mitwirkung der ehrenamtlichen Richter ist in der Sozialgerichtsbarkeit – anders als in der Arbeitsgerichtsbarkeit – nicht von einer Interessenpolarität geprägt, sondern in ihrer Beteili-

3 *Neumann*, Die Gerichte für Arbeitssachen und das arbeitsgerichtliche Verfahren, RdA 1974 S. 193 ff.
4 *Klausa*, Ehrenamtliche Richter – ihre Auswahl und Funktion, 1972, S. 129 und 141.

gung setzt sich vor allem der Grundgedanke sozialer Selbstverwaltung fort. Sie repräsentieren die Versicherten- und Solidargemeinschaft, an deren Schicksal die Arbeitnehmer und Arbeitgeber u. a. deswegen gleichermaßen interessiert sind, weil sie gemeinsam die finanziellen Mittel aufbringen[5].

Die auf diese Weise in die Spruchpraxis eingebrachte Sachkunde des ehrenamtlichen Beisitzers hat sich bewährt[6], sie ist für die Sozialgerichtsbarkeit beibehalten worden. So wirken Versicherte und Arbeitnehmer in Angelegenheiten der Sozialversicherung mit, Versorgungsberechtigte und Behinderte sowie mit der Kriegsopferversorgung und dem Schwerbehindertenrecht vertraute Personen in Angelegenheiten der Kriegsopferversorgung und Kassenärzte sowie Krankenkassenvertreter in Angelegenheiten der Kassenärzte und des Kassenarztrechts (vgl. § 12 SGG).

Ist es somit die **besondere Sachkunde,** die den Grund für die Beteiligung der ehrenamtlichen Richter an der Rechtsprechung darstellt, so erscheint es verfehlt, die ehrenamtlichen Richter in der Sozial- und der Arbeitsgerichtsbarkeit als „Laienrichter" zu bezeichnen, denn es handelt sich nicht nur um ehrenwerte Bürger, bei denen die Reihenfolge der Heranziehung durch das Los bestimmt wird (wie bei Schöffen), sondern um Frauen und Männer, die gerade wegen ihrer Sachkunde von den Verbänden benannt werden[7]. Ebenso ist es unzutreffend, sie als Gehilfen des Berufsrichters oder lediglich als psychologischen Puffer gegenüber der Reaktion des laienhaften Rechtsgefühls zu sehen. Zeichnen sich die ehrenamtlichen Beisitzer bei den Gerichten für Arbeitssachen und der Sozialgerichtsbarkeit dadurch aus, dass sie in den sozialen Problemen über besondere Erfahrung verfügen, so sind sie als den Berufsrichtern gleichwertige Mitglieder der Richterbank berechtigt und verpflichtet, mit diesen gemeinsam das Recht zu suchen und eine Entscheidung zu fällen. Dass sie bei der Ausübung des Richteramts in den meisten Bundesländern nicht wie der Vorsitzende eine Robe als Amtstracht tragen, ist ein rein äußerliches Unterscheidungsmerkmal[8].

In ihrer Eigenschaft als sachkundige Richter können die ehrenamtlichen Beisitzer mit den Handelsrichtern bei den Kammern für Handelssachen der Landgerichte verglichen werden. Auch die **Handelsrichter** bringen kraft ihrer geforderten Zugehörigkeit zum Kaufmannsstand den besonderen wirtschaftlichen Durchblick und die Sachkenntnisse für die von den Kammern für Handelssachen zu entscheidenden Rechtsstreitigkeiten mit. Allerdings hat die rechtliche Stellung der Handelsrichter und der ehrenamtlichen Richter in der Arbeits- und der Sozialgerichtsbarkeit vom Gesetz nicht in allen Punkten eine gleichmäßige Ausstattung erfahren. Eine Vorschrift wie § 112 des Gerichtsverfassungsgesetzes, die den Handelsrichtern „für die Dauer ihres Amtes in Beziehung auf dasselbe alle Rechte und Pflichten eines Richters" zuerkennt, fehlt hier. Die ehrenamtlichen Richter der Arbeits- und Sozialgerichtsbarkeit können daher auch nicht (wie die Handelsrichter) außerhalb der Sitzungen, etwa bei Beweisterminen, als beauftragte Richter tätig werden. Die ehrenamtlichen Beisitzer bei den Arbeits- und Sozialgerichten haben also nur hinsichtlich ihrer Spruchtätigkeit die gleichen Rechte und

---

5 *BVerfG*, Beschl. v. 17.12.1969 – 2 BvR 271, 342/68 – BVerfGE 27 S. 312 –, BSG, Urt. v. 28.5.1965 – 6 RKa 2/65 – BSGE 23 S. 105.

6 *Sommer*, Ehrenamtliche Richter und Unabhängigkeit der Gerichte, DRiZ 1992 S.135.

7 *BVerfG*, Beschl. v. 22.1.1959 – 1 BvR 154/55 – BVerfGE 9 S. 124; v. 4.6.1969 – 2 BvR 412/66, 120/68 – BVerfGE 26 S. 163; BSG, Beschl. v. 16.12.1959 – 1 S 7/59 – BSGE 11 S. 181; Urt. v. 28.5.1965 – 6 RKa 2/65 – BSGE 23 S. 105.

8 *Herschel*, Die ehrenamtlichen Richter der Arbeitsgerichtsbarkeit – Vorschläge zur Mehrung ihres Einflusses. ArbuR 1980 S. 323, vertritt dagegen die Ansicht, es sei ein Gebot der Gleichbehandlung, den ehrenamtlichen Richtern die Robe nicht vorzuenthalten. Auch käme dies ihrer Autorität zugute.

Pflichten wie die Berufsrichter. Insoweit ähnelt ihre Stellung mehr derjenigen der Schöffen, allerdings mit dem Unterschied, dass diese ihrer Funktion nach das Laienelement verkörpern und nicht etwa eine besondere Sachkunde auf strafrechtlichern Gebiet mitbringen.

Sowohl von den Handelsrichtern wie auch von den Schöffen heben sich die ehrenamtlichen Richter in der Arbeits- und der Sozialgerichtsbarkeit durch ihre zusätzliche Beteiligung an der **Gerichtsverwaltung,** insbesondere bei der Geschäftsverteilung, bei der Verteilung der Beisitzer auf die Kammern und bei der Aufstellung der Listen über die Heranziehung der ehrenamtlichen Richter, ab (siehe unter 17.4).

2. Positive Berufungsvoraussetzungen für das Beisitzeramt

Nicht jeder Bürger kann zum ehrenamtlichen Richter in der Arbeits- und der Sozialgerichtsbarkeit berufen werden. Es gibt auch kein allgemeines „Bewerbungsverfahren" gegenüber den für die Berufung zuständigen Stellen. Das Gesetz knüpft in den §§ 21 bis 23, 37, 43 ArbGG und §§ 16, 17, 35, 47 SGG das Amt des Beisitzers an eine Reihe von Bedingungen. Weitere positive Berufungsvoraussetzungen ergeben sich aus dem allgemeinen verfassungsrechtlichen Erfordernis der Eignung und den verfahrensrechtlichen Voraussetzungen, insbesondere der Notwendigkeit der Aufnahme in eine Vorschlagsliste eines vorschlagsberechtigten Verbandes oder einer vorschlagsberechtigten Behörde (s. Ziff. 4.1 und 4.2).

2.1 Zugehörigkeit zu einem der zwei Kreise in der Arbeitsgerichtsbarkeit

Das Gesetz schreibt für alle drei Instanzen der Arbeitsgerichtsbarkeit zwingend vor, dass die ehrenamtlichen Richter je zur Hälfte aus den Kreisen der Arbeitnehmer und Arbeitgeber entnommen werden müssen (§§ 16 Abs. 1 Satz 2, 35 Abs. 1 Satz 2, 41 Abs. 1 Satz 2 ArbGG). Damit ist für die ehrenamtlichen Richter bei der Besetzung der Kammern und Senate die Parität i. S. der Gleichgewichtigkeit der Arbeitnehmer- und der Arbeitgeberseite festgelegt. Zugleich bedeutet dies, dass andere Gruppen, wie z. B. Selbständige ohne Beschäftigung von Arbeitnehmern, Hausfrauen bzw. Hausmänner oder grundsätzlich auch Rentner (zur Ausnahme beim Bundesarbeitsgericht s. nachfolgend Ziff. 2.1.1), nicht in das Beisitzeramt berufen werden können.

2.1.1 Arbeitnehmer

Arbeitnehmer ist nach ständiger Rechtsprechung, wer aufgrund eines privatrechtlichen Vertrags im Dienste eines anderen zur Leistung weisungsgebundener, fremdbestimmter Arbeit in persönlicher Abhängigkeit verpflichtet ist[9]. Im Einzelnen sind Arbeitnehmer i. S. des Gesetzes (§ 5 ArbGG) **Arbeiter** und **Angestellte** (zur Zuordnung bestimmter leitender Angestellter zum Kreis der Arbeitgeber s. nachfolgend Ziff. 2.1.2) sowie die zu ihrer **Berufsausbildung Beschäftigten** (zum Mindestalter s. Ziff. 2.4). Auf die Art – Normal- oder Leiharbeitsverhältnis –, Dauer – unbefristet oder befristet – und den zeitlichen Umfang – Vollzeit, Teilzeit oder geringfügiges Beschäftigungsverhältnis – kommt es nicht an. Als Arbeitnehmer gelten auch die in **Heimarbeit** Beschäftigten und die ihnen nach dem Heimarbeitsgesetz Gleichgestellten. Das Gleiche gilt für sonstige Personen, die wegen ihrer wirtschaftlichen Unselbständigkeit als **arbeitnehmerähnliche Personen** anzusehen sind. Beamte sind keine Arbeitnehmer.

9 *BAG*, Beschl. v. 16.2.2000 – 5 AZB 71/99 – BAGE 93 S. 310; *Andelewski*, Auswirkungen des Altersteilzeitgesetzes auf die ehrenamtlichen Richter an Arbeits- und Landesarbeitsgerichten, NZA 2002 S. 655.

Arbeitslosigkeit hindert nicht die Berufung zum Beisitzer aus Kreisen der Arbeitnehmer (§ 23 Abs. 1 ArbGG). Arbeitslos ist ein Arbeitnehmer, der vorübergehend nicht in einem Beschäftigungsverhältnis steht und eine versicherungspflichtige, mindestens 15 Stunden wöchentlich umfassende Beschäftigung sucht (§ 118 SGB III). Unerheblich ist, auf welchen Gründen die Arbeitslosigkeit beruht und ob Anspruch auf Arbeitslosengeld (§ 117 SGB III) besteht[10]. An der danach erforderlichen Suche nach einem Arbeitsplatz bzw. Bereitschaft zur Vermittlung in eine Arbeitsverhältnis fehlt es z. B. bei einer Jurastudentin, die sich ausschließlich ihrem Jurastudium widmet und damit dem Arbeitsmarkt nicht zur Verfügung steht[11].

Wer noch nicht Arbeitnehmer (z. B. **Student)** oder nicht mehr Arbeitnehmer (z. B. **Rentner** nach Erreichen der allgemeinen oder einer vorgezogene Altersgrenze, im Vorruhestand, in der Freistellungsphase der Altersteilzeit, Bezieher einer Dauer- oder Zeitrente wegen Berufs- oder Erwerbsunfähigkeit) ist, kann grundsätzlich nicht Arbeitnehmerbeisitzer werden[12]. Ein in der Arbeitsphase der Altersteilzeit nur vorübergehend freigestellter Arbeitnehmer kann zum ehrenamtlichen Richter berufen werden[13]. Dazu, dass ein Verlust der Arbeitnehmereigenschaft wegen Erreichens der Altersgrenze zu einer vorzeitigen Amtsbeendigung durch gerichtliche Amtsentbindung nur auf Antrag des Amtsinhabers führen kann, wird auf Ziff. 21.1. verwiesen.

Zu ehrenamtlichen Richtern der Arbeitnehmerseite können ferner berufen werden die **Mitglieder** und **Angestellten** von **Gewerkschaften** und **selbständigen Vereinigungen von Arbeitnehmern mit sozial- oder berufspolitischer Zwecksetzung,** Vorstandsmitglieder und Angestellte von Zusammenschlüssen von Gewerkschaften sowie Angestellte juristischer, im wirtschaftlichen Eigentum der genannten Organisationen stehender Personen **(z. B. Rechtsschutz-GmbH des DGB),** wenn diese Personen kraft Satzung oder Vollmacht zur **Vertretung befugt** sind (§ 23 Abs. 2 ArbGG). Sofern die Genannten nicht bereits ohnehin über die Arbeitnehmereigenschaft verfügen, können sie nur dann ehrenamtliche Richter sein, wenn sie dem Verband gegenüber zur Vertretung von Prozessparteien berechtigt sind und für die Prozessparteien rechtsgeschäftliche Erklärungen abgeben können[14]; unter diesen Voraussetzungen können ausnahmsweise auch z. B. Rentner zu Arbeitnehmerbeisitzern berufen werden.

2.1.2 Arbeitgeber

Als **Arbeitgeberbeisitzer** ist zunächst jede natürliche Person berufungsfähig, die **mindestens einen Arbeitnehmer beschäftigt,** z. B. als **selbständiger Geschäftsinhaber oder Gewerbetreibender.** Das Gesetz stellt ferner eine Reihe von Sonderbestimmungen für die Beisitzer der Arbeitgeberseite auf (§ 22 ArbGG). So hindert eine vorübergehende oder regelmäßig zu gewissen Zeiten nicht erfolgende Beschäftigung von Arbeitnehmern, so insbesondere in **Saisonbetrieben** wie etwa der Erdbeer- und Spargelernte oder bei Eisdielen, nicht die Berufung zum Arbeitgeberbeisitzer (§ 22 Abs. 1 ArbGG). Ob eine fehlende Beschäftigung nur vorübergehend ist, hängt davon ab, ob die Einstellung eines (neuen) Arbeitnehmers beabsichtigt ist.

---

10 *Schaub*, § 3 Rn. 23; *Grunsky*, § 23 Rn. 2; *Dörner* in GK-ArbGG, § 23 Rn. 3.

11 *LAG Bremen,* Beschl. v. 22.9.1995 – AR 26/95 – BB 1996 S. 539.

12 *Grunsky*, § 23 Rn. 1; *Prütting* in *Germelmann u. a.,* § 22 Rn. 18, § 23 Rn. 7; *Berger-Delhey,* Ruheständler als ehrenamtliche Richter in der Arbeitsgerichtsbarkeit?, DB 1990 S. 1333.

13 *BAG*, Beschl. v. 25.10.2000 – 7 ABR 18/00 – BAGE 96 S. 163.

14 *Grunsky* § 22 Rn. 3; § 23 Rn. 4.

Ferner gelten nach dem Arbeitsgerichtsgesetz (§ 22 Abs. 2 Nr. 1 ArbGG) als Arbeitgeber bei juristischen Personen oder Personengesamtheiten auch die Personen, die kraft Gesetzes, Satzung oder Gesellschaftsvertrages **allein** oder als **Mitglieder des Vertretungsorgans** zur **Vertretung** der juristischen Person oder der Personengesamtheit berufen sind (z. B. Geschäftsführer einer GmbH, Vorstandsmitglieder einer AG, persönlich haftende Gesellschafter einer OHG oder KG).

Als Arbeitgeber gelten weiter **Geschäftsführer, Betriebsleiter oder Personalleiter,** soweit sie zur **Einstellung von Arbeitnehmern in den Betrieb berechtigt** sind, oder Personen, denen **Prokura** bzw. **Generalvollmacht** erteilt ist (§ 22 Abs. 2 Nr. 2 ArbGG). Die Möglichkeit der Berufung dieses Personenkreises mit Arbeitgeberfunktionen wurde durch das Änderungsgesetz zum Arbeitsgerichtsgesetz v. 2.12.1955 sowie durch die Beschleunigungs-Novelle 1979 geschaffen, um der Arbeitsgerichtsbarkeit die großen Erfahrungen eines erweiterten arbeitgeberähnlichen Personenkreises im Arbeitsrecht und Arbeitsleben nutzbar zu machen.

Nach dem Gesetzeszweck, das Reservoir geeigneter Arbeitgeberbeisitzer zu vergrößern, muss die **Einstellungsbefugnis nur bei Personalleitern,** nicht aber bei Geschäftsführern und Betriebsleitern vorliegen[15]. Bei den Personalleitern fordert das Arbeitsgerichtsgesetz keine selbständige Einstellungsbefugnis, so dass eine interne Bindung an die Zustimmung eines Dritten unschädlich ist[16]. Bei den Personalleitern ist nicht die Bezeichnung, sondern die Ausübung der Funktion entscheidend[17]. Demgegenüber sind nach geltendem Recht leitende Angestellte i. S. des § 5 Abs. 3 Nr. 3 BetrVG, so z. B. Leiter von sonstigen Betriebsabteilungen, wie der Produktion, des Vertriebs, des Finanz- oder Rechnungswesens, des Ausbildungswesens, und Vorstandsassistenten, als solche nicht als Arbeitgeberbeisitzer zugelassen.

Die Vertretungsbefugnis durch **Prokura** kann nur vom Inhaber eines Handelsgeschäft oder seinem Vertreter erteilt werden, sie wird im Handelsregister eingetragen. Die Prokura ermächtigt mit der Ausnahme bestimmter Grundstücksgeschäfte zu allen Arten von Geschäften, die der Betrieb eines Handelsgewerbes mit sich bringt und ist Dritten gegenüber nicht beschränkbar (§§ 48 ff. HGB). Unerheblich ist, ob Einzel- oder Gesamtprokura (an mehrere Personen gemeinschaftlich) erteilt ist, oder ob und inwieweit im Innenverhältnis zum Geschäftsinhaber Beschränkungen bestehen; anders als nach § 5 Abs. 3 Nr. 2 BetrVG ist nicht die Einschränkung gegeben, dass die Prokura im Verhältnis zum Arbeitgeber nicht unbedeutend sein darf[18]. Diese spezielle Regelung im Arbeitsgerichtsgesetz erlaubt die Auswahl im Interesse der zweifelsfreien Festlegung des gesetzlichen Richters anhand einfach zu handhabender formeller Kriterien und dient der Erweiterung des Kreises der Arbeiteberbeisitzer. Demgegenüber kann **Generalvollmacht** durch jeden Betriebsinhaber erteilt werden; sie ermächtigt zur Vertretung im gesamten Geschäftsbetrieb (vgl. § 105 Abs. 1 AktG), ohne dass sie im Handelsregister eingetragen wird. Ist einer Person nur **Handlungsvollmacht** i. S. der Beschränkung der Ermächtigung auf eine bestimmte Art von Geschäften oder auf lediglich einzelne Geschäfte erteilt (§ 54b HGB), kann sie nicht zum Arbeitgeberbeisitzer berufen werden[19].

---

15 *Grunsky* § 22 Rn. 7; a. A. *Prütting* in *Germelmann u. a.,* § 22 Rn. 13.
16 *LAG Hamm,* Beschl. v. 20.12.1990 – 8 AR 21/90 – DB 1990 S. 240.
17 So auch *Dörner* in GK-ArbGG, § 22 Rn. 5.
18 S. *Fitting u. a.,* § 5 Rn. 350 ff. insbesondere zu den sog. Titularprokuristen.
19 Vgl. *Fitting u. a.,* § 5 Rn. 355; *Bley* in GesKomm, § 17 Anm. 11c.

Ferner sind beim Bund, den Ländern, Gemeinden, Gemeindeverbänden und anderen **Körperschaften,** Anstalten und Stiftungen **des öffentlichen Rechts beschäftigte Beamte und Angestellte** nach näherer Anordnung der zuständigen obersten Bundes- oder Landesbehörde berufungsfähig (§ 22 Abs. 2 Nr. 3 ArbGG). Nach dem unmittelbaren Sinn und Zweck der auf die Wahrung einer angemessenen Interessenparität ausgerichteten gesetzlichen Vorschrift müssen sie arbeitgeberähnliche Funktionen wahrnehmen[20]. In den Anordnungen des Bundesministeriums des Innern und der zuständigen Länderministerien wird in weitreichender Auslegung neben der Wahrnehmung von Vorgesetztenfunktionen bereits die Personalsachbearbeitung als ausreichend angesehen. Entfallen die Voraussetzungen wegen veränderter Aufgabenstellung (z. B. Wechsel von der Personalsachbearbeitung in die Betriebsprüfung), so ist die Amtsentbindung (vgl. Ziff. 21.1) vorzunehmen[21]. Bei in Betrieben der öffentlichen Hand in privater Rechtsform beschäftigten Angestellten müssen die enger gefassten rechtlichen Voraussetzungen des § 22 Abs. 2 Nr. 1 und 2 ArbGG erfüllt sein.

Zu ehrenamtlichen Richtern der Arbeitgeberseite können ferner berufen werden die **Mitglieder** und **Angestellten** von **Vereinigungen von Arbeitgebern** sowie Vorstandsmitglieder und Angestellte von Zusammenschlüssen von Arbeitgebervereinigungen, wenn diese Personen kraft Satzung oder Vollmacht zur **Vertretung befugt** sind (§ 22 Abs. 2 Nr. 4 ArbGG). Sofern die Genannten nicht bereits ohnehin über die Arbeitgebereigenschaft verfügen, können sie nur dann ehrenamtliche Richter sein, wenn sie dem Verband gegenüber zur Vertretung von Prozessparteien berechtigt sind und für die Prozessparteien rechtsgeschäftliche Erklärungen abgeben können[22]; unter diesen Voraussetzungen können ausnahmsweise auch z. B. Rentner zu Arbeitgeberbeisitzern berufen werden.

Wer nicht mehr Arbeitgeber ist (z. B. **Rentner** nach Erreichen der allgemeinen oder einer vorgezogene Altersgrenze, im Vorruhestand, in der Freistellungsphase der Altersteilzeit, Bezieher einer Dauer- oder Zeitrente wegen Berufs- oder Erwerbsunfähigkeit), kann grundsätzlich nicht Arbeitgeberbeisitzer werden[23]. Dazu, dass ein Verlust der Arbeitgebereigenschaft wegen Erreichens der Altersgrenze zu einer vorzeitigen Amtsbeendigung durch gerichtliche Amtsentbindung nur auf Antrag des Amtsinhabers führen kann, wird auf Ziff. 21.1. verwiesen.

2.1.3 Voraussetzung der Voramtstätigkeit für die Berufung zum LAG und BAG, weitere Qualifikationsanforderungen für das Beisitzeramt beim BAG

Beim **Landesarbeitsgericht** und beim **Bundesarbeitsgericht** sollen die ehrenamtlichen Richter **mindestens fünf Jahre** als Beisitzer eines Gerichtes für Arbeitssachen tätig gewesen sein (§§ 37 Abs. 1, 43 Abs. 2 ArbGG). Für die Berufung zum Bundesarbeitsgericht genügt demnach auch eine Beisitzertätigkeit lediglich in der 1. Instanz. Von dieser Soll-Vorschrift kann die für die Berufung zuständige Stelle nur dann ausnahmsweise absehen, wenn hierfür triftige Sachgründe vorliegen. Dies ist insbesondere dann der Fall, wenn ein Vorschlagsberechtigter in absehbarer Zeit keine geeigneten Personen mit der geforderten Voramtszeit vorschlagen kann.

---

20 So auch *Prütting* in *Germelmann u. a.*; § 23 Rn. 16 m. w. N.

21 *LAG Hamm,* Beschl. v. 13.6.1991 – 8 AR 8/91 – BB 1991 S. 1418.

22 So auch *Grunsky,* § 22 Rn. 3; § 23 Rn. 4.

23 Vgl. auch *Grunsky,* § 23 Rn. 1; *Prütting* in *Germelmann u. a.,* § 22 Rn. 18, § 23 Rn. 7; *Berger-Delhey,* Ruheständler als ehrenamtliche Richter in der Arbeitsgerichtsbarkeit?, DB 1990 S. 1333.

Das Gesetz fordert ausdrücklich, dass ehrenamtliche Richter beim **Bundesarbeitsgericht besondere Kenntnisse und Erfahrungen auf dem Gebiet des Arbeitsrechts und des Arbeitslebens** besitzen müssen; von dieser Muss-Vorschrift darf das BMWA nicht abweichen. Außerdem sollen ehrenamtliche Richter aus Kreisen der Arbeitgeber längere Zeit in **Deutschland** als Arbeitgeber **tätig gewesen** sein (§ 43 Abs. 2 ArbGG); von dieser Soll-Vorschrift kann das BMWA ausnahmsweise dann absehen, wenn hierfür triftige Sachgründe vorliegen. Allein beim Bundesarbeitsgericht können somit auch **aus dem Arbeits- und Erwerbsleben ausgeschiedene Personen** berufen werden. Demnach begründet auch ein Wohnsitzwechsel in das Ausland kein rechtlich zwingendes Hindernis für eine erstmalige oder erneute Berufung. Wohl aber kann das BMWA in diesen Fällen im Rahmen des Auswahlermessens bei der Entnahme aus den Vorschlagslisten mit Blick auf die Entschädigungshöhe fiskalische Kriterien berücksichtigen. Bei aus dem Arbeitsleben ausgeschiedenen Personen wird zu Recht darauf hingewiesen[24], dass sie noch ihrem früheren Interessenkreis angehören müssen. Eine frühere Tätigkeit als Arbeitnehmer bzw. Arbeitgeber reicht dann nicht mehr aus, wenn der zur Berufung als Beisitzer Anstehende inzwischen das „Lager gewechselt" hat. Denn dann würde die paritätische Besetzung des Gerichts mit Beisitzern aus den Kreisen der Arbeitgeber und Arbeitnehmer durchbrochen[25].

2.2 Zugehörigkeit zu einem der sechs Kreise in der Sozialgerichtsbarkeit

Das Gesetz schreibt für alle drei Instanzen der Sozialgerichtsbarkeit zwingend vor, dass die ehrenamtlichen Richter einem von sechs Kreisen angehören müssen und jeder Spruchkörper (Kammer bzw. Senat) je nach dem betroffenen Sachgebiet (dazu s. im Einzelnen Ziff. 7.2) paritätisch mit zwei ehrenamtlichen Richter besetzt ist (§§ 12, 33, 40 SGG).

2.2.1 Versicherte

Zu den **Versicherten** zählt derjenige, der **in einem Zweig der Sozialversicherung**[26] **(gesetzliche Kranken-, Unfall-, Renten- und soziale Pflegeversicherung, Bundesanstalt für Arbeit) pflichtversichert oder freiwillig versichert** ist oder eine **Rente aus eigener Versicherung** bezieht. Damit können auch Beamte Beisitzer werden, wenn sie freiwilliges Mitglied der gesetzliche Krankenversicherung sind. Hingegen können diejenigen, die nur einer privaten Kranken-, Unfall- oder Renten- bzw. Lebensversicherung angehören, nicht zum ehrenamtlichen Richter aus Kreisen der Versicherten berufen werden. Bei der Gruppe der Selbständigen ohne fremde Arbeitskräfte, auf die bei der Berufung der Beisitzer für die Kammern für Angelegenheiten der Sozialversicherung und der Arbeitsförderung insbesondere Rücksicht zu nehmen ist (§ 13 Abs. 5 SGG), kann nur eine Zurechnung zum Kreis der Versicherten in Betracht kommen, da sie von vornherein nicht die Arbeitgebereigenschaft nach § 16 Abs. 4 Nr. 1 SGG aufweisen können; sie sind in den Selbstverwaltungsorganen der Träger der landwirtschaftlichen Unfallversicherung neben den Versicherten und den Arbeitgebern als eigenständige Gruppe vertreten[27]. Wer die Arbeitgebereigenschaft hat (s. dazu nach-

24 *Dersch/Volkmar,* § 43 Anm. 4 d.
25 *BAG,* Beschl. v. 21.9.1999 – 1 AS 6/99 – BAGE 92 S. 297.
26 *BSG,* Urt. v. 15.10.1964 – 7 RAr 63/63 – BSGE 22 S. 41.

stehend Ziff. 2.2.2), kann nicht mehr dem Kreis der Versicherten zugeordnet werden, mag er auch selbst versichert oder Rentenempfänger sein[28].

Auch wer **arbeitslos** ist, wird diesem Kreis zugerechnet (§ 16 Abs. 3 SGG). Arbeitslos ist, wer vorübergehend nicht in einem Beschäftigungsverhältnis steht und eine versicherungspflichtige, mindestens 15 Stunden wöchentlich umfassende Beschäftigung sucht (§ 118 SGB III). Unerheblich ist, auf welchen Gründen die Arbeitslosigkeit beruht und ob Anspruch auf Arbeitslosengeld (§ 117 SGB III) besteht. Arbeitslose müssen auch nicht früher in einem Versicherungsverhältnis gestanden haben[29]. An der danach erforderlichen Suche nach einem Arbeitsplatz bzw. Bereitschaft zur Vermittlung in eine Arbeitsverhältnis fehlt es z. B. bei einer Jurastudentin, die sich ausschließlich ihrem Jurastudium widmet und damit dem Arbeitsmarkt nicht zur Verfügung steht[30].

2.2.2 Arbeitgeber

Zum Kreis der **Arbeitgeber** zählt das Gesetz abschließend fünf Personengruppen (§ 16 Abs. 3 SGG):

1. Personen, die regelmäßig **mindestens einen versicherungspflichtigen Arbeitnehmer beschäftigen.** Ist der Arbeitgeber gleichzeitig Versicherter oder Bezieher einer Rente aus eigener Versicherung, so begründet die Beschäftigung einer Hausgehilfin oder Hausangestellten nicht die Arbeitgebereigenschaft (§ 16 Abs. 3 Nr. 1 SGG). Demnach besteht in diesen Beschäftigungsfällen die Arbeitgebereigenschaft bei Bezug einer Hinterbliebenenrente und bei fehlender Sozialversicherung oder bei fehlendem Rentenbezug und fehlender Sozialversicherung. Ausnahmsweise hindert eine vorübergehende oder regelmäßig zu gewissen Zeiten nicht erfolgende Beschäftigung von Arbeitnehmern, so insbesondere in **Saisonbetrieben** wie etwa der Erdbeer- und Spargelernte oder bei Eisdielen, nicht die Berufung zum Arbeitgeberbeisitzer (§ 16 Abs. 3 Satz 2 SGG). Ob eine fehlende Beschäftigung nur vorübergehend ist, hängt davon ab, ob die Einstellung eines (neuen) Arbeitnehmers beabsichtigt ist.

2. Bei Gesellschaften Personen, die kraft Gesetzes, Satzung oder Gesellschaftsvertrags allein oder als Mitglieder des Vertretungsorgans zur Vertretung der Gesellschaft berufen sind, z. B. Geschäftsführer einer GmbH, Vorstandsmitglieder einer AG, persönlich haftende Gesellschafter einer OHG oder KG (§ 16 Abs. 3 Nr. 2 SGG).

3. Beamte und Angestellte im **öffentlichen Dienst des Bundes,** der Länder, Kommunen und sonstiger juristischer Personen des öffentlichen Rechts nach näherer Anordnung der zuständigen obersten Bundes- bzw. Landesbehörde (§ 16 Abs. 3 Nr. 3 SGG). Nach dem unmittelbaren Sinn und Zweck der auf die Wahrung einer angemessenen Interessenparität ausgerichteten gesetzlichen Vorschrift müssen sie arbeitgeberähnliche Funktionen ausüben[31]. In den Anordnungen des Bundesministeriums des Innern und der zuständigen Länderministerien wird in weitreichender Auslegung neben der Wahrnehmung von Vorgesetztenfunktionen bereits die Personalsachbearbeitung als ausreichend angesehen. Entfallen die Voraussetzungen wegen veränderter Aufgabenstellung (z. B. Wechsel von der Personalsachbearbeitung in die Betriebs-

---

27 *Bley* in GesKomm, § 13 Anm. 8c; keine Zuordnung vornehmend *Brackmann,* S. 188 u. I.

28 *BSG,* Beschl. v. 7.5.1956 – 1 S 5/55 – BSGE 3 S. 67.

29 *Rohwer-Kahlmann,* § 16 Rn. 11; Peters-Sautter-Wolff, § 16 Rn. 13; *Schmidt* in *Hennig,* § 16 Rn. 8; a. A. *Meyer-Ladewig,* § 16 Rn. 7; *Bley* in GesKomm, § 16 Anm. 6b.

30 LAG *Bremen,* Beschl. v. 22.9.1995 – AR 26/95 – BB 1996 S. 539.

31 Vgl. *Prütting* in *Germelmann u. a.,* § 23 Rn. 16 m. w. N.; a. A. *Meyer-Ladewig,* § 16 Rn. 7.

prüfung), so ist die Amtsenthebung (vgl. Ziff. 21.1) vorzunehmen[32]. Bei in Betrieben der öffentlichen Hand in privater Rechtsform beschäftigten Angestellten müssen die enger gefassten rechtlichen Voraussetzungen des § 16 Abs. 3 Nr. 4 SGG erfüllt sein.

4. Personen, denen **Prokura** oder **Generalvollmacht** erteilt ist, sowie **leitende Angestellte** (§ 16 Abs. 3 Nr. 4 SGG).

Die Vertretungsbefugnis durch **Prokura** kann nur vom Inhaber eines Handelsgeschäft oder seinem Vertreter erteilt werden; sie wird im Handelsregister eingetragen. Die Prokura ermächtigt mit der Ausnahme bestimmter Grundstücksgeschäfte zu allen Arten von Geschäften, die der Betrieb eines Handelsgewerbes mit sich bringt und ist Dritten gegenüber nicht beschränkbar (§§ 48 ff. HGB). Unerheblich ist, ob Einzel- oder Gesamtprokura (an mehrere Personen gemeinschaftlich) erteilt ist, oder ob und inwieweit im Innenverhältnis zum Geschäftsinhaber Beschränkungen bestehen; anders als nach § 5 Abs. 3 Nr. 2 BetrVG ist nicht die Einschränkung gegeben, dass die Prokura im Verhältnis zum Arbeitgeber nicht unbedeutend sein darf[33]. Diese spezielle Regelung im Sozialgerichtsgesetz erlaubt die Auswahl im Interesse der zweifelsfreien Festlegung des gesetzlichen Richters anhand einfach zu handhabender formeller Kriterien und dient der Erweiterung des Kreises der Arbeitgeberbeisitzer. Demgegenüber kann **Generalvollmacht** durch jeden Betriebsinhaber erteilt werden; sie ermächtigt zur Vertretung im gesamten Geschäftsbetrieb (vgl. § 105 Abs. 1 AktG), ohne dass sie im Handelsregister eingetragen wird. Ist einer Person nur **Handlungsvollmacht** i. S. der Beschränkung der Ermächtigung auf eine bestimmte Art von Geschäften oder auf lediglich einzelne Geschäfte erteilt (§ 54b HGB), kann sie nicht zum Arbeitgeberbeisitzer berufen werden[34].

Der Begriff des **leitenden Angestellten** bestimmt sich im Wesentlichen nach § 5 Abs. 3 und 4 BetrVG. Damit sind über die zur selbständigen Einstellung und Entlassung von Arbeitnehmern Berechtigten (insbesondere Personalleiter) hinaus z. B. auch Leiter von sonstigen Betriebsabteilungen, wie der Produktion, des Vertriebs, des Finanz- oder Rechnungswesens, des Ausbildungswesens, und Vorstandsassistenten zugelassen.

5. **Mitglieder** und **Angestellte** von **Vereinigungen von Arbeitgebern** sowie Vorstandsmitglieder und Angestellte von Zusammenschlüssen von Arbeitgebervereinigungen, wenn diese Personen kraft Satzung oder Vollmacht zur **Vertretung befugt** sind (§ 16 Abs. 3 Nr. 5 SGG). Sofern die Genannten nicht bereits ohnehin über die Arbeitgebereigenschaft verfügen, können sie nur dann ehrenamtliche Richter sein, wenn sie dem Verband gegenüber zur Vertretung von Prozessparteien berechtigt sind und für die Prozessparteien rechtsgeschäftliche Erklärungen abgeben können[35].

Ehemalige Arbeitgeber können in diesem Kreis keine ehrenamtlichen Richter mehr sein; dies gilt auch bei dem Wechsel von der Arbeitgeber- zur Versichertenseite[36].

32 *LAG Hamm,* Beschl. v. 13.6.1991 – 8 AR 8/91 – BB 1991 S. 1418.
33 S. *Fitting u. a.,* § 5 Rn. 350 ff. insbesondere zu den sog. Titularprokuristen.
34 *Bley* in GesKomm, § 17 Anm. 11c; vgl. *Fitting u. a.,* § 5 Rn. 355.
35 So auch *Grunsky,* § 22 Rn. 3; § 23 Rn. 4.
36 *BSG,* Beschl. v. 18.8.1992 – 1 S 8/92 – SozR 3-1500 § 22 Nr. 1; *SG Wiesbaden,* Beschl. v. 26.3.1996 – S-1/S-4/96 – n. v.

2.2.3 Krankenkassen

Die ehrenamtlichen Richter aus dem Kreis der Krankenkassen müssen im aktiven Dienst der Krankenkassen oder Kassenverbände stehen[37]. In Betracht kommen nach § 17 Abs. 4 SGG nur Vorstandsmitglieder und **leitende Beschäftigte** bei den Krankenkassen und ihren Verbänden[38] oder als Nichtbeschäftigte einer Krankenkasse ehrenamtlich dem Verwaltungsrat einer Krankenkasse angehörende Personen, da auch bei der letzteren Personengruppe regelmäßig von einer ausreichenden Sachkunde ausgegangen werden kann[39].

2.2.4 Vertragsärzte, Vertragszahnärzte, Psychotherapeuten

Vertragsärzte, Vertragszahnärzte und Psychotherapeuten – nach § 28 Abs. 3 Satz 1 SGB V psychologische Psychotherapeuten und Kinder- und Jugendlichenpsychotherapeuten – müssen als solche von Zulassungsausschüssen, errichtet von den Kassenärztlichen bzw. Kassenzahnärztlichen Vereinigungen und den Kassenverbänden (§ 96 SGB V), zugelassen sein. Auch Geschäftsführer und deren Stellvertreter bei Kassenärztlichen (Kassenzahnärztlichen) Vereinigungen müssen aktuell die Vertragsarztzulassung haben[40]. Nur der Verlust, nicht aber das Ruhen der Zulassung stellt ein Berufungshindernis dar[41].

2.2.5 Mit dem sozialen Entschädigungsrecht oder dem Recht der Teilhabe behinderter Menschen vertraute Personen

Es kommen Bedienstete der Integrationsämter, anderer staatlicher und kommunaler Behörden und von Rehabilitationsträgern (§ 6 Abs. 1 SGB IX) in Betracht, die mit Angelegenheiten Versorgungsberechtigter und behinderter Menschen befasst sind, nicht dagegen im Interesse der Sicherung der Unabhängigkeit und Unbeteiligtheit der Gerichtsmitglieder aktive Bedienstete der Versorgungsverwaltung in den Spruchkörpern für Angelegenheiten des sozialen Entschädigungsrechts und des Schwerbehindertenrechts[42].

2.2.6 Versorgungsberechtigte, behinderte Menschen

Versorgungsberechtigte müssen einen Versorgungsanspruch nach dem Bundesversorgungsgesetz haben, was die Anerkennung eines Versorgungsleidens durch das Versorgungsamt voraussetzt. Bezieher einer Beamtenversorgung zählen nicht dazu.

Behinderte Menschen müssen die gesetzlichen Voraussetzungen des § 2 SGB IX erfüllen. Danach sind Menschen behindert, wenn ihre körperliche Funktion, geistige Fähigkeit oder seelische Gesundheit mit hoher Wahrscheinlichkeit länger als 6 Monate von dem für das Lebensalter typischen Zustand abweichen und daher ihre Teilhabe am Leben in der Gesellschaft beeinträchtigt ist. Auch wenn das Gesetz dies nicht verlangt, sind die meisten Beisitzer aus diesem Kreis schwerbehinderte Menschen (Vorliegen eines Grads der Behinderung von

37 *SG Frankfurt a. M.*, Beschl, v. 8.6.1995 – S-1/S-34-95 – n. v.
38 *BSG*, Urt. v. 25.11.1998, – B 6 KA 84/97 R – SozR 3-1500 § 17 Nr. 3.
39 Insoweit a. A. *Meyer-Ladewig*, § 12 Rn. 6 m. w. N.
40 *BSG*, Urt. v. 5.8.1992 – 14a/6 RKa 30/91 – BSGE 71 S. 97.
41 *Meyer-Ladewig*, § 12 Rn. 6a; vgl. auch *BSG*, Beschl. v. 18.8.1992 – 1 S 8/92 – SozR 3-1500 § 22 Nr. 1.
42 *BSG*, Beschl. des GS v. 30.6.1960 – GS 4/60 – BSGE 12 S. 237.

wenigstens 50, worüber das Versorgungsamt entscheidet) oder gleichgestellte behinderte Menschen (Vorliegen eines Grads der Behinderung von wenigstens 30, worüber das Arbeitsamt entscheidet) In den Spruchkörpern für Angelegenheiten des sozialen Entschädigungsrechts und des Schwerbehindertenrechts dürfen aktive Bedienstete der Versorgungsverwaltung nicht als Beisitzer aus Kreisen der Versorgungsberechtigten und behinderten Menschen mitwirken[43].

2.2.7 Voraussetzung der Voramtstätigkeit für die Berufung zum LSG und BSG

Beim **Landessozialgericht** und beim **Bundessozialgericht** sollen die ehrenamtlichen Richter vorher **mindestens fünf Jahre** als Beisitzer eines Sozialgerichts tätig gewesen sein (§§ 35 Abs. 1, 47 Satz 1 SGG). Für die Berufung zum Bundessozialgericht genügt demnach auch eine Beisitzertätigkeit lediglich in der 1. Instanz. Von dieser Soll-Vorschrift kann die für die Berufung zuständige Stelle nur dann ausnahmsweise absehen, wenn hierfür triftige Sachgründe vorliegen. Dies ist insbesondere dann der Fall, wenn ein Vorschlagsberechtigter in absehbarer Zeit keine geeigneten Personen mit der geforderten Voramtszeit vorschlagen kann.

2.3 Anbindung an den Gerichtsbezirk

1. In den ersten beiden Instanzen der **Arbeitsgerichtsbarkeit** müssen die ehrenamtlichen Richter als Arbeitnehmer oder Arbeitgeber im Bezirk des Arbeitsgerichts oder des Landesarbeitsgerichts tätig sein (§§ 21 Abs. 1, 37 Abs. 2 ArbGG), damit die Garantie gegeben ist, dass die ständig im Beruf gewonnenen Erfahrungen auf der Richterbank Beachtung finden. Die Gerichtsbezirke sind jeweils durch Landesgesetz festgelegt; darin wird bei den Gemeinden entweder an die Zugehörigkeit zu Landkreisen bzw. Städten oder zu Amtgerichtsbezirken angeknüpft. Seit der Beschleunigungs-Novelle 1979 ist das Erfordernis, dass nur solche Personen berufen werden sollen, die im Bezirk des Arbeitsgerichts seit mindestens einem Jahr tätig sind, entfallen. Somit können Beschäftigte nach einer Versetzung an einen anderen Arbeitsort sofort wieder zum ehrenamtlichen Richter berufen werden. Von dieser gesetzlichen Muss-Voraussetzung darf auch nicht in Ausnahmefällen abgewichen werden. Dieses Erfordernis gilt auch bei einer bezirksübergreifenden Zuständigkeit einer (Fach)Kammer aufgrund einer Vereinbarung der Tarifvertragsparteien nach § 49 Abs. 2 ArbGG[44]. Dem Gesetz ist zu entnehmen, dass der berufliche Schwerpunkt des ehrenamtlichen Richters im Gerichtsbezirk liegen muss, damit das regionale Arbeitsleben möglichst umfassend widergespiegelt und repräsentiert wird. Eine nur gelegentliche berufliche Tätigkeit im Gerichtsbezirk genügt jedenfalls dann nicht, wenn ein bezirklicher Schwerpunkt der beruflichen Tätigkeit vorliegt[45]. Bei Arbeitslosen ist für die Bestimmung des zuständigen Gerichts der letzte Arbeitsplatzort maßgebend. Gibt der Beisitzer seine Tätigkeit im Bezirk des Arbeitsgerichts auf, ist er von seinem Amt zu entbinden (s. Ziff. 2.1.1), eine nur vorübergehende Verlagerung der

---

43 *BSG,* Beschl. des GS v. 30.6.1960 – GS 4/60 – BSGE 12 S. 237.

44 *LAG Bremen,* Beschl. v. 20.2.1987 – 4 AR 4/87 – DB 1987 S. 2576.

45 Vgl. *Prütting* in *Germelmann u. a.,* § 21 Rn. 9; *LAG Hamm* – 8 AR 17/91 – NZA 1991 S. 822; *Hess-LAG,* Beschl. v. 5.2.1997 – 6/97 – n. v.; *LAG Schleswig-Holstein,* Beschl. v. 11.1.1996 – AR 4/96 – NZA 1996 S. 504.

beruflichen Tätigkeit in einen anderen Gerichtsbezirk, z. B. aufgrund einer Abordnung, ist unschädlich[46].

2. In allen drei Instanzen der **Sozialgerichtsbarkeit** gibt es demgegenüber wahlweise drei Anknüpfungspunkte für die Zulassung zum ehrenamtlichen Richteramt bei einem bestimmten Gericht. Die ehrenamtlichen Richter sollen im **Bezirk** des Sozialgerichts (Landessozialgerichts bzw. Bundessozialgerichts) entweder **wohnen** oder ihren **Betriebssitz** haben oder **beschäftigt** sein. Die Gerichtsbezirke sind jeweils durch Landesgesetz festgelegt; darin wird bei den Gemeinden entweder an die Zugehörigkeit zu Landkreisen bzw. Städten oder zu Amtgerichtsbezirken angeknüpft. Es reicht aus, wenn eine der drei Berufungsvoraussetzungen erfüllt ist. Von dieser Soll-Vorschrift kann die für die Berufung zuständige Stelle nur dann ausnahmsweise absehen, wenn hierfür triftige Sachgründe vorliegen. Wird die Vorschrift im Einzelfall missachtet, so führt dies zwar nicht zur Unwirksamkeit der Berufung, jedoch ist der Beisitzer von seinem Amt durch das Gericht zu entbinden (s. Ziff. 2.1.1).

2.4 Weitere gemeinsame Voraussetzungen (Mindestalter, deutsche Staatsangehörigkeit)

1. Ehrenamtliche Richter müssen am Tage der Zustellung der Ernennungsurkunde beim **Arbeitsgericht** und beim Sozialgericht das **25.** (§ 21 Abs. 1 Satz 1 ArbGG, § 16 Abs. 1 SGG), beim **Landesarbeitsgericht** und beim **Landessozialgericht das 30.** (§ 37 Abs. 1 ArbGG, § 35 Abs. 1 Satz 1 SGG) und beim **Bundesarbeitsgericht** und beim **Bundessozialgericht** das **35.** (§ 43 Abs. 2 Satz 1 ArbGG, § 47 Satz 1 SGG) **Lebensjahr** vollendet haben. Von dieser gesetzlichen Muss-Voraussetzung darf auch nicht in Ausnahmefällen abgewichen werden. Von einer Amtsentbindung ist allerdings abzusehen, wenn der Berufene in der Zwischenzeit das vorgeschriebene Lebensalter erreicht hat[47].

2. Beisitzer müssen die **deutsche Staatsangehörigkeit** besitzen. Für die Arbeitsgerichtsbarkeit ergibt sich dieses zwingende Erfordernis aus der aus § 21 Abs. 2 Nr. 3 ArbGG folgenden Geltung des § 12 Abs. 1 BWG, für die Sozialgerichtsbarkeit ist es zusätzlich zur Einbeziehung dieser Vorschrift durch § 17 Abs. 1 Nr. 3 SGG ausdrücklich in § 16 Abs. 1 SGG geregelt (s. auch Ziff. 3.1.3). Ausländer können mithin nicht ehrenamtliche Richter werden; dies gilt nach geltendem Recht auch für lange Jahre in Deutschland lebende EU-Angehörige. Auch hiervon sind keine Ausnahmen zulässig. Umstritten ist, ob es nach geltendem deutschen Verfassungsrecht zulässig wäre, im Wege der Änderung der Gesetze das Beisitzeramt für langjährig in Deutschland lebende Ausländer oder jedenfalls für Angehörige der EU-Staaten zu öffnen[48].

46 *Dörner* in GK-ArbGG, § 21 Rn. 5.

47 *Dietz/Nikisch,* § 21 Anm. 16, 37.

48 Ablehnend unter Hinweis auf insbesondere aus dem Demokratieprinzip (Art. 20 Abs. 2 GG) folgende verfassungsrechtliche Grenzen *Jutzi*, Zulassung von Ausländern als ehrenamtliche Richter, DRiZ 1997 S. 377; zustimmend mindestens für EU-Angehörige *Röper,* Anspruch der Unionsbürger auf das Amt des ehrenamtlichen Richters, DRiZ 1998 S. 195.

3. Amtsausschließungsgründe (Negative Berufungsvoraussetzungen)

In negativer Hinsicht dürfen bei den ehrenamtlichen Richtern nicht folgende gesetzliche Amtsausschließungsgründe gegeben sein, deren Vorliegen eine gerichtliche Amtsentbindung (s. Ziff. 21.1) erforderlich macht:

3.1 Gemeinsame Amtsausschließungsgründe im ArbGG und im SGG

3.1.1 Verlust der Fähigkeit zur Bekleidung öffentlicher Ämter, Verurteilung zu einer über sechsmonatigen Freiheitsstrafe

Die **Fähigkeit zur Bekleidung öffentlicher Ämter** darf nicht durch Richterspruch verloren gegangen sein (§ 21 Abs. 2 Nr. 1 ArbGG, § 17 Abs. 1 Nr. 1 SGG). Nach § 45 Abs. 1 StGB ist diese Fähigkeit bei Verurteilung zu einer Freiheitsstrafe von mindestens einem Jahr wegen eines Verbrechens für fünf Jahre verloren. Soweit das Gesetz dies ausdrücklich vorsieht (§§ 92a, 101, 102 Abs. 2, 108c, 109i, 358 StGB), kann die erwähnte Fähigkeit auch bei Vergehen durch Urteil für die Dauer von zwei bis fünf Jahren aberkannt werden.

Ehrenamtlicher Richter kann ferner nicht sein, wer wegen einer vorsätzlichen Tat zu einer **Freiheitsstrafe von mehr als sechs Monaten** verurteilt worden ist (§ 21 Abs. 2 Nr. 1 ArbGG, § 17 Abs. 1 Nr. 1 SGG). Gesetzlich ist nicht vorgegeben, dass das Urteil bereits rechtskräftig sein muss[49]. Keine Rolle spielt es, ob die Strafe verbüßt werden muss oder zur Bewährung ausgesetzt worden ist. Die bloße Anklage wegen einer solchen Tat schließt die Übernahme des Richteramtes nicht zwingend aus. Der Ausschlussgrund entfällt mit einem Freispruch durch eine höhere Instanz auch dann, wenn der Freispruch noch nicht rechtskräftig ist[50]. Nach Tilgung der Strafe im Bundeszentralregister darf die Verurteilung nicht mehr als Hindernis für die Berufung als ehrenamtlicher Richter herangezogen werden (§ 51 Abs. 1 BZRG).

Auch bei geringeren Vorstrafen kann es an dem verfassungsrechtlichen Kriterium der Eignung fehlen (s. Ziff. 4.1, 4.2).

---

49 *Dörner* in GK-ArbGG, § 21 Rn. 8, *Meyer-Ladewig*, § 17 Rn. 3; a. A. *Prütting* in *Germelmann u.a.*, § 21 Rn. 13; *Grunsky*, § 21 Rn. 6.

50 *Bley* in GesKomm, § 21 Anm. 3b.

3.1.2 Durch Anklageerhebung drohender Verlust der Fähigkeit zur Bekleidung öffentlicher Ämter, Verurteilung zu einer über sechsmonatigen Freiheitsstrafe

Es ist aber auch bereits derjenige vom Amt als ehrenamtlicher Richter ausgeschlossen, der wegen einer Tat **angeklagt** ist, die den Verlust der Fähigkeit zur Bekleidung öffentlicher Ämter zur Folge haben kann (§ 21 Abs. 2 Nr. 2 ArbGG, § 17 Abs. 1 Nr. 2 SGG). Entscheidend ist dabei nicht, ob im konkreten Fall mit einer Aberkennung der Fähigkeit zu rechnen ist, sondern allein, ob wegen einer Tat angeklagt ist, bei der diese **Nebenfolge möglich** ist[51]. Das Schweben eines **Ermittlungsverfahrens** (anders bei den Schöffen nach § 32 Nr. 2 GVG) oder die Anordnung einer **Untersuchungshaft reichen noch nicht** aus. Da es sich bei der Berufung um eine Ermessensentscheidung handelt, besteht bei Verfahrenseinstellung, Freispruch oder Verurteilung ohne Nebenfolge grundsätzlich kein Anspruch auf Berufung, jedoch kann unter Beachtung der allgemeinen Auswahlkriterien insbesondere in den Fällen der Wiederberufung ein Vorrang des Vorgeschlagenen in Betracht kommen.

3.1.3 Fehlendes Wahlrecht zum Deutschen Bundestag

Ausgeschlossen ist vom Beisitzeramt, wer das **Wahlrecht zum Deutschen Bundestag** nicht besitzt oder verloren hat (§ 21 Abs. 2 Nr. 3 ArbGG, § 17 Abs. 1 Nr. 3 SGG). Dazu sind insbesondere die **deutsche Staatsangehörigkeit** i. S. des Art. 116 Abs. 1 GG (s. dazu Ziff. 2.4) und **Wohnsitz** bzw. **dauernder Aufenthalt in der Bundesrepublik Deutschland** seit mindestens 3 Monaten erforderlich (§ 12 BWG). Ferner sind nach § 13 BWG diejenigen nicht wahlberechtigt, denen infolge **Richterspruchs das Wahlrecht aberkannt** worden ist (§ 45 Abs. 5 StGB), für die durch das Vormundschaftsgericht – nicht nur durch Einstweilige Anordnung – ein Betreuer zur Besorgung aller Angelegenheiten **bestellt** ist (§ 1896 Abs. 1 BGB) und die sich aufgrund einer gerichtlichen Anordnung in einem **psychiatrischen Krankenhaus befinden** (§§ 63, 20 StGB).

3.1.4 Eintritt des Vermögensverfalls

Es sollen nicht Personen als ehrenamtliche Richter berufen werden, die in **Vermögensverfall** geraten sind. Die Bestellung eines Betreuers durch das Vormundschaftsgericht als solche (§ 1896 BGB) führt außer in den Fällen der alle Angelegenheiten umfassenden Betreuung (§ 21 Abs. 2 Nr. 3 ArbGG, § 17 Abs. 1 Nr. 3 SGG i. V. m. § 13 Nr. 2 BWG; s. vorstehend Ziff. 3.1.3) nicht zum Ausschluss vom Beisitzeramt. Anders als nach dem bis zum 1.1.1999 geltenden Recht ist bei jeder gerichtlichen Anordnung über die Beschränkung der Vermögensverfügungsbefugnis zu prüfen, ob ein Verfall des Vermögens mindestens bereits begonnen hat. Damit sind im Schwerpunkt die Personen erfasst, gegen die wegen Zahlungsunfähigkeit das Insolvenzverfahren, auch im Rahmen eines Verbraucherinsolvenzverfahrens (§§ 304 ff. InsO), eröffnet (§§ 27, 17 InsO) oder bei denen der Eröffnungsantrag mangels Masse abgelehnt worden ist und die deshalb in das Schuldnerverzeichnis einzutragen sind (§ 26 Abs. 2 InsO)[52]. Die Insolvenz einer Personengesellschaft (OHG, KG, BGB-Gesellschaft) berührt nicht das Privatvermögen des persönlich haftenden Gesellschafters, so dass für diesen kein Berufungshindernis besteht. Im Einzelfall kann auch aus anderen Indizien, z. B.

51 *Hauck/Helml*, § 21 Rn. 7.

52 A. A. *App*, Berufung zum ehrenamtlichen Arbeitsrichter trotz Konkursverfahrens?, BB 1987 S. 2016.

einem vormundschaftsgerichtlich angeordneten Einwilligungsvorbehalt für Willenserklärungen eines Betreuten in Vermögensangelegenheiten (§ 1903 Abs. 1 BGB), auf einen Vermögensverfall geschlossen werden[53]. Nur in Ausnahmefällen, etwa bei einer Wiederberufung und einer unverschuldeten wirtschaftlichen Notlage bzw. der Eröffnung des Insolvenzverfahrens auf Antrag des Schuldners mit dem Ziel der Wiederherstellung geordneter Vermögensverhältnisse, ist die Berufung trotz Vermögensverfalls zulässig. Dessen ungeachtet führt die Nichteinhaltung der Vorschrift durch die für die Berufung zuständige Stelle nicht automatisch zur Unwirksamkeit der Berufung, da es sich hierbei nur um eine Soll-Vorschrift handelt.

3.2 Gemeinsamer spezialgesetzlicher Amtsausschließungsgrund der Stasi-Mitarbeit

In einem Spezialgesetz, dem **Gesetz zur Prüfung von Rechtsanwaltszulassungen, Notarbestellungen und Berufungen ehrenamtlicher Richter** vom 25.6.1992 (BGBl. I S. 1386), ist für die Beisitzer auch in der Arbeits- und in der Sozialgerichtsbarkeit festgelegt, dass in das Amt nicht berufen werden soll, wer gegen die Grundsätze der Menschlichkeit oder der Rechtsstaatlichkeit verstoßen hat. Dazu zählen auch hauptamtliche oder inoffizielle Mitarbeiter des Staatssicherheitsdienstes der ehemaligen DDR oder ihnen nach dem Stasi-Unterlagen-Gesetz gleichgestellte Personen. Dadurch soll nach der Überprüfung der Berufsrichter auch für die ehrenamtlichen Richter sichergestellt werden, dass niemand richterliche Funktionen ausüben darf, der in den Machtapparat der DDR verstrickt war. Auch wenn der Schwerpunkt in der Anwendung des Gesetzes in den neuen Ländern liegt, gilt es gleichermaßen auch für die alten Länder.

Zur Überprüfung ist vorgesehen, dass die für die Berufung zuständige Stelle bei der Auswahl der ehrenamtlichen Richter eine schriftliche Erklärung des Betroffenen verlangen kann, dass er kein Mitarbeiter des Staatssicherheitsdienstes gewesen ist. Ob dies generell (für eine Übergangszeit in den neuen Bundesländern) oder aus gegebenen Anlass (in den alten Bundesländern) geschieht, liegt im pflichtgemäßen Ermessen der für die Berufung zuständigen Stelle. Nur wenn tatsächliche Anhaltspunkte für den Verdacht einer entsprechenden Tätigkeit vorliegen, kann die für die Berufung zuständige Stelle auch ohne Einwilligung Informationen beim Bundesbeauftragten für die Unterlagen des Staatssicherheitsdienstes der ehemaligen DDR einholen.

Wirkt ein unter die genannten Tatbestände fallender Beisitzer an einer Gerichtsentscheidung mit, kann sie nicht mit der Besetzungsrüge angegriffen werden, da es sich vorliegend nur um eine Soll-Regelung handelt. Wenn nachträglich relevante Umstände bekannt werden, muss der ehrenamtliche Richter von seinem Amt durch das Gericht von seinem Amt entbunden werden (vgl. Ziff. 21.1).

53 *Meyer-Ladewig,* § 17 Rn. 3a.

3.3 Sonstige gemeinsame Amtsausschließungsgründe

1. Aktive **Berufsrichter,** gleich aus welcher Gerichtsbarkeit, dürfen nicht zum ehrenamtlichen Richter berufen werden[54]. In der Arbeitsgerichtsbarkeit können sie im Regelfall – abgesehen von Ausnahmefällen einer genehmigten Nebentätigkeit – bereits nicht dem Kreis der Arbeitgeber zugeordnet werden; § 22 Abs. 2 Nr. 3 ArbGG lässt für den öffentlichen Dienst nur Beamte und Angestellte zu. Zwar können in der Sozialgerichtsbarkeit Berufsrichter u. a. dem Kreis der Versicherten angehören. Jedoch würde ihre Berufung dem Sinn der gesetzlichen Vorgabe widersprechen, dass sich die Richterbank aus Berufsrichtern **und** ehrenamtlichen Richtern zusammensetzen muss (§§ 6 ArbGG, 3 SGG). Ein Beisitzer, der nach seiner Berufung als hauptamtlicher Berufsrichter angestellt wird, ist von seinem Amt als ehrenamtlicher Richter zu entbinden[55]. Etwas anderes gilt für Berufsrichter im Ruhestand, sofern sie im Rahmen der Hinzuverdienstmöglichkeiten als Arbeitnehmer oder Arbeitgeber tätig sind oder einem in der Sozialgerichtsbarkeit relevanten Kreis angehören[56].

2. Ebenfalls sind Minister und Staatssekretäre wegen der Unabhängigkeit der Rechtspflege vom ehrenamtlichen Richteramt ausgeschlossen[57].

3.4 Spezielle Amtsausschließungsgründe in der Arbeitsgerichtsbarkeit

1. Ehrenamtliche Richter dürfen **nicht Beamte oder Angestellte eines Gerichts für Arbeitssachen** sein (§ 21 Abs. 3 ArbGG). Demnach sind bei einem Gericht für Arbeitssachen oder in einer anderen Gerichtsbarkeit oder Verwaltung beschäftigte Arbeiter nicht ausgeschlossen. Nach der amtlichen Begründung des Gesetzes soll diese Vorschrift Interessenkollisionen zwischen Amtstätigkeit und Beisitzerpflicht vorbeugen. Die Ungeeignetheit bezieht sich nicht nur auf das Arbeitsgericht, bei denen sie beschäftigt sind, sondern auch auf alle anderen Gerichte für Arbeitssachen. Zugelassen sind Beamte oder Angestellte aller anderen Gerichtsbarkeiten und Verwaltungen. Bei einer gesetzeswidrigen Berufung muss gerichtliche Amtsentbindung erfolgen (s. Ziff. 21.1).

2. Ehrenamtliche Richter dürfen **nicht zugleich Arbeitnehmer- und Arbeitgeberbeisitzer** sein (§ 21 Abs. 4 Satz 2 1. Alt. ArbGG). Das Gesetz will dadurch Interessenkollisionen vermeiden. Personen, welche sowohl Arbeitnehmer sind als auch die Arbeitgebereigenschaft nach § 22 Abs. 2 Nr. 2, 3 ArbGG besitzen, können nicht wählen, ob sie für die eine oder für die andere Seite als Beisitzer tätig werden wollen; sie dürfen ausschließlich als Arbeitgeberbeisitzer berufen werden. Jedoch soll die Parität der arbeitsrechtlichen Lager nicht verletzt sein, wenn ein Arbeitsdirektor eines mitbestimmten Unternehmens zum Arbeitgeberbeisitzer berufen wird, da seine Berufung davon abhängig sei, dass ihn ein Arbeitgeberverband nach seinem eigenen Selbstverständnis als geeigneten Arbeitgebervertreter ansehe[58]. Übernimmt

---

54 Vgl. *BSG,* Urt. v. 22.3.1962 – 10 RV 275/60 – NJW 1962 S. 1462; *BSG,* Beschl. v. 19.6.1957 – 1 S 2/57 – SozR Nr. 3 zu § 17 SGG; *Peters/Sautter/Wolff,* § 17 Rn. 20; *Meyer-Ladewig,* § 17 Rn. 5, *Rohwer/Kahlmann,* § 17 Rn. 45-54; *Prütting* in *Germelmann u. a.,* § 21 Rn. 21.

55 *LSG Baden-Württemberg,* Urt. v 17.4.1956, – IV 540/Sch/1 – Breith. 1957 S. 469.

56 Vgl. *BSG,* Beschl. v. 16.12.1959 – 1 S 7/59 – BSGE 11 S. 181.

57 *Meyer-Ladewig,* § 17 Rn. 5; *Bley* in GesKomm, § 17 Anm. 3c.

58 *Düwell,* Die ehrenamtlichen Richter beim Bundesarbeitsgericht, Ehrenamtliche Richter S. 146.

ein ehrenamtlicher Richter aus den Kreisen der Arbeitnehmer oder der Arbeitgeber während der Amtszeit eine berufliche Funktion auf der jeweils anderen Seite, entfällt eine Voraussetzung seiner Berufung. Dies folgt aus dem Grundsatz der paritätischen Besetzung der Gerichte für Arbeitssachen mit ehrenamtlichen Richtern beider Seiten. So ist für die weitere Amtsausübung als Arbeitnehmerbeisitzer ein Wechsel in der beruflichen Position hin zum Arbeitgeberfunktionen wahrnehmenden Angestellten i. S. des § 22 Abs. 2 Nr. 2 ArbGG schädlich, hier muss gerichtliche Amtsentbindung erfolgen[59] (s. Ziff. 21.1). Ausnahmsweise entfällt die Zuordnung zum Arbeitnehmerbeisitzer dann nicht, wenn er – etwa als Vorstandmitglied einer Gewerkschaft – zwar Arbeitgeberfunktionen ausübt, dabei aber weiterhin in die Arbeitnehmerseite eingebunden ist[60]. Ebenfalls entfällt eine Berufungsvoraussetzung bei einem Arbeitgeberbeisitzer, der seine Arbeitgeberstellung verloren hat und eine unselbständige Beschäftigung aufnimmt oder eine Arbeitsstelle sucht. Grundsätzlich nicht ausgeschlossen ist, zunächst Beisitzer der einen Seite zu sein und nach der Beendigung des Amtes im Falle veränderter beruflicher Tätigkeit Beisitzer der anderen Seite zu werden; somit darf z. B. die von einer Gewerkschaft in die Vorschlagsliste aufgenommene Person nicht mehr arbeitgeberähnliche Funktionen i. S. des § 22 Abs. 2 Nr. 2 ArbGG wahrnehmen.

3. **Niemand** darf als ehrenamtlicher Richter **gleichzeitig bei mehr als einem** Gericht für Arbeitssachen berufen werden (§ 21 Abs. 4 Satz 2 2. Alternative ArbGG). Das Verbot der gleichzeitigen Amtstätigkeit gilt sowohl in Bezug auf höhere Instanzen als auch – falls sich die berufliche Tätigkeit auf mehrere Arbeitsgerichtsbezirke erstreckt – in Bezug auf eine Amtstätigkeit bei mehreren erstinstanzlichen Arbeitsgerichten; auch eine gleichzeitige Wahrnehmung von Beisitzerämtern in unterschiedlichen Bundesländern ist unzulässig. Nacheinander darf ein Beisitzer an mehreren Gerichten für Arbeitssachen tätig sein. Bei einer gesetzeswidrigen Berufung muss gerichtliche Amtsentbindung erfolgen (s. Ziff. 21.1). Wenn ein ehrenamtlicher Richter am LAG oder am BAG vor Ablauf seiner Amtszeit zum Beisitzer am Arbeitsgericht bzw. am LAG berufen wird, wird zur Wahrung der Besetzungskontinuität die Berufung für die untere Instanz unter entsprechender Verkürzung der Amtszeit erst wirksam, wenn das Richteramt in der höheren Instanz endet[61]. Seit der Beschleunigungs-Novelle 1979 ist klargestellt, dass das Amt des ehrenamtlichen Richters, der zum ehrenamtlichen Richter in einem höheren Rechtszug berufen wird, automatisch mit Beginn der Amtszeit in der höheren Instanz endet § 21 Abs. 4 Satz 1 ArbGG). Einer gerichtlichen Amtsentbindung oder einer besonderen Niederlegung des Amts bedarf es somit in diesem Falle nicht mehr.

3.5 Spezielle Amtsausschließungsgründe in der Sozialgerichtsbarkeit

1. Auch in der Sozialgerichtsbarkeit ist die gleichzeitige Innehabung des **Beisitzeramtes beim Sozialgericht und bei einem Gericht des höheren Rechtszugs ausgeschlossen.** Automatisch endet das erstinstanzliche Richteramt mit Beginn der Amtszeit beim LSG oder BSG § 17 Abs. 5 SGG), so dass kein Raum für eine gerichtliche Amtsentbindung oder Amtsentlassung gegeben ist. Anders als in der Arbeitsgerichtsbarkeit besteht kein ausdrückliches Verbot

---

59 *LAG Bremen,* Beschl. v. 25.4.1997 – AR 22/96 – MDR 1997 S. 659.

60 *BAG,* Beschl, v. 21.9.1999 – 1 AS 6/99 – BAGE 92 S. 297.

61 Vgl. *Peters/Sautter/Wolff,* § 17 Rn. 23; a. A. *Bley* in GesKomm, § 17 Anm. 10: Unwirksamkeit der Berufung.

der Wahrnehmung mehrerer Richterämter bei erstinstanzlichen Gerichten der Sozialgerichtsbarkeit[62]. Wenn ein ehrenamtlicher Richter am LSG oder am BSG vor Ablauf seiner Amtszeit zum Beisitzer am Sozialgericht bzw. am LSG berufen wird, wird zur Wahrung der Besetzungskontinuität die Berufung für die untere Instanz unter entsprechender Verkürzung der Amtszeit erst wirksam, wenn das Richteramt in der höheren Instanz endet[63].

2. Mitglieder der **Vorstände** von Trägern und Verbänden der Sozialversicherung, der Kassenärztlichen (Kassenzahnärztlichen) Vereinigungen und der Bundesanstalt für Arbeit können grundsätzlich nicht ehrenamtliche Richter sein (§ 17 Abs. 2 SGG). Dies gilt auch für **stellvertretende** Vorstandsmitglieder, weil sie im Selbstverwaltungsrecht (§ 43 Abs. 3 SGB IV) den ordentlichen Vorstandsmitgliedern gleichgestellt sind[64]. Ebenso sind leitende Beschäftigte bei Kranken- und Pflegekassen vom ehrenamtlichen Richteramt ausgeschlossen, soweit sie den aus einer Person bestehenden Vorstand vertreten (§ 35a Abs. 4 Satz 4 SGB IV)[65]. Auch die **Geschäftsführer** und ihre **Stellvertreter** gehören dem Vorstand an, wenn auch nur mit beratender Stimme (§ 31 Abs. 1 Satz 2 SGB IV), so dass sie ebenfalls wegen möglicher Interessenkollisionen grundsätzlich nicht zum ehrenamtlichen Richter berufen werden können[66]. Hingegen ist der von der Vertreterversammlung gewählte Vorsitzende des Disziplinarausschusses einer Kassenärztlichen Vereinigung nicht am Beisitzeramt gehindert, da er trotz seiner hervorgehobenen Stellung kein Mitglied im Vorstand ist[67].

Jedoch macht das Gesetz für Mitglieder der **Vorstände der Kranken- und Pflegekassen und ihrer Verbände** sowie für **Geschäftsführer und deren Stellvertreter der Kassenärztlichen (Kassenzahnärztlichen) Vereinigungen** eine **Ausnahme** (§ 17 Abs. 4 SGG). Dies bedeutet, dass allein für diesen Personenkreis kein generelles Berufungshindernis besteht. Die Gerichtspräsidien dürfen ihn jedoch nur den Spruchkörpern in Angelegenheiten des Kassenarztrechts zuteilen. In die Entscheidung des Präsidiums darf die Dienstaufsichtsbehörde nicht eingreifen[68]. Mitglieder von anderen Organen als dem Vorstand eines Sozialleistungsträgers dürfen generell ehrenamtliche Richter sein, so Mitglieder von Vertreterversammlungen der Versicherungsträger und Kassenärztlichen Vereinigungen[69], des Verwaltungsrats der Bundesanstalt für Arbeit, von Verwaltungsausschüssen der Landesarbeitsämter und Arbeitsämter[70] und Verwaltungsräten der Orts-, Betriebs- und Innungskrankenkassen[71] (§ 31 Abs. 3a SGB IV). Nicht die Berufung, sondern die Ausübung des Beisitzeramtes ist ausgeschlossen, wenn die Gültigkeit einer Entscheidung in Streit steht, an der ein solches Organmitglied oder ein sonstiger Bediensteter selbst mitgewirkt hat (§ 60 Abs. 2 SGG).

---

62 *Rohwer-Kahlmann,* § 16 Rn, 28; *Peters/Sautter/Wolff,* § 16 Rn. 33.

63 *Peters/Sautter/Wolff,* § 17 Rn. 23; a. A. Bley in GesKomm, § 17 Anm. 10: Unwirksamkeit der Berufung.

64 *BSG,* Urt. v. 27.9.1963 – 12/4 RJ 26/61 – SozR Nr. 8 zu § 17 SGG; *Meyer-Ladewig,* § 17 Rn. 4; *Bley* in GesKomm, § 17 Anm. 7b.

65 *Peters/Sautter/Wolff,* § 17 Rn. 10.

66 *BSG,* Urt. v. 23.1.1957 – 6 RKa 3/55 – BSGE 4 S. 242; *Meyer-Ladewig,* § 17 Rn. 41; *Peters/Sautter/Wolff,* § 17 Rn. 12; *Rohwer-Kahlmann,* § 17 Rn. 13 ff.; a. A. *Bley* in GesKomm, § 17 Anm. 7b; die frühere Rechtsprechung einiger LSG, *LSG Baden-Württemberg*, Entsch. v. 21.12.1954 – II B 4/54 – Breith 1955 S. 220; *LSG Nordrhein-Westfalen,* Entsch. v. 28.9.1954 – Ia 9/54 – Breith 1955, S. 231; *HessLSG,*. Entsch. v. 11.8.1954 – VI 13/54 – SGb 1955 S. 106.

67 *BSG,* Urt. v. 17.12.1998 – B 8 KA 63/98 B – n. v.

68 *BGH,* Dienstgericht dcs Bundes, Urt. v. 7.6.1966 – RiZ (R) 1/66 – BGHZ 46 S. 147.

69 *BSG,* Urt. v. 13.5.1998 – B 6 KA 31/97 R – BSGE 82 S. 150; *BSG,* Urt. v. 28.5.1965 – 6 RKa 2/65 – BSGE 23 S. 105.

70 *LSG Niedersachsen,* Beschl. v. 20.6.1959 – L 4 S 51/59 – Breith 1960 S. 344.

71 *Peters/Sautter/Wolff,* § 17 Rn. 10.

3. Auch die **Bediensteten** der Träger und Verbände der Sozialversicherung, der Kassenärztlichen (Kassenzahnärztlichen) Vereinigungen und der Dienststellen der Bundesanstalt für Arbeit sind nicht generell vom Richteramt ausgeschlossen. Von dem Begriff des Bediensteten sind bei den genannten Sozialleistungsträgern, Verbänden und Vereinigungen gegen Entgelt beschäftigte Beamte, DO-Angestellte, sonstige Angestellte und Arbeiter umfasst[72]. Diese Bediensteten, auch soweit sie bei einem Verband in privater Rechtsform beschäftigt sind, können aber **keinem Spruchkörper angehören,** der über **Streitigkeiten aus ihrem Arbeitsgebiet entscheidet** (§ 17 Abs. 3 SGG); dieses Verbot ist vom Präsidium des Gerichts bei der Zuteilung der ehrenamtlichen Richter auf die Spruchkörper zu beachten. Zu den Bediensteten zählen nicht diejenigen, die **ehrenamtliche** Funktionen in der Selbstverwaltung wahrnehmen, wie die Mitglieder der Vertreterversammlungen und der Verwaltungsräte der Krankenkassen. Ein ehrenamtlich in der kassenärztlichen Selbstverwaltung tätiger Arzt wird auch dann nicht zum Bediensteten der Kassenärztlichen Vereinigung, wenn er Auslagenerstattung in pauschalierter Form erhält[73]. Die Grenze des Arbeitsgebiets der Bediensteten ist weit zu ziehen; zum Arbeitsgebiet zählt nicht nur der konkrete Arbeitsbereich des ehrenamtlichen Richters oder die Materie, zu der der konkrete Arbeitsbereich des ehrenamtlichen Richters gehört, sondern darüber hinaus der sachliche Zuständigkeitsbereich (Sachgebiet) des Sozialleistungsträgers oder Verbandes, dem dieser Richter angehört[74]. Der Bedienstete einer Berufsgenossenschaft kann also nicht einem für die Unfallversicherung zuständigen Spruchkörper angehören. Ebenso wenig darf einer „gemischten" SG-Kammer (für Unfallversicherung, Rentenversicherung und Krankenversicherung) ein Ersatzkassenbediensteter als ehrenamtlicher Richter uneingeschränkt zugeteilt werden[75]. Ein Bediensteter einer Landsversicherungsanstalt ist von der Mitwirkung in einer Kammer für Angelegenheiten der Arbeiterrentenversicherung ausgeschlossen, nicht aber ein Bediensteter der Bundesversicherungsanstalt für Angestellte[76]. Im Interesse der Sicherung der Unabhängigkeit und Unbeteiligtheit der Gerichtsmitglieder sind **aktive Bedienstete der Versorgungsverwaltung**[77] nicht in den Spruchkörpern für Angelegenheiten des sozialen Entschädigungsrechts und des Schwerbehindertenrechts als ehrenamtliche Richter zugelassen. Hingegen kann ein beamteter Arzt der Gesundheitsverwaltung, der langjährig als medizinischer Sachverständiger für die Versorgungsverwaltung tätig war, nicht einem Bediensteten der Versorgungsverwaltung gleichgestellt werden, so dass er Beisitzer aus dem Kreis der mit dem sozialen Entschädigungsrecht oder dem Recht der Teilhabe behinderter Menschen vertrauten Personen sein kann[78].

Nur für die Spruchkörper in Angelegenheiten des Kassenarztrechts macht das Gesetz für bestimmte leitende Beschäftigte Ausnahmen (§ 17 Abs. 4 SGG). Frühere Bedienstete eines Sozialleistungsträgers (Pensionäre) können ohne diese sachlichen Einschränkungen ehrenamtliche Richter sein.

---

72 *Bley* in GesKomm, § 17 Anm. 8b.

73 *BSG,* Beschl. v. 30.4.1960 – 6 RKa – 14/57 – SozR Nr. 6 zu § 17 SGG; *Meyer-Ladewig*, § 17 Rn. 6.

74 So die neuere Rechtsprechung des *BSG,* Urt. v. 25.11.1998 – B 6 KA 84/97 R – SozR 3-1500 Nr. 3 zu § 17; *BSG,* Urt. v. 8.5.1996 – 6 RKa 16/95 – BSGE 78 S. 175; *Meyer-Ladewig,* § 17 Rn. 6; *Peters/Sautter/Wolff,* § 17 Rn. 14 ff.; *Bley* in GesKomm, § 17 Anm. 8c; enger die frühere, auf die Materie (z. B. Rentenfeststellung, Beitragseinziehung) abstellende Rechtsprechung des *BSG,* Urt. v. 30.6.1960 – BSGE 12 S. 269.

75 *LSG Baden-Württemberg,* Entsch. v. 15.2.1967 – L 2 Ua 551/63 – Breith 1969 S. 991.

76 *Bayerisches LSG,* Urt. v. 9.4.1964 – L 7/S 19/63 – Breith 1964 S. 810; *Bayerisches LSG,* Urt. v. 9.4.1964 – L 7/S 20/63 – SozSich 1965 S. 31.

77 *BSG,* Beschl. des GS v. 30.6.1960 – GS 4/60 – BSGE 12 S. 237.

78 *LSG Bremen,* Beschl. v. 17.4.1972 – L 4 H 3/72, L 4 H 4/72, L 4 H 5/72 – NJW 1972 S. 2247.

4. Nach der Ausnahmeregelung des § 17 Abs. 4 SGG können **lediglich in den Spruchkörpern für das Kassenarztrecht Mitglieder der Vorstände** sowie **leitende Beschäftigte** bei den Kranken- und Pflegekassen und ihren Verbänden sowie **Geschäftsführer und deren Stellvertreter** bei den **Kassenärztlichen (Kassenzahnärztlichen) Vereinigungen** mitwirken. Die gesetzlichen Ausnahmetatbestände sind abschließender Natur, der aufgeführte Personenkreis kann nicht erweitert werden. Zugelassen sind alle – haupt- oder ehrenamtlichen – Mitglieder des Vorstands von Kranken- und Pflegekassen und ihrer Verbände, nicht aber der Kassenärztlichen (Kassenzahnärztlichen) Vereinigungen. Bei den leitenden Beschäftigten sind nur die der der Kranken- und Pflegekassen und ihrer Verbände, nicht aber die der Kassenärztlichen (Kassenzahnärztlichen) Vereinigungen zugelassen. Leitende Beschäftigte der Kranken- und Pflegekassen und ihrer Verbände sind nicht nur die Stellvertreter des nur aus einer Person bestehenden Vorstands, sondern alle Beschäftigten mit herausgehobenen Arbeitgeberfunktionen oder Verwaltungsbefugnissen in größeren in sich abgeschlossenen Arbeitsbereichen[79]. Dazu gehören insbesondere die Regionaldirektoren landesweiter Orts- oder Innungskrankenkassen und auch z. B. der Leiter der Hauptabteilung Vertrieb einer AOK; ergänzend kann auf den arbeitsrechtlichen Begriff des leitenden Angestellten (§ 5 Abs. 3 BetrVG) zurückgegriffen werden[80]. Das Interesse an der Gewinnung sachkundiger ehrenamtlicher Richter in diesen Spruchkörpern geht dem Idealbild des Richters als einem unbeteiligter Dritter vor, so dass keine Bedenken gegen die ausnahmsweise Zulassung dieses herausgehobenen Personenkreises in den Spruchkörpern für das Kassenarztrecht bestehen[81]. Nur wenn sich aus einer Gesamtbetrachtung die Gefahr eines generellen Widerstreits zwischen den verschiedenen, aus den Ämtern der Rechtspflege und der Verwaltung fließenden Pflichten ergibt, würde deren gleichzeitige Wahrnehmung mit dem verfassungsrechtlichen Gebot der richterlichen Neutralität (Art. 20 Abs. 2, 92 GG) nicht in Einklang stehen[82]. Da aber ein nach § 17 Abs. 4 SGG an sich nicht ausgeschlossenes Vorstandsmitglied das Richteramt immer in den Fällen nicht ausüben kann, in denen die Interessen seines Sozialleistungsträgers unmittelbar berührt werden (§ 60 Abs. 3 SGG; vgl. auch Ziff. 15.1), und angesichts der Vielzahl streitbetroffener Krankenkassen ein interessenkollisionsfreier Mitwirkungsbereich verbleibt, existiert bei der Zusammensetzung der Spruchkörpern für das Kassenarztrecht nicht ein genereller Widerstreit[83]. Geschäftsführer und deren Stellvertreter bei Kassenärztlichen (Kassenzahnärztlichen) Vereinigungen müssen auch noch aktuell die Vertragsarztzulassung haben, eine frühere Vertragsarztzulassung genügt nicht[84].

---

79 *Peters/Sautter/Wolff,* § 17 Rn. 19; *Meyer-Ladewig,* § 17 Rn. 7a; a. A. *Engelhard,* Zulässigkeit der Mitwirkung von Krankenkassen-Bediensteten in Kassenarztkammern der Sozialgerichtsbarkeit, NZS 1998 S. 220.

80 *BSG,* Urt. v. 25.11.1998 – B 6 KA 84/97 R – SozR 3-1500 Nr. 3 zu § 17; *Peters/Sautter/Wolff,* § 17 Rn. 19.

81 *BSG,* Urt. v. 8.8.1975 – 6 RKa 9/74 – BSGE 40 S. 130.

82 *BVerfG,* Beschl. v. 3.6.1980 – 1 BvL 114/78 – BVerfGE 54 S. 159 zu der als grundgesetzwidrig angesehenen Mitwirkung von Vorstandsmitgliedern der Landwirtschaftkammern an der Rechtsprechung des Landwirtschaftsgerichts.

83 A. A. im Ergebnis *Schmidt* in *Hennig,* § 17 Rn. 14; *Bley* in GesKomm, § 17 Anm. 9a.

84 *BSG,* Urt. v. 5.8.1992 – 14a/6 RKa 30/91 – BSGE 71 S. 97.

3.6 Keine Amtsausschließung von Notaren, Anwälten, Prozessvertretern der Verbände und Mandatsträgern in der Arbeits- und Sozialgerichtsbarkeit

1. **Anwälte** und **Notare** sowie **Prozessvertreter der Verbände** sind **nicht** von dem Beisitzeramt **ausgeschlossen.** Früher vertrat das *Präsidium* des *Bundesarbeitsgerichts*[85] aus verfassungsrechtlichen Gründen (objektive Neutralität der Richterbank gegenüber der Öffentlichkeit im Allgemeinen und dem Rechtsuchenden im Besonderen) die Ansicht, dass ein Rechtsanwalt, der vor dem Bundesarbeitsgericht als solcher seinen Beruf ausübt und in der Zukunft ausüben will, nicht zugleich an diesem Gericht die Funktion eines ehrenamtlichen Richters wahrnehmen kann. Diese Rechtsauffassung, die auch auf die Prozessvertreter der Verbände erstreckt werden müsste, findet im Gesetzeswortlaut keine Stütze. Sie widerspricht auch der Grundkonzeption des Arbeitsgerichtsgesetzes, die besondere Sachkunde der Verbände und der von ihnen Vorgeschlagenen, seien es (Fach)Anwälte oder sonstige Prozessvertreter, in die Besetzung der Richterbank einzubeziehen[86]. Nur im konkreten Einzelfall kann eine Ablehnung wegen Besorgnis der Befangenheit unter den Voraussetzungen der §§ 41 ff. ZPO (s. Ziff. 14.2) erfolgen. Unberührt bleibt das Recht des ehrenamtlichen Richters, aus – regelmäßig zu bejahenden – wichtigen Gründen sein Amt niederzulegen (§ 24 Abs. 1 Nr. 5 ArbGG) bzw. die gerichtliche Amtsentlassung zu beantragen (§ 18 Abs. 3 SGG).

2. Der Grundsatz der Gewaltenteilung verbietet nicht, dass ein Abgeordneter des Bundestags oder eines Landtags oder ein Mitglied eines kommunalen Vertretungsorgans als ehrenamtlicher Richter tätig wird. Die in § 4 Abs. 1 DRiG festgelegte Unvereinbarkeit zwischen der Stellung als Richter und der Zugehörigkeit zu einer gesetzgebenden Körperschaft gilt nur für Berufsrichter (§ 2 DRiG)[87].

---

85 Beschl. v. 23.10.1975 – AP Nr. 4 zu § 43 ArbGG 1953 mit Anm. *Grunsky;* ebenso *Prütting* in *Germelmann u. a.*, § 21 Rn. 36 m. w. N.

86 So auch *HessVGH,* Urt. v. 28.7.1982 – 1 OE 74/79 – DB 1982 S. 2196; *BSG,* Beschl v. 28.6.1966 – 1 RA 341/65 – NJW 1966 S. 1987; *Däubler,* Richterliche Neutralität in der Arbeitsgerichtsbarkeit, ArbuR 1976 S. 369; *Lemppenau,* Ehrenamtliche Richter als Parteiberater und Prozessvertreter, DRiZ 1992 S. 381; *Dörner* in GK-ArbGG; § 21 Rn. 17; *Hauck/Helml,* § 21 Rn. 12; s. zu den umgekehrten Bedenken gegen ein gleichzeitiges Auftreten vor Gericht als Rechtsanwalt *HessVGH,* Beschl. v. 14.12.1977 – VIII TG 4/77 – AP Nr. 6 zu § 43 ArbGG 1953; *Herschel,* Die ehrenamtlichen Richter der Arbeitsgerichtsbarkeit – Vorschläge zur Mehrung ihres Einflusses, ArbuR 1980 S. 321; *Prütting* in *Germelmann u. a.,* § 21 Rn. 28; *Grunsky,* § 21 Rn. 10.

87 *BGH,* Urt. v. 13.2.1968 – 1 StR 613/67 – BGHSt 22 S. 85; *Grunsky,* § 24 Rn. 5; a. A. *Meyer-Ladewig,* § 17 Rn. 5.

4. Entnahme aus Vorschlagslisten, Berufung und Ernennung

4.1 Vorschlagsverfahren in der Arbeitsgerichtsbarkeit

Die ehrenamtlichen Richter der Arbeitsgerichtsbarkeit werden nicht – wie das bei den kommunalen Gewerbe- und Kaufmannsgerichten der Fall war – gewählt, sondern berufen. Der Gesetzgeber des Arbeitsgerichtsgesetzes hat diese Form der Bestellung vorgezogen, weil bei der Lückenlosigkeit des Netzes von Gerichten für Arbeitssachen verschiedener Stufen und der großen Zahl der Beisitzer – bereits Mitte der 60er Jahre amtierten ca. 11 260[88] – die Wahl annähernd den Charakter einer allgemeinen öffentlichen Wahl haben und deshalb für alle Beteiligten einen unverhältnismäßig großen Aufwand an Arbeitszeit und Geldmitteln verursachen würde. Andererseits haben die Gewerkschaften und die Arbeitgeberverbände heute eine so hohe Bedeutung für das Arbeitsleben erlangt, dass das Verfahren der Berufung auf der Grundlage der Vorschläge dieser Vereinigungen uneingeschränkt als sinnvoll einzustufen ist. Soweit in einzelnen Ländern die Mitwirkung eines Richterwahlausschusses vorgesehen ist, gilt dies nur für die Berufsrichter und nicht auch für die ehrenamtlichen Richter (vgl. etwa Artikel 127 Abs. 5 der Hessischen Verfassung).

Zum **Arbeitsgericht** und zum **Landesarbeitsgericht** beruft die **zuständige oberste Landesbehörde** oder die von ihr bzw. der Landesregierung durch Rechtsverordnung beauftragte Stelle (§ 20 Abs. 1 ArbGG)[89]. Für die Berufung zuständige Stelle ist in Bremen, Hamburg, Hessen, Niedersachsen, Rheinland-Pfalz, und Thüringen das Justizressort, in Bayern, Berlin, Brandenburg und im Saarland das Arbeitsressort und in Baden-Württemberg, Mecklenburg-Vorpommern, Nordrhein-Westfalen, Sachsen, Sachsen-Anhalt und Schleswig-Holstein das jeweilige Landesarbeitsgericht. Hinsichtlich des **Bundesarbeitgerichts** ist im Gesetz bestimmt, dass die ehrenamtlichen Richter vom **Bundesministerium für Wirtschaft und Arbeit** berufen werden (§ 43 Abs. 1 Satz 1 ArbGG). Die ehrenamtlichen Richter müssen aus Vorschlagslisten (dazu s. nachstehend Ziff. 4.3) entnommen werden. Ohne Aufnahme in eine Vorschlagsliste eines Vorschlagsberechtigten ist die Berufung rechtlich ausgeschlossen.

Vorschlagsberechtigt sind (§ 20 Abs. 2 ArbGG)
- für die Arbeitnehmer die Gewerkschaften und selbständigen Vereinigungen von Arbeitnehmern mit sozial- oder berufspolitischer Zwecksetzung,
- für die Arbeiteber die Vereinigungen von Arbeitgebern, der Bund, die Länder, Gemeinden, Gemeindeverbände und andere Körperschaften, Anstalten und Stiftungen des öffentlichen Rechts oder deren Arbeitgebervereinigungen.

---

88 Schätzungen in einem Bericht der Bundesregierung, s. *Ludwig,* Ehrenamtliche Tätigkeit und Sozialversicherung, BArbBl. 1967 S. 287.

89 Zum verfassungsrechtlich gebotenen Gesetzesvorbehalt und zur Gesamtproblematik *Hohmann,* Delegation der Berufung der ehrenamtlichen Richter auf die Landesarbeitsgerichte?, NZA 2002 S. 651; kritisch zur Verordnungslösung auch *Dörner* in *GK-ArbGG,* § 20 Rn. 5.

4.2 Vorschlagsverfahren in der Sozialgerichtsbarkeit

Die ehrenamtlichen Richter der Sozialgerichtsbarkeit werden in ihr Amt ebenfalls nicht gewählt, sondern berufen. Die ehrenamtlichen Richter beim **Sozialgericht und Landessozialgericht** werden von der nach **Landesrecht zuständigen Stelle** berufen (§§ 13, 35 SGG). Dies ist in den Ländern Hamburg, Hessen und Saarland das Justizressort, in Bayern das Sozialressort, in Berlin, Brandenburg, Bremen, Mecklenburg-Vorpommern, Niedersachsen, Rheinland-Pfalz, Sachsen, Sachsen-Anhalt Schleswig-Holstein und Thüringen das jeweilige Landessozialgericht für die ehrenamtlichen Richter der 1. und 2. Instanz und in Baden-Württemberg und Nordrhein-Westfalen das Landessozialgericht für die ehrenamtlichen Richter der 2. Instanz bzw. das jeweilige Sozialgericht für seine ehrenamtlichen Richter. Hinsichtlich des **Bundessozialgerichts** ist im Gesetz bestimmt, dass für die Berufung der ehrenamtlichen Richter das **Bundesministerium für Gesundheit und Soziale Sicherung** zuständig (§ 45 Abs. 2 SGG). Die ehrenamtlichen Richter müssen aus Vorschlagslisten (dazu s. nachstehend Ziff. 4.3) entnommen werden. Ohne Aufnahme in eine Vorschlagsliste eines Vorschlagsberechtigten ist die Berufung rechtlich ausgeschlossen.

Vorschlagsberechtigt sind (§ 14 SGG)

1. für die Spruchkörper in Angelegenheiten der **Sozialversicherung und der Arbeitsförderung**
   für die **Versicherten**
   die Gewerkschaften, selbständigen Vereinigungen mit sozial- oder berufspolitischer Zwecksetzung und die im Gerichtsbezirk vertretenen Vereinigungen, deren satzungsgemäße Aufgaben die gemeinschaftliche Interessenvertretung, die Beratung und Vertretung der Leistungsempfänger nach dem sozialen Entschädigungsrecht oder der behinderten Menschen wesentlich umfassen und die unter Berücksichtigung von Art und Umfang ihrer bisherigen Tätigkeit sowie ihres Mitgliederkreises die Gewähr für eine sachkundige Erfüllung dieser Aufgaben erfüllen. Bei den letztgenannten Vereinigungen handelt es sich um Sozialverbände, die zu einem wesentlichen Teil behinderte Menschen und Kriegsopfer organisieren.
   Und
   für die **Arbeitgeber**
   die Vereinigungen von Arbeitgebern und die in § 16 Abs. 4 Nr. 3 SGG bezeichneten obersten Bundes- bzw. Landesbehörden;
2. für die Spruchkörper in Angelegenheiten des **Kassenarztrechts**
   für die **Vertragsärzte, Vertragszahnärzte und Psychotherapeuten**
   die Kassenärztlichen (Kassenzahnärztlichen) Vereinigungen
   und
   für die **Krankenkassen**
   die Zusammenschlüsse der Krankenkassen;
3. für die Spruchkörper in Angelegenheiten des **sozialen Entschädigungsrechts und des Schwerbehindertenrechts**
   für die mit dem **sozialen Entschädigungsrecht oder dem Recht der Teilhabe schwerbehinderter Menschen vertrauten Personen**
   die Landesversorgungsämter bzw. die Stellen, denen ihre Aufgaben übertragen worden sind,
   und
   für die **Versorgungsberechtigten, behinderten Menschen und Versicherten**

die im Gerichtsbezirk vertretenen Sozialverbände (s. oben die gesetzliche Definition), Gewerkschaften und selbständigen Vereinigungen mit sozial- oder berufspolitischer Zwecksetzung.

4.3 Auswahlfreiheit und -kriterien

Dass die ehrenamtlichen Richter nicht gewählt, sondern Vorschlagslisten entnommen werden, beruht nicht nur auf organisatorischen und finanziellen Überlegungen. Vielmehr gibt es für diese Art der Bestellung überzeugende Sachgründe.

In der **ordentlichen Gerichtsbarkeit** sollen in Strafsachen Bürger als **Laien** an Gerichtsentscheidungen mitbeteiligt werden, weil dadurch das Vertrauen der als **Schöffen** tätigen Bürger in die Rechtsprechung gestärkt werden soll. Gefragt sind hier Bürgernähe und Bürgersinn. Die Vorschlagslisten werden von den Gemeindeparlamenten aufgestellt. Sie sollen einen Querschnitt der gesamten Bevölkerung widerspiegeln. Um Zufälligkeiten aufgrund wechselnder Mehrheitsverhältnisse und unerwünschte Blockbildungen zu vermeiden, bedarf es für die Aufstellung dieser Vorschlagslisten einer 2/3-Mehrheit der gesetzlichen Mitgliederzahl des jeweiligen Gemeindeparlaments. Damit soll gewährleistet werden, dass die Vorschläge möglichst vieler Fraktionen berücksichtigt werden. Die so vorgeschlagenen Personen werden von Wahlausschüssen, die ihrerseits größtenteils wiederum von den Gemeindeparlamenten bestellt werden, ebenfalls mit qualifizierter Mehrheit gewählt, um weiteren parteipolitischen Einflussnahmen möglichst zu begegnen.

In der Arbeits- und der Sozialgerichtsbarkeit sollen die ehrenamtlichen Richter über **fachliche Kenntnisse** und **berufliche Erfahrungen** verfügen. Diese ehrenamtlichen Richter sind keine Laienrichter, sondern **sachkundige Beisitzer.** Sie werden nicht von Laien vorgeschlagen, sondern von sachverständiger Stelle. Hier geht es nicht allein um Bürgersinn und Bürgernähe, sondern um die Kenntnis der Arbeits-, Sozial- und Wirtschaftsbedingungen, denen sich der Arbeitnehmer und Sozialversicherte gegenübergestellt sieht. Wer aber kann diese Bedingungen besser beurteilen als derjenige, der sich zur „Wahrung und Förderung“ dieser Bedingungen einer Arbeitskoalition oder einem Sozialverband angeschlossen hat und darin tatkräftig mitarbeitet?

In diesem Zusammenhang war früher in beiden Gerichtsbarkeiten vorübergehend die Frage aufgetaucht, ob die für die Berufung zuständige Stelle an die Vorschläge der Verbände gebunden ist[90]. Seit der Entscheidung des **Bundesverfassungsgerichts** von 1985[91] muss Folgendes gelten: Der Staat hat aus zwingenden verfassungsrechtlichen Gründen grundsätzlich die **Auswahlfreiheit** bei der Entnahme der ehrenamtlichen Richter aus den Vorschlagslisten. Bei der Auswahl aus der Vorschlagsliste ist die für die Berufung zuständige Stelle nicht an

---

90 Vgl. Beschlüsse des *BAG* v. 28.8.1985 – 5 AZR 616/84 – DB 1985 S. 2056 und des *BSG* vom 26.9.1985 – I S 12/85 – BSGE 59 S. 4; s. auch die damalige kontroverse Rechtsprechung in der hessischen Sozialgerichtsbarkeit zur Zulässigkeit von Einzelvorschlägen entsprechend dem Bedarf, bejahend *HessLSG,* Beschl. v. 14.5.1985 – L-1/J-862/83 – NJW 1985 S. 2356; *SG Frankfurt,* Beschl. v. 28.6.1985 – S-1/S-186/85 – NJW 1985 S. 2360; *SG Frankfurt,* Beschl. v. 19.11.1985 – S-1/S-308, 309/85 – n. v.; *SG Gießen,* Beschl. v. 12.11.1985 – S-1/S-128/85 – n. v.; *SG Kassel,* Beschl. v. 4.11.1985 – S-1/S-86/85 – n. v.; verneinend *HessLSG,* Beschl. v. 9.7.1985 – L-2/J-719/81 – SGb 1985 S. 428; *HessLSG,* Beschl. v. 25.10.1985 – L-9/S-99/85 – n. v.; *SG Darmstadt,* Beschl, v. 28.10.1985 – S-1/S-64/85 – n. v.

91 Beschl. v. 9.12.1985 – 1 BvR 853/85, 1043/85, 1118/85 – NJW 1986 S. 1324.

die Vorschläge und ihre Reihenfolge gebunden, so dass sie ggf. auch weitere Vorschläge anfordern kann[92]. Im Sozialgerichtsgesetz ist dies nochmals ausdrücklich bekräftigt, indem geregelt ist, dass die zuständige Stelle eine Ergänzung der Vorschlagslisten verlangen kann (§ 13 Abs. 1 Satz 2 SGG). Dies ergibt sich aus dem verfassungsrechtlichen Grundsatz, dass die für die Ernennung zuständige staatliche Stelle nicht an Vorschläge nichtstaatlicher Organisationen gebunden sein darf, da es sich bei den Gerichten um staatliche Institutionen handelt (Art. 92 GG). Insoweit besteht nicht nur ein „Bestätigungsrecht", sondern eine eigene staatliche Entscheidungsbefugnis, mag sie auch nur in besonderen Ausnahmefällen tatsächlich ausgeübt werden.

Auch die einheitliche Verwendung des Begriffs **„Vorschlagsliste"** durch den Gesetzgeber sowohl im Arbeitsgerichtsgesetz als auch im Sozialgerichtsgesetz für die ehrenamtlichen Richter aller drei Instanzen (§§ 20 Abs. 2, 37 Abs. 2, 43 Abs. 1 Satz 2 ArbGG, §§ 13 Abs. 1 Satz 1 Halbsatz 2, 35 Abs. 1 Satz 2, 46 Abs. 1, 2 SGG[93]) deutet daraufhin, dass im Normalfall eine über den aktuellen Berufungsbedarf hinausgehende schriftliche Aufstellung von Vorschlägen geboten ist. Seit 2002 ist in der Sozialgerichtsbarkeit nicht mehr das 1,5-fache der festgesetzten Höchstzahl der ehrenamtlichen Richter vorgeschrieben. Auch wenn nunmehr das Gesetz für beide Gerichtsbarkeiten keine Vorgaben für den Umfang der Vorschlagslisten trifft, ist in der Praxis ein Mindestumfang des 1.1-fachen der jährlich benötigten Zahl empfehlenswert; dies erleichtert die Auswahl und im Laufe des Jahres durch vorzeitiges Ausscheiden aus dem Amt erforderlich werdende Nachberufungen.

Die Notwendigkeit der Beachtung rechtsstaatlicher Grundsätzen verdeutlicht folgendes Beispiel: Als Disziplinarmaßnahme gegenüber einem Vertragsarzt kann das Ruhen der Zulassung bis zu zwei Jahren angeordnet werden (§ 81 Abs. 5 SGB V). Dies kommt einem Berufsverbot gleich – ein nachhaltiger Eingriff in die Sphäre des Betroffenen. Zuständig kann der Vorstand der Kassenärztlichen Vereinigung sein, insbesondere dann, wenn kein Disziplinarausschuss besteht. In jedem Fall leitet er das Disziplinarverfahren ein. Derselbe Vorstand schlägt wegen des Vorschlagsmonopols der Kassenärztlichen Vereinigung auch die ehrenamtlichen Richter vor, die dann im Klageverfahren über die Rechtmäßigkeit einer Disziplinarmaßnahme zu befinden haben. Bestünde eine Bindung an die Vorschläge des Vorstands einer Kassenärztlichen Vereinigung, so könnte ein Prozessbeteiligter praktisch „sein Gericht" zusammenstellen, ohne dass seinem Prozessgegner ein vergleichbares Mittel zu Gebote stünde.

Die Notwendigkeit dieser staatlichen Entscheidungsbefugnis dient weniger der Auswahl qualifizierter Richter – die Verbände schlagen in ihrem eigenen Interesse ohnehin nur Persönlichkeiten vor, die den Anforderungen des Amtes genügen. Vielmehr geht es darum, dass die Arbeits- und die Sozialgerichte Organe der staatlichen Rechtsprechung sind und als solche

---

92 So auch für die Arbeitsgerichtsbarkeit *Dörner* in *GK-ArbGG,* § 20 Rn. 11, 12; *Schaub,* § 3 Rn. 28; *Gift/Baur, S.* 32 Rn. 59; *Lemppenau,* Ehrenamtliche Richter als Parteiberater und Prozessvertreter, DRiZ 1992 S. 381; *Düwell,* Die ehrenamtlichen Richter beim Bundesarbeitsgericht, Ehrenamtliche Richter S. 146; a. A. *Grunsky,* § 20 Rn. 12; *Hauck/Helml,* § 20 Rn. 7; *Prütting* in *Germelmann u. a.,* § 20 Rn. 26 ff. m. w. N.; *Wolmerath* in *ArbGV,* § 20 Rn. 10; für die Sozialgerichtsbarkeit einhellige Meinung; *Meyer-Ladewig,* § 13 Rn. 2, § 3 Rn. 4; *Peters/Sautter/Wolff,* § 3 Rn. 4-6a; *Rohwer-Kahlmann,* § 13 Rn. 5; *Schmidt* in *Hennig,* § 13 Rn. 4, 5; *Bley* in *GesKomm, § 13* Anm. 2b; *Brackmann,* S. 188 y II.

93 Die Regelung des § 46 Abs. 3 SGG, wonach die ehrenamtlichen Richter in den Senaten des Bundessozialgerichts für Angelegenheiten des sozialen Entschädigungsrechts und des Schwerbehindertenrechts **„auf Vorschlag"** der Vorschlagsberechtigten berufen werden, beruht ganz offensichtlich auf einem Redaktionsversehen des Gesetzgebers.

hoheitlich tätig werden. Hierfür muss der Staat die Verantwortung übernehmen. Dies kann er nur, wenn er auf die personelle Zusammensetzung der Gerichte Einfluss nehmen darf. Andernfalls hätten die Arbeits- und die Sozialgerichte eher Ähnlichkeit mit privaten Schiedsgerichten, in die die Prozessparteien Personen ihres Vertrauens entsenden.

Auswahlfreiheit des Staates bedeutet jedoch nicht, dass die Auswahlentscheidung etwa willkürlich und ohne gerichtliche Überprüfungsmöglichkeit getroffen werden kann. Vielmehr muss das **Auswahlermessen pflichtgemäß an Hand bestimmter Auswahlkriterien** ausgeübt werden. Die berufende Stelle darf weder die gesetzlichen Grenzen des Ermessens überschreiten noch von dem Ermessen in einer dem Zweck der Ermächtigung nicht entsprechenden Weise gebrauch machen (vgl. § 54 Abs. 2 Satz 2 SGG)[94]. Im Kern besteht das Ermessen nur bei der Gewichtung der letztlich für die Auswahlentscheidung maßgeblichen Kriterien. Zudem verlangt das Gesetz selbst ausdrücklich die Entnahme aus Vorschlagslisten **in angemessenen Verhältnis** (§ 20 Abs. 2 ArbGG, § 13 Abs. 1 Satz 1 Halbsatz 2 SGG). Bei der Bestimmung des angemessenen Verhältnisses hat die berufende Stelle einen **Beurteilungsspielraum,** sachwidrige Überschreitungen der Grenzen sind auch hier gerichtlich überprüfbar. Die Abweichung von einer Vorschlagsliste oder die Aufforderung zur ihrer Ergänzung sind im Ergebnis nur dann gerechtfertigt, wenn nicht genügend Vorgeschlagene die gesetzlichen Berufungsvoraussetzungen aufweisen oder geeignet sind oder die Abweichung bzw. Ergänzung der Erfüllung sachlicher Auswahlkriterien dient.

Die für die Berufung zuständige Stelle hat demnach zu prüfen, ob bei den von den Verbänden und Behörden Vorgeschlagenen die positiven Amtsvoraussetzungen vorliegen und die negativen Amtsvoraussetzungen nicht vorliegen. Zusätzlich zu diesen im Einzelnen im Arbeitsgerichtsgesetz und im Sozialgerichtsgesetz geregelten **personenbezogenen** Berufungsvoraussetzungen ist nach Art. 33 Abs. 2 GG als zentrales personenbezogenes Auswahlkriterium die persönliche und amtsbezogene Eignung und Qualifikation der Vorgeschlagenen zu prüfen. Hieran fehlt es insbesondere bei auf die Arbeits- und Sozialwelt bezogenen Vorstrafen auch unterhalb des Ausschließungstatbestands der § 21 Abs. 2 Nr. 1 ArbGG, § 17 Abs. 1 Nr. 1 SGG, die noch nicht getilgt sind (vgl. § 51 Abs. 1 BZRG).

Ferner hat die für die Berufung zuständige Stelle sachbezogene Kriterien mit dem Ziel zu beachten, die wirtschaftliche und **soziologische Struktur der Gerichtsbezirks** möglichst umfassend in der Zusammensetzung der ehrenamtlichen Richterschaft **widerzuspiegeln.** Dies ergibt sich bereits aus der gesetzlichen Vorgabe, die ehrenamtlichen Richter in angemessenen Verhältnis aus den Vorschlagslisten zu entnehmen (§ 20 Abs. 2 ArbGG, § 13 Abs. 1 Satz 1 Halbsatz 2 SGG). So ist darauf Beacht zu nehmen, dass keine soziologisch abgegrenzten Arbeitnehmer- bzw. **Versicherten- oder Arbeitgebergruppen** oder bestimmte Wirtschaftszweige überrepräsentiert sind. Für die Sozialgerichtsbarkeit hat der Gesetzgeber dieses Kriterium nochmals ausdrücklich bekräftigt: Bei der Berufung der ehrenamtlichen Richter für die Spruchkörper für Angelegenheiten der Sozialversicherung und der Arbeitsförderung ist auf ein angemessenes Verhältnis zu der Zahl der im Gerichtsbezirk ansässigen Versicherten der einzelnen Versicherungszweige, auf die hauptsächlichen Erwerbszweige, insbesondere auch auf die Gruppe der Selbständigen ohne fremde Arbeitskräfte Rücksicht zu nehmen (§ 13 Abs. 5 SGG). Dazu, dass die Gruppe der Selbständigen ohne fremde Arbeitskräfte dem Kreis der Versicherten zuzurechnen ist, s. Ziff. 2.2.1. Auf der Arbeitnehmer- bzw. Versichertenseite muss insbesondere beachtet werden, dass Arbeiter und Angestellte in einem angemessenen Verhältnis berufen werden. Weitere Untergruppierungen, die im Auge behalten werden

---

94 *BSG*, Beschl. v. 26.9.1985 – 1 S 12/85 – BSGE 59 S. 4; *Peters/Sautter/Wolff,* § 14 Rn. 13.

müssen, sind: gelernte und ungelernte Arbeiter, kaufmännische und technische Angestellte sowie Arbeitnehmer aus Produktions- und aus Handelsunternehmen. Entsprechendes gilt für die Arbeitgeberseite. Hier muss etwa darauf geachtet werden, dass auch Inhaber kleiner Betriebe (Handwerker, Landwirte, Einzelhandelsunternehmer) zum Zuge kommen. Soweit Angestellte und Beamte als ehrenamtliche Richter aus Kreisen der Arbeitgeber berufen werden können (§ 22 Abs. 2 Nr. 2 und 3 ArbGG, § 16 Abs. 4 Nr. 3 SGG), muss die berufende Stelle darauf achten, dass diese Personen bei der Vergabe der Richterstellen ebenfalls berücksichtigt werden.

Auch muss aufgrund der verfassungsrechtlichen Verpflichtung zur Gleichberechtigung und Gleichbehandlung von Männern und Frauen (Art. 3 Abs. 2, 3 GG) für eine **angemessene Vertretung von Frauen** gesorgt werden. So stellt für die Berufung von ehrenamtlichen Richterinnen der Arbeitnehmerseite der Frauenanteil in Deutschland von rund 44 %[95] unter den sozialversicherungspflichtig beschäftigten Arbeitnehmern eine Orientierungsmarke dar[96].

Die Verpflichtung der berufenden Stelle zur Entnahme der ehrenamtlichen Richter aus Vorschlagslisten in angemessenem Verhältnis bezieht sich nicht nur auf die Auswahl aus ein- und derselben Vorschlagsliste, sondern auch auf die **Auswahl zwischen Vorschlagslisten konkurrierender Verbände und Behörden,** wie der verschiedenen Gewerkschaften und Arbeitnehmervereinigungen, Arbeitgeberverbände, Vorschlagsberechtigten für die Arbeitgeberbeisitzer der Bundes- und der Landesverwaltung, Sozialverbände und Krankenkassenverbände. Die für die Berufung zuständige Stelle ist gehalten, entsprechend dem Stärkeverhältnis Kontingente für die jeweils Vorschlagsberechtigten festzulegen[97]. Im Sozialgerichtsgesetz ist dies ausdrücklich exemplarisch für die Beisitzer in Spruchkörpern eines bestimmten Sachgebiets bekräftigt: Die Beisitzer für die Spruchkörper für Angelegenheiten des sozialen Entschädigungsrechts und des Schwerbehindertenrechts sind in angemessenem Verhältnis zu der Zahl der von den Vorschlagsberechtigten vertretenen Versorgungsberechtigten, behinderten Menschen i. S. des SGB IX und Versicherten zu berufen (§ 13 Abs. 6 SGG). Das Stärkeverhältnis bemisst sich bei konkurrierenden Arbeitnehmerorganisationen, Sozialverbänden und Krankenkassenverbänden in erster Linie nach den Mitgliederzahlen, bei Arbeitgeberverbänden und Vorschlagsberechtigten für die Arbeitgeberbeisitzer der Bundes- und die Landesverwaltung nach den Beschäftigtenzahlen (ohne Beamte) im jeweiligen Verbands- bzw. Verwaltungsbereich[98]. Die Feststellungen sind in angemessenen Zeiträumen zu aktualisieren; sie dürften wegen des sozialen Wandels jeweils spätestens nach fünf Jahre notwendig werden.

Ferner muss die Entnahme aus den Vorschlagslisten unter **billiger Berücksichtigung der Minderheiten** erfolgen. Selbständige Arbeitnehmervereinigungen müssen ernstlich willens und in der Lage sein, die sozial- oder berufspolitische Zwecksetzung nachdrücklich zu verfolgen; unbedeutende bloße Splittergruppen können sich nicht auf den Minderheitenschutz berufen[99]. Nach der Rechtsprechung des Bundessozialgerichts und der herrschenden Meinung in der Kommentarliteratur zum Sozialgerichtsgesetz ist dies grundsätzlich nur dann gewährleis-

95 *Statistisches Bundesamt,* Statistisches Jahrbuch 2002, S. 112, für das Bundesgebiet und – vielfach abweichend – für die Länder.

96 *Grunsky,* § 20 Rn. 11; *Prütting* in *Germelmann u. a.,* § 20 Rn. 36, 37; *Dietz/Nikisch,* § 20 Rn. 14.

97 *BSG,* Urt. v. 23.1.1986 – 11a RA 46/85 – BSGE 59 S. 280; *Grunsky,* § 20 Rn. 10; *Meyer-Ladewig,* § 13 Rn. 3.

98 *Dörner* in GK-ArbGG, § 20 Rn. 15; *Prütting* in *Germelmann u. a.,* § 20 Rn. 35.

99 *Grunsky,* § 20 Rn. 5.

tet, wenn der Verband mindestens 1.000 Mitglieder hat[100]. Die gesetzliche Vorgabe des Minderheitenschutzes verlangt die Festlegung eines Kontingent von einem Sitz für eine Organisation, die allein von der Mitgliederzahl her nicht zum Zuge kommen würde; sie erlaubt jedoch nicht die Aufstockung der Kontingente für Minderheiten im Widerspruch zu den Stärkeverhältnissen[101].

Dagegen treffen die vorschlagsberechtigten Verbände und Behörden die Vorauswahl im Sinne einer Feststellung sonstiger Qualifikationen, wie fachliche Kenntnisse, Bekleidung weiterer auf die Arbeitswelt bezogener Ehrenämter und Funktionen, berufliche Erfahrungen, sozialpolitisches Interesse sowie persönliches Engagement usw.

Zu der **Zahl der an einem Gericht zu berufenden ehrenamtlichen Richter** treffen das Arbeitsgerichtsgesetz und das Sozialgerichtsgesetz keine Aussage. Sie bestimmt sich nach Landesrecht (vgl. § 13 Abs. 4 SGG) bzw. wird bei fehlender landesrechtlicher Delegationsregelung in der Arbeitsgerichtsbarkeit durch die Verwaltungsgeschäfte führende zuständige oberste Landesbehörde (§ 15 Abs. 1 Satz 1 ArbGG) festgesetzt. Die für die Festsetzung zuständige Stelle hat einen Ermessensspielraum hinsichtlich der Gesamtzahl und – in der Sozialgerichtsbarkeit – der Teilzahlen für die Fachspruchkörper. Es ist dabei darauf zu achten, dass die Zahl der Beisitzer nicht zu groß gewählt wird, da nur bei einer häufigeren Mitwirkung bei den Gerichtssitzungen die notwendigen Erfahrungen für das Beisitzeramt erworben werden können. Andererseits sollte aber auch die Zahl der ehrenamtlichen Richter bei einem Gericht nicht zu klein sein, damit die einzelnen Beisitzer nicht zu stark durch dieses Amt in Anspruch genommen werden und in Verhinderungsfällen die Abhaltung von Kammerterminen nicht gefährdet wird[102]. Die Zahlen müssen die Parität der jeweiligen Kreise beachten, insoweit besteht kein Ermessensspielraum. In der Arbeitsgerichtsbarkeit hat sich eine Gesamtzahl von 26-28 ehrenamtlichen Richter pro vollbesetzter Kammer als zweckmäßig mit der Folge erwiesen, dass die Beisitzer drei- bis viermal im Jahr zu Sitzungen herangezogen werden. Ein ehrenamtlicher Richter darf nur berufen werden, wenn dadurch die festgesetzte Zahl nicht überschritten wird; deren Nichteinhaltung führt zwingend zur gerichtlichen Amtsentbindung wegen Fehlerhaftigkeit des Berufungsverfahrens (§ 22 Abs. 1 Satz 1 SGG)[103]. Allerdings kann aus der Mitwirkung eines solchen Beisitzers vor der Amtsentbindung nicht die Rüge der nicht ordnungsgemäßen Besetzung des Spruchkörpers herleitet werden (§§ 65, 73 Abs. 2, 79 Satz 2 ArbGG, § 22 Abs. 1 Satz 4 SGG)[104].

Dieses Verfahren der Richterberufung auf der Grundlage von Vorschlagslisten bestimmter Vorschlagsberechtigter stellt kein unberechtigtes Übergehen der unorganisierten Arbeitgeber- und Arbeitnehmerschaft dar. Die Verbände, Gewerkschaften und Körperschaften bieten am ehesten die Gewähr für die Auswahl sachkundiger Beisitzer. Abgesehen davon können die vorschlagsberechtigten Stellen auch Nichtmitglieder bzw. außerhalb des Verbands- oder Verwaltungsbereichs tätige Personen vorschlagen, sofern diese die Berufungsvoraussetzungen (§§ 21 ff. ArbGG, §§ 16, 17 SGG) erfüllen[105].

---

100 *BSG,* Beschl. v. 20.1.1971 – 7 RAr 12/68 – SozR Nr. 42 zu § 166 SGG; *BSG,* Beschl. v. 4.6.1970 – 5 RKn 62/69 – NJW 1970 S. 1815; *Meyer-Ladewig,* § 14 Rn. 2; *Rohwer-Kahlmann,* § 14 Rn. 7.

101 *Grunsky,* § 20 Rn. 10; *Bley* in *GesKomm.* § 13 Anm. 3c.

102 *Grunsky*, § 20 Rn. 13; *Meyer-Ladewig,* § 13 Rn. 6.

103 *SG Hannover,* Beschl v. 4.9.1987 – S 19 S 28/87 – Breith. 1988 S. 346.

104 *Peters/Sautter/Wolff,* § 13 Rn. 6a.

105 *Grunsky,* § 20 Rn. 8, *Berger-Delhey,* Zur Mitwirkung ehrenamtlicher Richter in der Arbeits- und Sozialgerichtsbarkeit – Fehlertatbestände und Fehlerfolgen, RdA 1988 S. 15.

4.4 Form der Berufung

Eine **besondere Form der Berufung** der ehrenamtlichen Richter ist weder im Arbeitsgerichtsgesetz noch im Sozialgerichtsgesetz vorgesehen. Einzelne Richtergesetze der Länder[106] schreiben jedoch vor, dass die ehrenamtlichen Richter eine Urkunde erhalten, die die Worte „unter Berufung in ein ehrenamtliches Richterverhältnis" enthält. Diese Ernennungsurkunden werden den ehrenamtlichen Richtern in der Regel auf dem Postwege, versehen mit einer Rückantwortkarte, zugeleitet. Anders als im Beamtenrecht ist keine förmliche Aushändigung erforderlich. Die eigentliche Berufung ist jedoch schon mit dem Zugang des Berufungsschreibens an den ehrenamtlichen Richter abgeschlossen[107]. Nach den Verwaltungsverfahrengesetzen der Länder und des Bundes (vgl. § 41 Abs. 2 HVwVfG) gilt ein durch die Post übermittelter schriftlicher Verwaltungsakt im Zweifel mit dem 3. Tag nach der Aufgabe zur Post als bekannt gegeben. Einer besonderen Annahmeerklärung seinerseits bedarf es nicht.

4.5 Amtsdauer

4.5.1 Amtsdauer im Normalfall

Die **reguläre Amtsdauer** beträgt bei Neuberufenen in der Arbeitsgerichtsbarkeit seit dem 1.5.2000 und in der Sozialgerichtsbarkeit seit dem 2.1.2002 **fünf Jahre** (§ 20 Abs. 1 Satz 1 Halbsatz 1 ArbGG, § 13 Abs. 1 Satz 1 SGG). Der Gesetzgeber hat im Interesse der Kontinuität der Rechtsprechung und der Reduzierung des Verwaltungsaufwands die früher vierjährige Amtszeit um ein Jahr erhöht. Die **wiederholte Berufung** des Beisitzers ist rechtlich ohne Weiteres möglich (§ 13 Abs. 3 Satz 2 SGG) und ist in der Praxis der Normalfall. Nach einer allein in der Sozialgerichtsbarkeit geltenden Spezialvorschrift bleiben die ehrenamtlichen Richter nach Ablauf der Amtszeit noch im Amt, bis ihre Nachfolger berufen sind (§ 13 Abs. 3 Satz 1 SGG); bei einer ganz erheblichen Überschreitung der Amtszeit, was ohnehin nur aus sachgerechten und billigenswerten Gründen zulässig ist, ist der Verfassungsgrundsatz der gesetzlichen Richter (Art. 101 Abs. 1 Satz 2 GG) verletzt[108]. In einer erheblichen Zahl der Fälle kommt es zu **vorzeitigen Amtsbeendigungen**, insbesondere durch Amtsniederlegungen, Amtsentbindungen wegen Wegfalls von Berufungsvoraussetzungen (z. B. Aufgabe der Berufstätigkeit im Gerichtsbezirk) und Berufungen an ein Gericht des höheren Rechtszugs; je nach der Art der Amtsbeendigung tritt sie durch Entscheidung der Verwaltung, des Gerichts oder kraft Gesetzes ein (s. dazu Ziff. 21.1 und 21.2).

4.5.2 Amtsdauer bei Ergänzungsberufungen

Da erfahrungsgemäß immer wieder Beisitzer während ihrer Amtszeit aus den verschiedensten Gründen vorzeitig ausscheiden, stellt sich die Frage, ob die für die Berufung zuständigen Stelle für diese Fälle von vornherein **Ersatzbeisitzer** mit der Maßgabe berufen können, dass diese erst dann ihre Richterfunktion ausüben, wenn ein Fall des Nachrückens – ähnlich wie

---

106 Vgl. § 4 des Hessischen Richtergesetzes.

107 *BAG*, Urt. v. 11.3.1995 – 5 AZR 129/64 – BAGE 7 S. 114.

108 *BVerfG*, Beschl. v. 11.11.1986 – 1 BvR 1104/86 – SozR 1500 § 13 Nr. 3; Beschl. v. 10.7.1990 – 1 BvR 984/87, 985/87 – BVerfGE 82 S. 286; *BSG*, Beschl. v. 14.8.1986 – 2 BU 39/86 – n. v.

bei den Betriebs- und Personalräten oder politischen Wahlen – vorliegt[109]. Diese Möglichkeit ist zu verneinen, weil das Gesetz die Bestellung von Ersatzbeisitzern nicht vorsieht. Auch sind alle berufenen Beisitzer auf die Spruchkörper des jeweiligen Gerichts zu verteilen, in die Jahresliste aufzunehmen und zu den Sitzungen heranzuziehen. Zur Aufstellung von Haupt- und Hilfslisten durch die Kammervorsitzenden der Arbeitsgerichtsbarkeit bzw. durch die Gerichtspräsidien der Sozialgerichtsbarkeit wird auf die Ausführungen in Ziff. 14.1, 14.2 und 14.3 verwiesen.

Um eine Verzögerung einer notwendig gewordenen Neuberufung zu vermeiden, werden die berufenden Stellen deshalb darauf hinzuwirken haben, dass die Vorschlagslisten der Verbände möglichst eine über den Bedarf hinausgehende Zahl von Beisitzern enthalten. Notfalls müssen Ergänzungen der Vorschlagslisten angefordert werden, wenn nicht mehr genügend geeignete Vorschläge vorliegen (s. vorstehend Ziff. 4.3). In der Sozialgerichtsbarkeit gilt die Besonderheit, dass die nach Landesrecht zuständige Stelle Landesregierung oder die von ihr beauftragte Stelle bei vorübergehendem Bedarf weitere Beisitzer nur für ein Jahr berufen kann (§ 13 Abs. 3 Satz 3 SGG).

Die Amtsdauer der wegen **vorzeitiger Amtsbeendigungen** im Wege der **Ergänzungsberufung** berufenen Beisitzer beträgt ebenfalls **volle fünf Jahre.** Dies folgt daraus, dass die für die Ausgeschiedenen berufenen ehrenamtlichen Richter eben nicht an deren Stelle als Ersatz, sondern als neue Beisitzer berufen werden, auch wenn dadurch die Zahl der vorhandenen ehrenamtlichen Richter nicht erhöht wird. Unabhängig von den Fällen vorzeitiger Amtsbeendigungen werden Ergänzungsberufung auch dann erforderlich, wenn wegen gesteigerten Geschäftsanfalls und Einrichtung weiterer Spruchkörper die **Zahl der benötigten Beisitzer vergrößert** werden muss. Auch die Erwägung, die Amtszeit, aller Beisitzer eines Gerichts solle möglichst zur gleichen Zeit ihr Ende finden, lässt nach der gegenwärtigen Gesetzeslage im Arbeitsgerichtsgesetz eine andere Beurteilung nicht zu[110]. Nur in der **Sozialgerichtsbarkeit** hat der Gesetzgeber **zugelassen**, dass durch Rechtsverordnung der Landesregierung oder – im Falle der Übertragung der Regelungskompetenz – der zuständigen obersten Landesbehörde eine **einheitliche Amtsperiode** festgelegt werden kann; in diesem Fall endet die Amtszeit der ehrenamtlichen Richter ohne Rücksicht auf den Zeitpunkt ihrer Berufung mit dem Ende der laufenden Amtsperiode (§ 13 Abs. 2 SGG).

4.6 Schutz personenbezogener Daten

Die **Verarbeitung und Übermittlung** der im Zusammenhang mit der Auswahl und Berufung erhobenen personenbezogenen Daten ist an den datenschutzrechtlichen Maßstab der **Erforderlichkeit** gebunden. Dementsprechend hat das Ministerium im Falle der Zuständigkeit für die Berufung die erforderlichen Daten den Direktoren und Präsidenten der Gerichte unmittelbar – und nicht über den Präsidenten des LAG oder LSG – zu übermitteln. Die Unterrichtung über diese personenbezogenen Daten muss sich auf die aus der Ernennungsurkunde ersichtlichen Angaben und auf solche Verhältnisse beschränken, die für die gerichtsinterne Zuteilung und Sitzungsheranziehung benötigt werden.

---

109 Vgl. hierzu *Schuldt*, Können bei den Gerichten für Arbeitssachen Ersatzbeisitzer berufen werden? – ArbuR 1961 S. 150.

110 So auch *Prütting* in *Germelmann u. a.,* § 20 Rn. 13 mit Hinweisen zum umstrittenen Meinungsstand.

4.7 Rechtsschutz bei Auswahl- und Berufungsmängeln

1. Der einzelne unberücksichtigt gebliebene Bewerber um das Beisitzeramt kann dagegen nicht klagen; das gilt sowohl bei Nichtaufnahme in die Vorschlagsliste als auch bei Unterbleiben der Berufung trotz Aufnahme in die Vorschlagsliste, weil das Gesetz keinen Rechtsanspruch auf die Übernahme des ehrenamtlichen Richteramtes einräumt. Hingegen kann ein zu Unrecht Berufener seine Amtsentbindung betreiben (s. Ziff. 21.2)[111].

2. Demgegenüber ist ein vorschlagsberechtigter Verband oder eine vorschlagsberechtigter Behörde klagebefugt, wenn ihr zu Unrecht nicht Gelegenheit zur Einreichung einer Vorschlagsliste gegeben oder eine eingereichte Vorschlagsliste übergangen oder eine willkürliche Auswahl vorgenommen wurde. Wegen des öffentlich-rechtlichen Charakters der Streitigkeit und mangels einer speziellen Zuständigkeitsregelung im Arbeitsgerichtsgesetz ist in der Arbeitsgerichtsbarkeit der Rechtsweg vor den Verwaltungsgerichten eröffnet[112]. In der Sozialgerichtsbarkeit ist jedenfalls bezüglich der Spruchkörper in Angelegenheiten der Sozialversicherung der Rechtsweg zu den Sozialgerichten (§ 51 Abs. 1 Nr. 5 SGG) gegeben[113].

3. **Prozessparteien** können bei Auswahl- und Berufungsmängeln im Regelfall nicht die ordnungsgemäße Besetzung der Richterbank anzweifeln (s. Ziff. 8).

---

111 *Prütting* in *Germelmann u. a.;* § 20 Rn. 40, 41.

112 *Prütting* in *Germelmann u. a.;* § 20 Rn. 39.

113 *Peters/Sautter/Wolff,* § 14 Rn. 13; *Rohwer-Kahlmann,* § 14 Rn. 16.; *Meyer-Ladewig,* § 14 Rn. 5; *Brackmann*, S. 188 y III.

5. Vereidigung

Der ehrenamtliche Richter ist vor seiner ersten Dienstleistung in öffentlicher Sitzung des Gerichts durch den Vorsitzenden zu vereidigen (§ 45 Abs. 2 Satz 1 DRiG). Der Schwörende soll bei der Eidesleistung die rechte Hand erheben (§ 45 Abs. 2 Satz 3 DRiG). Der ehrenamtliche Richter leistet den **Eid**, indem er die Worte spricht (§ 45 Abs. 3 DRiG):

> *„Ich schwöre, die Pflichten eines ehrenamtlichen Richters getreu dem Grundgesetz für die Bundesrepublik Deutschland und getreu dem Gesetz zu erfüllen, nach bestem Wissen und Gewissen ohne Ansehen der Person zu urteilen und nur der Wahrheit und Gerechtigkeit zu dienen, so wahr mir Gott helfe."*

Der Eid kann ohne die religiöse Beteuerungsformel geleistet werden; hierüber ist der Schwörende vor der Eidesleistung durch den Vorsitzenden zu belehren (§ 45 Abs. 3 Satz 2 u. 3 DRiG). Für ehrenamtliche Richter, die aus Glaubens- oder Gewissensgründen keinen Eid leisten wollen, sieht § 45 Abs. 4 DRiG die Möglichkeit vor, die Formel mit den Worten zu beginnen: *„Ich gelobe, ..."*, wobei der Zusatz *„so wahr mir Gott helfe"* entfällt. Gibt der ehrenamtliche Richter an, dass er als Mitglied einer Religions- oder Bekenntnisgemeinschaft eine Beteuerungsformel dieser Gemeinschaft verwenden wolle, kann er diese dem Eid oder Gelöbnis anfügen (§ 45 Abs. 5 DRiG). Für die ehrenamtlichen Richter bei den Gerichten der Länder kann durch Landesgesetz bestimmt werden, dass die Formel zusätzlich eine Verpflichtung auf die Landesverfassung enthält (§ 45 Abs. 7 DRiG). Die Pflicht zur Eidesleistung gehört zu den **Amtspflichten** der ehrenamtlichen Richter.

Über die Eidesleistung ist eine Niederschrift aufzunehmen (§ 45 Abs. 8 DRiG); diese wird vom Vorsitzenden unterschrieben und in den entsprechenden Sachakten des Gerichts aufbewahrt. Das Unterbleiben der Vereidigung hat zur Folge, dass das Gericht nicht vorschriftsmäßig besetzt ist und ein **absoluter Revisionsgrund** nach § 547 Nr. 1 ZPO gegeben ist[114]. Das rechtskräftige Urteil kann unter diesen Umständen mit der Nichtigkeitsklage angefochten werden (§ 579 Abs. 1 Nr. 1 ZPO). Die früher streitige Frage[115], ob die Vereidigung bei erneuter Berufung des ehrenamtlichen Richters zu wiederholen sei, ist nunmehr eindeutig in § 45 Abs. 2 Satz 2 DRiG geregelt: Die Vereidigung gilt für die Dauer des Amtes, bei erneuter Bestellung auch für die sich unmittelbar anschließende Amtszeit. Daher ist bei zeitlich nahtloser Wiederbestellung keine neue Vereidigung nötig. War der ehrenamtliche Richter dagegen – wenn auch nur kurzfristig – ausgeschieden, so ist er bei erneuter Bestellung auch erneut zu vereidigen. Wechselt der Beisitzer an ein höheres Gericht, so bedarf es stets einer erneuten Vereidigung[116].

---

114 *BAG* Urt. v. 11.3.1965 – 5 AZR 129/64 – BAGE 17 S. 114.

115 ArbG *Berlin,* Urt. v. 10.9.1959 – 19 Ca 49/57 – AP Nr. 1 zu § 20 ArbGG 1953; dagegen *BVerwG*, Beschl. v. 28.10.1962 – VII P 1.62 – AP Nr. 2 zu § 20 ArbGG 1953.

116 *Baumbach u. a.,* § 45 DRiG Rn. 2; *Schwab*, Neuerungen im arbeitsgerichtlichen Verfahren, NZA 1991 S. 657.

6. Öffentliches Amt und Ehrenamt

Seit dem Gesetz zur Änderung der Bezeichnung der Richter und ehrenamtlichen Richter und der Präsidialverfassung der Gerichte von 1972 sind die früheren **Amtsbezeichnungen** (Arbeitsrichter, Landesarbeitsrichter, Bundesarbeitsrichter, Sozialrichter, Landessozialrichter, Bundessozialrichter) aufgehoben worden. Die gesetzliche Bezeichnung lautet für die ehrenamtlichen Richter der Arbeits- und der Sozialgerichtsbarkeit jetzt einheitlich „ehrenamtlicher Richter“ (§ 45a DRiG)

Sie bekleiden ein öffentliches Amt, das sie jedoch nicht ständig, sondern nur für die Dauer der jeweiligen Heranziehung zu den Sitzungen ausüben. Dieser Umstand führt zwar nicht zu einer qualitativen Minderung der Richtertätigkeit. Dennoch wäre es verfehlt, wenn ein ehrenamtlicher Richter seine Amtsbezeichnung im Briefkopf führen und im Verkehr mit Dritten verwenden würde.

Das Beisitzeramt ist ein **Ehrenamt.** Grundsätzlich besteht nach Aufnahme in die Vorschlagsliste und Berufung die Pflicht zur Übernahme und Ausübung des Amtes. Nur in den abschließend gesetzlich geregelten Fällen (s. Ziff. 21.1) kann das Amt abgelehnt oder niedergelegt bzw. die Entlassung aus dem Amt beantragt werden[117]. Eine Vergütung der Tätigkeit in jeglicher Form ist hiernach ausgeschlossen. Die ehrenamtlichen Beisitzer erhalten lediglich eine Entschädigung für Verdienstausfall, erhöhten Aufwand und Fahrtkosten derzeit nach dem Gesetz über die Entschädigung der ehrenamtlichen Richter (s. dazu und zu den geplanten Gesetzesänderungen Ziff. 19). Diese Entschädigung stellt jedoch kein Entgelt dar; durch sie soll nur sichergestellt werden, dass die Beisitzer durch die Übernahme und Ausübung ihres Amtes keine unbillige wirtschaftliche Belastung zu tragen haben. Für Beamte und Arbeitnehmer im öffentlichen Dienst ist die Übernahme des Beisitzeramtes nicht genehmigungspflichtig, da als Nebentätigkeit nicht die Wahrnehmung öffentlicher Ehrenämter gilt; es besteht nur eine Anzeigepflicht (§ 65 Abs. 1 Satz 2 BBG, § 11 BAT).

117 *Grunsky,* § 24 Rn. 1; *Prütting* in *Germelmann u. a.,* § 24 Rn. 5; *Schaub,* § 3 Rn. 33.

7. Die Besetzung der Richterbank in den einzelnen Rechtszügen

7.1 Einheitliche Besetzung in der Arbeitsgerichtsbarkeit

Die zahlenmäßige und die paritätische Mitwirkung von je einem **Beisitzer aus Arbeitnehmer- und Arbeitgeberkreisen** ist in allen Instanzen gleich. Lediglich das zahlenmäßige Verhältnis der ehrenamtlichen Richter zu den Berufsrichtern ist in den einzelnen Stufen des Rechtszuges verschieden.

In der unteren Instanz, also bei den **Arbeitsgerichten,** tagt die Kammer in der Besetzung mit einem Berufsrichter als Vorsitzendem und mit je einem Arbeitgeber- und Arbeitnehmerbeisitzer. Die sogenannte große Besetzung der Kammern mit einem Vorsitzenden und je zwei ehrenamtlichen Richtern, die für die Entscheidung von Tarifstreitigkeiten früher vorgesehen war, wurde von der Beschleunigungs-Novelle 1979 beseitigt. Für diese Besetzung bestand kein Bedürfnis, und sie wurde auch in der Praxis nur wenig in Anspruch genommen.

Für die Besetzung der **Landesarbeitsgerichte** gilt das über die Besetzung der Arbeitsgerichte Ausgeführte entsprechend.

Dagegen sind in den Senaten beim **Bundesarbeitsgericht** drei Berufsrichter und dazu stets je ein Beisitzer aus den Kreisen der Arbeitgeber und Arbeitnehmer tätig.

7.2 Besetzung nach Sachgebieten in der Sozialgerichtsbarkeit

Die Kammern der **Sozialgerichte** sind mit einem Berufsrichter (dem Vorsitzenden) und zwei ehrenamtlichen Richtern, die Senate der **Landessozialgerichte** und des **Bundessozialgerichtes** mit drei Berufsrichtern und zwei ehrenamtlichen Richtern besetzt (§§ 12 Abs. 1 Satz 1, 33 Satz 1, 40 Satz 1 SGG). Welche ehrenamtlichen Richter zur Entscheidung berufen sind, richtet sich nach dem Zuständigkeitsbereich des Spruchkörpers. Diese sind zu bilden für Angelegenheiten der Sozialversicherung und der Arbeitsförderung, des Kassenarztrechts sowie des sozialen Entschädigungsrechts und des Schwerbehindertenrechts. Zum Bereich des sozialen Entschädigungsrechts und des Schwerbehindertenrechts zählt der gesamte Zuständigkeitsbereich der Versorgungsämter, insbesondere Rechtsstreitigkeiten in Angelegenheiten der Kriegsopferversorgung nach dem Bundesversorgungsgesetz – mit Ausnahme der Kriegsopferfürsorge, für die die Verwaltungsgerichtsbarkeit zuständig ist –, des Soldatenversorgungsgesetzes, des Bundesseuchengesetzes (Impfschäden), des Gesetzes über die Entschädigung von Opfern von Gewalttaten (Opferentschädigungsgesetz) und des SGB IX, soweit insbesondere die Feststellung von Behinderungen betroffen ist.

Im Einzelnen gilt Folgendes:

1. In den Spruchkörpern für Angelegenheiten der **Sozialversicherung** (ohne Vertragsarztrecht) **und der Arbeitsförderung** stammt je ein ehrenamtlicher Richter aus dem Kreis der Versicherten und der Arbeitgeber (§ 12 Abs. 1 Satz 1 SGG).

Der ehrenamtliche Richter muss nicht in dem Zweig der Sozialversicherung versichert sein, in dem er richterlich tätig ist. Es genügt, wenn er überhaupt in irgendeinem Zweig der Sozialversicherung versichert[118], als Arbeitsloser gemeldet oder Bezieher einer Rente aus eigener Versicherung ist (§ 16 Abs. 3 Satz 1 SGG). Nach § 12 Abs. 2 Satz 2 SGG sollen zwar die ehrenamtlichen Richter möglichst in dem Sachgebiet tätig werden, in dem sie selbst versichert sind. Hierbei handelt es sich aber um eine nicht zwingende Ordnungsvorschrift (zu weiteren Begriffsmerkmalen der Kreise und zur Vorschlagsberechtigung s. Ziff. 2.2.1, 2.2.2 und 4.2).

2. In den Spruchkörpern für Angelegenheiten des **Vertragsarztrechts** richtet sich die Besetzung mit ehrenamtlichen Richtern danach, ob es sich um eine Angelegenheit der Vertragsärzte, Vertragszahnärzte und Psychotherapeuten oder des Vertragsarztrechts handelt (§ 12 Abs. 3 SGG). Im ersten Fall wirken nur zwei Vertreter der Vertragsärzte, Vertragszahnärzte und Psychotherapeuten, im zweiten Fall ein Vertreter der Vertragsärzte, Vertragszahnärzte und Psychotherapeuten und ein Vertreter der Krankenkassen mit.

Der im Sozialgerichtsgesetz nicht definierte **Unterschied zwischen Angelegenheiten der Vertragsärzte, Vertragszahnärzte und Psychotherapeuten und des Vertragsarztrechts** ergibt sich aus der Gestaltung des dem jeweiligen Rechtsstreit vorausgegangenen Verwaltungsverfahrens, in dem die streitige Verwaltungsentscheidung zu treffen war. **Maßgebend** für die Gerichtsbesetzung ist die (gesetzlich oder vertraglich) vorgeschriebene **Besetzung der Stelle der Verwaltung.** Ist dies allein die Kassen(zahn)ärztliche Vereinigung, so handelt es sich um eine Angelegenheit der Vertragsärzte, Vertragszahnärzte und Psychotherapeuten. Entscheidet die Kassen(zahn)ärztliche Vereinigung z. B. über die Abrechnungsfähigkeit einer Leistung, so handelt es sich um eine Angelegenheit der Vertragsärzte, Vertragszahnärzte und Psychotherapeuten. Entscheidet ein mit Vertretern der Krankenkassen und der Vertragsärzte, Vertragszahnärzte und Psychotherapeuten besetztes Gremium, so handelt es sich um eine Angelegenheit des Vertragsarztrechts[119].

Zu den Angelegenheiten des Kassenarztrechts zählen im allgemeinen: Erteilung und Entzug von Zulassungen und Ermächtigungen, Prüfung der Wirtschaftlichkeit der Behandlungs- und Verordnungsweise, Entscheidungen des Schiedsamtes (§§ 95, 106, 89 SGB V).

Wegen der Verschiedenartigkeit der Berufe dürfen in Rechtsstreitigkeiten der Kassenärzte keine Kassenzahnärzte und umgekehrt mitwirken[120]. Hingegen ist es bei der Besetzung des Vertragsarztspruchkörpers unerheblich, ob er mit Ärzten oder Psychotherapeuten besetzt ist, da Ärzte und Psychotherapeuten bei der Spruchkörperbesetzung eine Gruppe bilden[121] (zu weiteren Begriffsmerkmalen der Kreise und zur Vorschlagsberechtigung s. Ziff. 2.2.3, 2.2.4 und 4.2).

3. In den Spruchkörpern für Angelegenheiten des **sozialen Entschädigungsrechts und des Schwerbehindertenrechts** wirken mit: Ein ehrenamtlicher Richter aus dem Kreis der mit dem sozialen Entschädigungsrecht oder dem Recht der Teilhabe behinderter Menschen vertrauten Personen sowie ein ehrenamtlicher Richter aus dem Kreis der Versorgungsberechtigten, behinderten Menschen und Versicherten (§ 12 Abs. 4 Halbsatz 1 SGG). Unter den Versorgungsberechtigten sollen Hinterbliebene in angemessener Zahl beteiligt werden (§ 12 Abs. 4 Halbsatz 2 SGG); hierbei handelt es sich um eine nicht zwingende Ordnungsvor-

---

118 *BGS,* Urt. v. 15.10.1964 – 7 Rar 63/63 – BSGE 22 S. 41.
119 *BSG,* Urt. v. 1.10.1990 – 6 RKa 30/89 – BSGE 67 S. 256.
120 *BSG,* Urt. v. 19.2.1960 – 6 RKa 41/59 – BSGE 12 S. 6.
121 *Meyer-Ladewig,* § 12 Rn. 8 m. w. N.

schrift, die sich nicht nur an die Gerichtspräsidien, sondern insbesondere im Vorfeld an die berufenden Stellen wendet, die auf eine entsprechende Zusammensetzung der Vorschlagslisten achten müssen.

Aktive Bedienstete der Versorgungsverwaltung dürfen in diesem Bereich keine ehrenamtlichen Richter sein[122], wohl aber frühere Bedienstete, was in der Praxis häufig vorkommt. Angestellte und Organmitglieder von Behindertenverbänden können auch dann ehrenamtliche Richter sein, wenn sie – vorbehaltlich einer Interessenkollision im Einzelfall – als Vertreter dieser Verbände häufig als Prozessbevollmächtigte auftreten (s. Ziff. 3.6)[123]. Zu weiteren Begriffsmerkmalen der Kreise und zur Vorschlagsberechtigung wird auf die Ausführungen in Ziff. 2.2.5, 2.2.6 und 4.2 verwiesen.

122 *GS BSG,* Beschl. v. 30.6.1960 – GS 4/60 – BSGE 12 S. 237.
123 *Peters/Sautter/Wolff,* § 12 Rn. 48;

8. Folgen mangelhafter Besetzung

Wird das durch das Gesetz vorgesehene Besetzungsverfahren des Gerichts nicht eingehalten, wie z. B. bei einer Berufung trotz Fehlens einer Vorschlagsliste oder der Vorschlagsberechtigung oder trotz Unzuständigkeit der berufenden Stelle, nicht angemessener Berücksichtigung von Vorschlagsberechtigten wegen fehlender oder offensichtlich unrichtiger Feststellung des Stärkeverhältnisses, unrichtiger Anwendung des Minderheitenschutzes, fehlender Auswahl, oder beruht die Besetzung auf Rechtsfehlern, indem ein Beisitzer trotz Fehlens von Berufungsvoraussetzungen oder trotz Vorhandenseins von Amtsausschließungsgründen berufen wird, wäre nach allgemeinen Rechtsgrundsätzen davon auszugehen, dass das Gericht **nicht vorschriftsmäßig besetzt** ist, da ein wesentlicher Verfahrensmangel vorliegt. Es fehlte am gesetzlichen Richter. Gegen die Entscheidung des Gerichts könnte im Rahmen der allgemeinen Rechtsmittel grundsätzlich die Besetzungsrüge erhoben werden. Auch wäre die Wiederaufnahme des Verfahrens im Wege der Nichtigkeitsklage grundsätzlich zulässig.

Jedoch hat der Gesetzgeber in der Arbeits- und der Sozialgerichtsbarkeit die Reichweite der **Besetzungsrüge erheblich eingeschränkt**. In der Arbeitsgerichtsbarkeit können Rechtsmittel grundsätzlich nicht auf Mängel des Verfahrens bei der Berufung eines Beisitzers oder auf Umstände, die die Berufung eines Beisitzers zu seinem Amt ausschließen, gestützt werden (§§ 65, 73 Abs. 2, 79 Satz 2, 88, 933 Abs. 2 ArbGG). In der Sozialgerichtsbarkeit ist eine ähnliche Regelung getroffen: In der Nichtdurchführung eines Amtsentbindungsverfahrens liegt kein Verfahrensmangel, der im Berufungsverfahren die Zurückverweisung (§ 159 Abs. 1 Nr. 2 SGG) oder die Revision (§ 160 Abs. 2 Nr. 3 SGG) begründen kann (§ 22 Abs. 1 Satz 4 SGG). Das Gesetz schiebt damit der prozessualen Ausnutzung von Mängeln des Verfahrens bei der Berufung eines ehrenamtlichen Richters einen Riegel vor. Dabei ist auch zu berücksichtigen, dass bei Rechtsfehlern im Zusammenhang mit der Berufung das Amt nicht automatisch endet, vielmehr die gerichtliche Amtsentbindung (§§ 21 Abs. 5 ArbGG, 22 SGG) konstitutive Bedeutung hat (s. auch Ziff. 21.1). Auch sind die Gerichte nicht verpflichtet, ständig bei allen ehrenamtlichen Richter zu prüfen, ob zwischenzeitlich die Voraussetzungen für die Berufung weggefallen sind[124].

Etwas anderes kann nur gelten, wenn Berufungsfehler so schwerwiegend sind, dass von einer Berufung im Rechtssinn nicht mehr gesprochen werden kann und damit das **Grundrecht auf den gesetzlichen Richter** (Art. 101 Abs. 1 Satz 2 GG) verletzt ist[125]. **Unberührt** bleibt auch die **Zulässigkeit der Besetzungsrüge,** wenn an der Entscheidung ein kraft Gesetzes ausgeschlossener oder wegen Besorgnis der Befangenheit zu Recht abgelehnter (s. Ziff. 15.2) oder nicht ordnungsgemäß vereidigter (s. Ziff. 5) oder in Abweichung von der Beisitzerliste herangezogener (s. Ziff. 14.3) oder wegen Ablaufs der Amtszeit nicht mehr im Amt befindlicher ehrenamtlicher Richter[126], mitwirkt. Allerdings darf das Landesarbeitsgericht selbst bei schwersten Verfahrensfehlern die Streitsache nicht an das Arbeitsgericht zurückverweisen (§ 68 ArbGG)[127]. Demgegenüber darf das Landessozialgericht grundsätzlich bei wesentlichen

---

124 *BSG.* Beschl v 18.8.1992 – 1 S 8/92 – SozR 3-1500 § 22 Nr. 1; *Dörner in GK-ArbGG,* § 21 Rn. 19-20

125 *BVerwG*, Urt. v. 9.2.1988 – 9 C 256/86 – NJW 1989 S. 55; *Schaub*, § 3 Rn. 31.

126 *BAG,* Urt v. 16.5.2002 – 8 AZR 412/01 – MDR 2003 S. 47.

127 *BAG,* Urt. v. 25.2.1988 – 2 AZR 500/87 – n. v.; *Vossen* in *GK-ArbGG;* § 65 Rn. 19; *Germelmann* in *Germelmann u. a.,* § 68 Rn. 4.

Verfahrensmängeln – außer bei Nichtdurchführung eines Amtsentbindungverfahrens (§ 22 Abs. 1 Satz 4 SGG) – die Sache an das Sozialgericht zurückverweisen (§ 159 Abs. 1 Nr. 2 SGG).

Dessen ungeachtet führt selbst die Unwirksamkeit der Berufung eines Beisitzers **nicht zur Nichtigkeit der Entscheidung,** an der er mitgewirkt hat; die Aufhebung der Entscheidung kann nur über Rechtsmittel – soweit sie zulässig sind – herbeigeführt werden[128].

---

128 *BVerfG,* Beschl. v. 12.11.1984 – 2 BvR 1350/84 – NJW 1985 S. 125, so auch *BGH,* Urt v. 16.1.1985 – 2 StR 717/84 – BGHSt 33 S. 126; s. auch *Berger-Delhey,* Berufung und „Abberufung" der ehrenamtlichen Sozialrichter, SozVers 1987 S. 286.

9. Richterliche Unabhängigkeit und Benachteiligungsverbot

Die **richterliche Gewalt** wird nach unserem Grundgesetz durch unabhängige, **nur dem Gesetz unterworfene Gerichte** ausgeübt (Art. 97 Abs. 1 GG). Dieser Grundsatz beruht auf der Erkenntnis, dass eine wahre Rechtspflege ohne unabhängige Gerichte nicht bestehen kann; er fordert daher die Unabhängigkeit der Richter aller Gerichtszweige von allen Einflüssen, die von oben oder unten, von der Regierung, dem Parlament und der Verwaltung, den politischen Parteien, den Verbänden oder der öffentlichen Meinung wie auch von den Parteien des Rechtsstreites selbst auf die richterliche Tätigkeit auszuüben versucht werden könnten. Recht und Gesetz sind die einzige Richtschnur richterlichen Handelns.

Da auch die ehrenamtlichen Beisitzer bei den Arbeits- und den Sozialgerichten Richter sind, genießen sie ebenso wie alle anderen Richter von Verfassungs wegen (Art. 97 Abs. 1 GG) die **volle sachliche Unabhängigkeit.** § 45 Abs. 1 Satz 1 DRiG bestimmt demgemäß, dass der ehrenamtliche Richter in gleichem Maße wie ein Berufsrichter unabhängig ist, dass er seine Pflichten getreu dem Grundgesetz für die Bundesrepublik Deutschland und getreu dem Gesetz zu erfüllen, nach bestem Wissen und Gewissen ohne Ansehung der Person zu urteilen und nur der Wahrheit und Gerechtigkeit zu dienen hat. An Weisungen oder Ratschläge der ihn benennenden Stelle ist der ehrenamtliche Richter daher niemals gebunden. Er soll nicht Amtswalter z. B. der Arbeitnehmer- oder Arbeitgeberinteressen sein, sondern unabhängiger Richter, der bei der Amtsführung seine Erfahrungen als Arbeitgeber oder Arbeitnehmer und seine besondere Sachkunde dem Gericht nutzbar macht.

Wenn auch die beste Garantie für die Unbeeinflussbarkeit der Gerichte in dem festen, aufrechten und unbeirrbaren Charakter der Richter selbst beruht, so kann das Gesetz doch durch mancherlei Maßnahmen von außen her die Entwicklung und Entfaltung der inneren Unabhängigkeit der Gerichte und Richter fördern. Dies ist auch durch das Grundgesetz gefordert, da nach der Rechtsprechung des Bundesverfassungsgerichts[129] der Verfassungsgrundsatz der **persönlichen Unabhängigkeit** der Richter (Art. 97 Abs. 2 GG) auch für die ehrenamtlichen Richter gilt. So erfolgt ihre Ernennung unwiderruflich auf die Dauer von fünf Jahren. Eine **Abberufungsmöglichkeit** während der Amtszeit besteht nach § 44 Abs. 2 DRiG nur unter der Voraussetzung, dass einer der im Gesetz abschließend aufgeführten **Enthebungsgründe** vorliegt (zum Amtsenthebungsverfahren im Einzelnen s. Ziff. 20.2). Somit ist sichergestellt, dass der ehrenamtliche Beisitzer nicht wegen einer von ihm in einer Streitsache vertretenen Auffassung seine vorzeitige Entfernung aus dem Amt befürchten muss. Zum anderen wird die persönliche Unabhängigkeit auch des ehrenamtlichen Richters dadurch gestärkt, dass er von den Parteien eines Rechtsstreits wegen seiner Beteiligung an der Fällung eines Urteils zivilrechtlich nicht, auch nicht mittelbar über den Rückgriff von Seiten des Staates (Art. 34 Satz 2 GG), zur Verantwortung, das heißt zum Schadensersatz, herangezogen werden kann. Dieser **Haftungsausschluss** gilt allerdings dann nicht, wenn die Pflichtwidrigkeit mit einer im Wege des gerichtlichen Strafverfahrens zu verhängenden öffentlichen Strafe bedroht ist (also zum Beispiel bei Rechtsbeugung) oder wenn die Pflichtwidrigkeit in einer Verweigerung oder

---

129 Beschl. v. 17.12.1969 – 2 BvR 271/68, 342/68 – BVerfGE 27 S. 312.

Verzögerung der Amtsausübung besteht (§ 839 Abs. 2 BGB; vgl. im übrigen Art. 34 Satz 1 GG und unten 18.2 und 3).

Schließlich wird die Unabhängigkeit der ehrenamtlichen Richter in besonderer Weise durch die Vorschriften der §§ 26 ArbGG und 20 SGG gewährleistet (in Ausfüllung des § 45 Abs. 9 DRiG), wonach unter Androhung einer Geldstrafe bzw. Freiheitsstrafe bis zu einem Jahr niemand in der Übernahme oder Ausübung des Amtes als Beisitzer beschränkt oder wegen der Übernahme oder Ausübung des Amtes **benachteiligt** werden darf. Eine danach unzulässige Beschränkung wäre zum Beispiel das Verbot der Bewerbung um Aufnahme in die Vorschlagsliste oder der Annahme des Amtes eines Beisitzers unter Androhung sofortiger Kündigung. Auch die Verweigerung der Freistellung zur Wahrnehmung der Sitzungen des Spruchkörpers oder des Ausschusses der ehrenamtlichen Richter sowie der **Akteneinsicht** bei Gericht vor der Sitzung[130] ist nach diesen Vorschriften dem Arbeitgeber verboten und unter Strafe gestellt. Nachdem der in einem Arbeitsverhältnis stehende Beisitzer dem Arbeitgeber seine Verhinderung infolge einer Gerichtssitzung bekanntgegeben hat, kann er dem Dienst ohne förmliche Beurlaubung zur Wahrnehmung seines Amtes **fernbleiben**[131]. Die Teilnahme an den Sitzungen gehört zu den Pflichten eines ehrenamtlichen Richters, denen er sich nicht ohne ausreichenden Grund entziehen kann und in deren Erfüllung er vom Arbeitgeber selbst nicht mit der Begründung beschränkt werden kann, seine Arbeitskraft sei für den Betrieb unentbehrlich. Unzulässige Benachteiligungen können schließlich auch in einem Lohnabzug oder in einer Kündigung liegen, sofern diese ihren Grund letztlich in der Tätigkeit des Gekündigten als Beisitzer haben. Den Ländern ist es nicht verwehrt, Personengruppen, bei denen sie einen weiter gehenden Regelungsbedarf erkennen, einem besonderen Kündigungsschutz zu unterstellen[132]. So verbietet Art. 110 Abs. 1 Satz 2 der Verfassung des Landes Brandenburg jegliche ordentliche Kündigung von ehrenamtlichen Richtern[133]. Auch die im Hinblick auf die Tätigkeit als Beisitzer erfolgende ungerechtfertigte Versetzung an einen schlechter bezahlten Arbeitsplatz, Strafversetzung, Nichtvornahme einer an sich fälligen Beförderung oder Ausschluss von Sonderzuwendungen sind verboten und verpflichten den Arbeitgeber zum Schadensersatz (§ 823 Abs. 2 BGB i. V. m. § 26 ArbGG bzw. § 20 SGG). Daneben besteht ein Anspruch auf Unterlassung weiterer Benachteiligungen. Der Schutz des ehrenamtlichen Richters erstreckt sich auch auf Maßnahmen seines Verbandes, z. B. weil dieser mit einer konkreten Entscheidung nicht einverstanden ist.

Eine völlige Freistellung von jedwedem Nachteil ist indessen nicht möglich und wird auch vorn Gesetz nicht verlangt. So sind durchaus Fälle nicht rechtswidriger Nachteile aufgrund des Richteramtes denkbar. Insbesondere müssen sich die ehrenamtlichen Richter bei Wahlen zum Betriebsrat oder für einen Posten in einer Berufsvereinigung gefallen lassen, dass ihnen die Stimme eben wegen ihrer Rechtsprechung versagt wird.

Im Gegensatz zu einem Bundestagskandidaten besteht auch kein Anspruch auf Urlaub, um sich um eine Stelle als ehrenamtlicher Richter bemühen zu können. Ferner hat ein Arbeitnehmer auch keinen Anspruch auf einen anderen Posten, der ihm die Wahrnehmung des Richteramtes erleichtern würde.

---

130 Nach dem Urt. des *LAG Bremen* v. 14.6.1990 – 3 Sa 132/89 – AiB 1992 S. 50, hat der ehrenamtliche Richter gegen seinen Arbeitgeber weitgehend einen Lohnfortzahlungsanspruch für Zeiten der Einsichtnahme in Prozessakten nach § 616 Abs. 1 BGB; vgl. auch unten 19.1.

131 *LAG Freiburg,* Urt. v. 31.3.1955 – II Sa 31/55 – ArbuR 1956 S. 62.

132 *BVerfG*, Beschl. v. 11.4.2000 – 1 BvL 2/00 – DVBl. 2000 S. 1119.

133 Dazu *ArbG Neuruppin,* Urt. v. 1.6.1994 – 2 Ca 18/93 – AuA 1995 S. 26.

Eine unzulässige Benachteiligung liegt auch nicht darin, dass der als ehrenamtlicher Richter tätige Arbeitnehmer für den dadurch verursachten Arbeitsausfall von seinem Arbeitgeber keinen Lohn beanspruchen kann[134]. § 2 Abs. 2 des Gesetzes über die Entschädigung der ehrenamtlichen Richter sieht vor, dass für Verdienstausfall pro Stunde im Regelfall bis zu 16 Euro (s. Anhang 3) aus der Justizkasse ersetzt werden. Das Gesetz geht somit offenkundig selbst davon aus, dass ein Verdienstausfall eintritt, was nicht der Fall wäre, wenn der Lohnanspruch gegenüber dem Arbeitgeber ungekürzt bestehen bliebe. Soweit jedoch im Einzelfall einem Arbeitnehmer ein Verdienstausfall entsteht, der über den nach dem Gesetz über die Entschädigung der ehrenamtlichen Richter ersatzfähigen Höchstbetrag hinausgeht, ist der **Vergütungsanspruch** aufgrund § 616 Abs. 1 Satz 1 BGB zu bejahen. Zum Anspruch auf Freistellung zur Teilnahme an gewerkschaftlichen Schulungsveranstaltungen und zur Frage der Entgeltfortzahlung wird auf die Ausführungen in Ziff. 18.4 verwiesen.

Im Falle der Verletzung ihrer Rechte durch Maßnahmen der öffentlichen Gewalt einschließlich der Vorsitzenden der Spruchkörper können ehrenamtliche Richter dagegen nur Verfassungsbeschwerde einlegen, soweit ihre persönliche Rechtsstellung gegenüber dem Staat berührt ist, nicht dagegen, soweit nur ihre organschaftliche Funktion als Glied der Rechtsprechung betroffen ist; deshalb kann ein Beisitzer gegen seinen Ausschluss aus einem konkreten Gerichtsverfahren nicht selber das Bundesverfassungsgericht anrufen[135].

---

134 Ebenso *Dietz/Nikisch,* § 26 Rn. 6 f.; *Hueck/Nipperdey,* § 95 Rn. 33; *Grunsky,* § 26 Rn. 5; *Prütting* in *Germelmann u. a.*, § 26 Rn. 17.

135 *BVerfG,* Beschl. v. 9.12.1985 – 1 BvR 85/85,104/85, 1118/85 – NJW 1986 S. 1324.

10. Befugnisse und Pflichten der ehrenamtlichen Richter im arbeitsgerichtlichen Verfahren

Der Schwerpunkt der Tätigkeit der ehrenamtlicher Richter liegt bei den **Gerichtssitzungen**, an denen mitzuwirken sie im Hinblick auf die Verfassungsgarantie des gesetzlichen Richters nach Maßgabe der Sitzungsliste berechtigt und verpflichtet sind. Da die Beisitzer Mitglieder der Kammer bzw. des Senats sind, haben sie innerhalb ihres Tätigkeitsbereiches **volle Richterqualität**. Dass sie in den meisten Bundesländern an den Sitzungen nicht in einer Robe teilnehmen, sondern in einer der Bedeutung des Richteramts und der üblichen Gepflogenheiten entsprechenden Kleidung, ist dabei nur eine Äußerlichkeit. Der Vorsitzende hat ihnen gegenüber insoweit lediglich die Stellung eines Ersten unter Gleichen. Im Einzelnen bestimmen sich die Rechte und Befugnisse der ehrenamtlichen Richter bei den Gerichten für Arbeitssachen wie diejenigen der beisitzenden Richter der Kammern der Landgerichte (§ 53 Abs. 2 ArbGG). Danach haben die Beisitzer grundsätzlich bei allen in der mündlichen Verhandlung zu treffenden Entscheidungen mitzuwirken, soweit es sich nicht etwa um prozessleitende Anordnungen handelt, die das Gesetz dem Vorsitzenden allein übertragen hat, wie zum Beispiel die Anordnung des persönlichen Erscheinens der Parteien (§ 51 Abs. 1 ArbGG). Für die Einzelheiten der Abgrenzung, der Befugnisse wird verwiesen auf die Darstellung unter 11.

10.1 Das Fragerecht

Nach der bisher hier vertretenen Ansicht sollte den Beisitzern nicht die Befugnis zuerkannt werden, in der Verhandlung **zur Sache** selbst **Stellung zu nehmen**. Dies kann angesichts der Regelung des § 139 Abs. 1 Satz 1 ZPO nicht aufrecht erhalten werden. Die Vorschrift sieht vor, dass das Gericht insgesamt das Sach- und Streitverhältnis in tatsächlicher und rechtlicher Hinsicht mit den Parteien zu erörtern hat. Hier können und sollen die ehrenamtlichen Richter sich einbringen. Außerdem haben sie das Recht, zur weiteren Aufklärung des Sachverhalts **Fragen** an die Parteien und deren Prozessbevollmächtigte, an Zeugen und Sachverständige zu richten. Allerdings müssen die Beisitzer zuvor dem die Verhandlung leitenden Vorsitzenden anzeigen, dass sie das Wort wünschen, und der Vorsitzende muss die Fragestellung gestatten bzw. das Wort erteilen (§ 136 Abs. 2 Satz 1 u. 2 ZPO). Der Vorsitzende hat nur das Recht, den Zeitpunkt der Worterteilung zu bestimmen. Da er keine Möglichkeit der Kritik an einer Frage hat[136], hat er auch nicht das Recht, sich nach deren Inhalt vor der Fragestellung zu erkundigen.

Kommt es zu einer Beweisaufnahme durch **Zeugenvernehmung**, so wird der Zeuge zu dem Thema vernommen, das im Beweisbeschluss näher bezeichnet ist. Nach der Belehrung über die Wahrheitspflicht (§ 395 Abs. 1 ZPO) und den Angaben zu seiner Person (§ 395 Abs. 2 ZPO) wird ihm Gelegenheit gegeben, von sich aus über den fraglichen Vorgang zu berichteh (§ 396 Abs. 1 ZPO). Ergänzende Fragen zur Aufklärung stellt der Vorsitzende, dann ggf. die ehrenamtlichen Richter (§ 396 Abs. 3 ZPO: auf Verlangen nach Gestattung des Vorsitzenden)

136 Zu Unrecht a. A. *Germelmann* in *Germelmann u. a.*, § 53 Rn. 18. Vgl. auch *Wolmerath* S. 53.

und dann die Prozessbevollmächtigten und/oder die Parteien, und zwar in der Reihenfolge, wie sie sich in ihrem Vorbringen auf den Zeugen berufen haben. Ergänzende Fragen können dabei dem Sachverständnis dienen, wie auch der Feststellung der Glaubwürdigkeit und des Erinnerungsvermögens des Zeugen.

Die Fragen dürfen nicht in einer Art erfolgen, die eine **Voreingenommenheit** erkennen lässt oder eine **vorweggenommene Würdigung** der Zeugenaussage darstellt, die erst in der anschließenden Beratung zu erfolgen hat. Dasselbe gilt für sonstige Wortmeldungen. Äußerungen dieser Art während der Verhandlung entsprechen nicht der hohen Rechtsstellung der ehrenamtlichen Richter.

Der Zeuge kann nur das aussagen, was er guten Gewissens bekunden kann. Was er nur vom Hörensagen oder nicht aus eigener Erinnerung weiß, ist unerheblich. Auch ergänzende Fragen an Sachverständige oder im Fall der **Parteivernehmung** (§§ 445 ff. ZPO, teils von Amts wegen) sollten an eine Partei nur gestellt werden, wenn sie zur Klarheit für die Rechtsfindung erforderlich erscheinen. Von der Parteivernehmung zu unterscheiden ist im Übrigen die Anhörung einer Partei zur Aufklärung des Sachverhalts (§ 141 ZPO, § 51 Abs. 1 ArbGG). Diese dient nicht der Beweiserhebung, sondern nur der Ergänzung des Prozessstoffs. Wird im Anschluss an die Beweisaufnahme der sich daraus ergebende Sachverhalt nochmals mit den Parteien erörtert, so können auch hier ggf. Fragen von den ehrenamtlichen Richtern gestellt werden, etwa ob die Partei angesichts einer gegenteiligen Zeugenaussage an ihrer früheren Behauptung festhalten will oder nicht.

Vor ihrem Fragerecht dürfen die Beisitzer nicht aus Schüchternheit zurückschrecken, denn sie sollen den Rechtsstreit doch mitentscheiden, und zudem können sie auch über Fragen ihre Lebenserfahrung und Sachkunde einbringen[137]. Mitentscheiden können sie aber nur, wenn sie sich über die Punkte, die für die Entscheidung wesentlich sind, Klarheit verschafft und zugleich ihrer Aufklärungspflicht Genüge getan haben. So manches Mal gelingt es mit Hilfe der Fragestellung eines fachkundigen Beisitzers, den Rechtsstreit zu entscheiden, ohne dass eine Beweisaufnahme oder die Einholung eines Sachverständigengutachtens notwendig wird. Da es nun einmal sehr zurückhaltende Menschen gibt, sollte der Vorsitzende auch von sich aus die Beisitzer fragen, ob sie noch eine Frage zu stellen haben. Wegen der gleichberechtigten Rechtsstellung der Beisitzer sollte dies unmittelbar im Anschluss an die Beantwortung seiner Fragen geschehen. Erst danach sollte der Vorsitzende den Parteien und den Prozessvertretern die Befragung gestatten.

10.2 Einflussnahme auf die Verhandlungsführung

Einen weiteren Einfluss auf die Verhandlung haben die Beisitzer insofern, als die Entscheidung darüber, ob die Streitsache erschöpfende Behandlung gefunden hat und die Verhandlung zu schließen ist, der Kammer bzw. dem Senat und nicht dem Vorsitzenden allein zusteht (§ 136 Abs. 4 ZPO – Text unter 11.2.1 abgedruckt). Allerdings hat der Beisitzer nicht das Recht, die Leitung der Verhandlung oder Fragen des Vorsitzenden zu bemängeln und darüber eine Entscheidung herbeizuführen[138]. Das folgt aus § 140 ZPO, wonach die Kammer bzw. der Senat entscheidet, wenn eine auf die Sachleitung bezügliche Anordnung des Vorsitzenden

137 *Wolmerath* in ArbGV, § 31 Rn. 11.
138 Zu Unrecht a. A. *Germelmann* in *Germelmann u. a.*, § 53 Rn. 16.

oder eine von dem Vorsitzenden oder einem Beisitzer gestellte Frage von einer bei der Verhandlung beteiligten Person als unzulässig beanstandet wird. Als beteiligte Personen sind in diesem Zusammenhang nur die Parteien, Zeugen und Sachverständigen, nicht dagegen Mitglieder des Gerichts anzusehen. Den ehrenamtlichen Richtern bleibt so nur die Möglichkeit, die Wiedereröffnung der mündlichen Verhandlung in der Beratung zu erzwingen, wenn der Vorsitzende die Verhandlung gegen ihren Willen geschlossen hat[139]. Auch die Beisitzer haben entsprechend dem tragenden Grundsatz des arbeitsgerichtlichen Verfahrens die Pflicht, die gütliche Erledigung des Rechtsstreits anzustreben (vgl. § 57 Abs. 2 ArbGG). Indes kann ihnen weder ein Güteversuch noch eine Beweisaufnahme übertragen werden (vgl. unter 11.2). Ein Tätigwerden der ehrenamtlichen Richter ohne Anwesenheit des Vorsitzenden ist grundsätzlich unzulässig. Auch kann kein ehrenamtlicher Richter den Vorsitz in der Kammer übernehmen. Außerhalb der Sitzung ist den ehrenamtlichen Richtern jede richterliche Tätigkeit versagt.

10.3 Präsenz- und Geheimhaltungspflicht

Den ehrenamtlichen Richtern kommen aber nicht nur die gleichen Rechte wie den Berufsrichtern, sondern auch die gleichen Pflichten zu. So dürfen sie zum Beispiel nicht ohne genügende Entschuldigung den anberaumten Sitzungen fernbleiben oder zu spät kommen. Bei der Abstimmung dürfen sie ihre Stimme nicht verweigern. Das **Beratungsgeheimnis** (betreffend den Hergang und Inhalt der Beratung und die Abstimmung) haben sie gegenüber jedermann, also auch gegenüber den sie entsendenden Verbänden zu wahren, und zwar auch nach Beendigung der Amtszeit und der Tätigkeit als ehrenamtlicher Richter (§ 43 DRiG). Ist die Öffentlichkeit wegen Gefährdung der Staatssicherheit oder eines Geschäfts- oder Betriebsgeheimnisses ausgeschlossen, so kann ihnen die Geheimhaltung von Tatsachen, die ihnen durch die Verhandlung zur Kenntnis gelangt sind, zur Pflicht gemacht werden (§ 174 Abs. 2 GVG). Schließlich soll in diesem Zusammenhang nicht unerwähnt bleiben, dass jeder ehrenamtliche Richter, der sein Amt ernst nimmt, das Bestreben haben wird, seine Kenntnisse auf den Gebieten des Arbeits- und Sozialrechts sowie Prozessrechts zu erweitern. Wenn auch zum Beispiel die Teilnahme an **Fortbildungskursen** der Verbände und Gewerkschaften nicht als eine Amtswahrnehmung angesehen werden kann, der ehrenamtliche Richter hierzu vielmehr der förmlichen Beurlaubung durch seinen Arbeitgeber bedarf, auf die er grundsätzlich einen Rechtsanspruch hat (vgl. die Ausführungen in Ziff. 18.4 mit den Hinweisen auf die Rechtsprechung)[140], so stellt das Bemühen um ständige Weiterbildung doch eine ernst zu nehmende Verpflichtung dar.

139 *Schuldt,* Die ehrenamtlichen Richter bei den Gerichten für Arbeitssachen, ArbuR 1960 S. 103; *Wolmerath* in ArbGV, § 31 Rn. 11. Vgl. auch unten 11.4.

140 *LAG Freiburg,* Urt. v. 31.3.1955 – II Sa 31/55 – ArbuR 1956 S. 62, wonach die Beurlaubung nur bei Vorliegen höherwertiger Interessen seitens des Arbeitgebers versagt werden darf.

11. Die Abgrenzung der Befugnisse zwischen den ehrenamtlichen Richtern und den Berufsrichtern im arbeitsgerichtlichen Verfahren

11.1 Überblick

Aus rein praktischen Gründen, um nämlich den Grundsatz der Beschleunigung des Verfahrens (§ 9 Abs. 1 ArbGG) nicht durch die Erschwernisse des Zusammentritts der vollen Kammer unter Heranziehung der oft nicht am Gerichtssitz wohnenden ehrenamtlichen Beisitzer zu beeinträchtigen, ist die **Stellung des Vorsitzenden** im arbeitsgerichtlichen Verfahren stärker als die des Vorsitzenden der Zivilkammer des Landgerichts, auf die § 53 Abs. 2 ArbGG verweist. **§ 53 Abs. 1 Satz 1 ArbGG** bestimmt daher, dass **im arbeitsgerichtlichen Urteilsverfahren** die nicht aufgrund einer mündlichen Verhandlung ergehenden **Beschlüsse und Verfügungen** grundsätzlich **der Vorsitzende allein** trifft. Das gilt über § 80 Abs. 2 Satz 1 ArbGG im **arbeitsgerichtlichen Beschlussverfahren** entsprechend. Auch für die Amtshandlungen aufgrund von **Rechtshilfeersuchen** ist der berufsrichterliche Vorsitzende allein zuständig (§§ 53 Abs. 1 Satz 2, 80 Abs. 2 Satz 1 ArbGG). Umgekehrt gilt: Die ehrenamtlichen Richter sind an den Entscheidungen in der und aufgrund der mündlichen Verhandlung beteiligt, insbesondere an der Entscheidung des Rechtsstreits durch Urteil (oder Beschluss im arbeitsgerichtlichen Beschlussverfahren), soweit nicht Sonderregelungen existieren.

Die grundlegende Bestimmung des **§ 53 ArbGG** (zu diesbezüglichen Einzelheiten die Darstellung unter 11.2) gilt auch für das Verfahren vor dem **Landesarbeitsgericht** (§ 64 Abs. 7 ArbGG) und dem **Bundesarbeitsgericht** (§ 72 Abs. 6 ArbGG). Beim Bundesarbeitsgericht ist aber § 53 Abs. 1 Satz 1 ArbGG so zu lesen, dass die ohne mündliche Verhandlung ergehenden Beschlüsse nicht der Senatsvorsitzende allein erlässt, sondern die drei Berufsrichter (sog. „Kleiner Senat“)[141]. Sie gilt entsprechend in allen drei Instanzen im **arbeitsgerichtlichen Beschlussverfahren** (§§ 80 Abs. 2 Satz 1, 87 Abs. 2 Satz 1 und 92 Abs. 2 Satz 1 ArbGG).

Nur vor dem Vorsitzenden findet die **Güteverhandlung** im arbeitsgerichtlichen Urteilsverfahren statt (§ 54 Abs. 1 Satz 1 ArbGG; nach § 54 Abs.1 Satz 5 ArbGG ist mit Zustimmung der Parteien auch Fortsetzung des Gütetermins in einem weiteren Termin möglich). Die ehrenamtlichen Richter haben daher in der Güteverhandlung nicht anwesend zu sein[142], und zwar auch dann nicht, wenn sich gemäß § 54 Abs. 4 ArbGG die weitere Verhandlung vor der Kammer – also dann mit den ehrenamtlichen Richtern – unmittelbar anschließt[143]. Da es eine Güteverhandlung nur in erster Instanz gibt, findet § 54 ArbGG im Urteilsverfahren vor dem Landesarbeitsgericht und dem Bundesarbeitsgericht natürlich keine Anwendung. Im arbeitsgerichtlichen Beschlussverfahren kann (nicht: muss) der Vorsitzende ein Güteverfahren ansetzen, und dafür gelten dann die Vorschriften des § 54 ArbGG entsprechend (§ 80 Abs. 2 Satz 2 ArbGG).

---

141 *BAG*, Beschluss vom 23.8.199 – 4 AZR 686/98 – EzA § 91 ZPO Nr. 6.

142 *Germelmann* in *Germelmann* u. a., § 54 Rz. 6 m. w. N.

143 Dies kommt praktisch nicht sehr häufig vor, es wird zum Teil im Rahmen von Gerichtstagen praktiziert.

Der Vorsitzende entscheidet außerdem allein in den in **§ 55 Abs. 1 ArbGG** aufgelisteten Fällen (gilt über § 80 Abs. 2 Satz 1 ArbGG auch im arbeitsgerichtlichen Beschlussverfahren entsprechend), wobei der Katalog nicht erweiterungsfähig ist[144]:

1. bei Zurücknahme der Klage;
2. bei Verzicht auf den geltend gemachten Anspruch;
3. bei Anerkenntnis des geltend gemachten Anspruchs;
4. bei Säumnis einer Partei;
5. bei Säumnis beider Parteien;
6. über die einstweilige Einstellung der Zwangsvollstreckung;
7. über die örtliche Zuständigkeit;
8. über die Aussetzung des Verfahrens;
9. im Fall des § 321a Abs. 4 der Zivilprozessordnung, sofern die Rüge als unzulässig verworfen wird oder sich gegen ein Urteil richtet, das vom Vorsitzenden allein erlassen worden ist.

Das gilt dann aber auch, wenn die Entscheidung in mündlicher Verhandlung getroffen wird und die ehrenamtlichen Richter anwesend sind, da § 55 Abs. 1 ArbGG den **gesetzlichen Richter** bestimmt[145]. Kommt es also etwa in der Kammerverhandlung zur Säumnis einer Partei, sind zwar die ehrenamtlichen Richter anwesend, das Versäumnisurteil beschließt und verkündet jedoch allein der Vorsitzende[146]. In diesem Fall muss das Protokoll klar ausweisen, dass die ehrenamtlichen Richter an der Entscheidung nicht beteiligt waren[147]. In bestimmten Fällen des § 55 Abs. 1 ArbG kann die Entscheidung ohne mündliche Verhandlung getroffen werden (§ 55 Abs. 2 ArbGG). § 321a ZPO betrifft die Rüge der Verletzung des Anspruchs auf rechtliches Gehör im ersten Rechtszug (vor dem Arbeitsgericht). In diesen Fällen ist durch Beschluss zu entscheiden, wenn die Rüge als unzulässig verworfen oder als unbegründet zurückgewiesen wird, und dieser Beschluss kann aufgrund mündlicher Verhandlung oder auch ohne mündliche Verhandlung ergehen (§§ 321a Abs. 4 und 128 Abs. 4 ZPO). § 55 Abs. 1 Nr. 9 ArbGG regelt insofern, dass der Beschluss im arbeitsgerichtlichen Verfahren – mit oder ohne mündliche Verhandlung – nur dann von der Kammer unter Einbeziehung der ehrenamtlichen Richter zu fassen ist, wenn die Rüge sich gegen ein Urteil richtet, an dem die ehrenamtlichen Richter mitgewirkt haben; in allen anderen Fällen entscheidet der Vorsitzende allein. Welche ehrenamtlichen Richter bei der Entscheidung über die Rüge heranzuziehen sind – diejenigen, die an dem Urteil mitgewirkt haben, oder die nun nach der Liste zu berücksichtigen sind? -, wird sich nach der Geschäftsverteilung des Gerichts zu beantworten haben. Sieht die Geschäftsverteilung keine besondere Regelung für diesen Fall vor, wird man nicht auf die ehrenamtlichen Richter zurückgreifen können, die an dem Urteil mitgewirkt haben, gegen das sich die Rüge richtet.

Der Vorsitzende entscheidet ferner allein, wenn in der Verhandlung, die sich unmittelbar – ohne zwischenzeitliche anderweitige Verhandlungen[148] – an die Güteverhandlung anschließt, eine das **Verfahren beendende Entscheidung** ergehen kann und alle Parteien bzw. Streitgenossen übereinstimmend (unwiderruflich[149]) eine Entscheidung durch den Vorsitzenden bean-

144 *Germelmann* in *Germelmann u. a.*, § 55 Rn.4 m. w. N.
145 Für die ganz überwiegende Ansicht *Schütz* in GK-ArbGG, § 55 Rn. 7 m. w. N. ; a. A. etwa *Grunsky*, § 55 Rn. 1.
146 *Germelmann* in *Germelmann u. a.*, § 55 Rn. 22a; *Schütz* in GK-ArbGG, § 55 Rn. 7.
147 *Germelmann* in *Germelmann u. a.*, § 55 Rn. 22a; *Schütz* in GK-ArbGG, § 55 Rn. 8.
148 *Germelmann* in *Germelmann u. a.*, § 55 Rn. 28; zweifelnd *Ziemann* in ArbGV, § 55 Rn. 30.
149 *Germelmann* in *Germelmann u. a.*, § 55 Rn. 30; a. A. *Grunsky,* § 55 Rn. 12.

tragen, wobei der Antrag in das Protokoll aufzunehmen ist (**§ 55 Abs. 3 ArbGG**). Dieses Verfahren wird nur praktisch, wenn die ehrenamtlichen Richter zur unmittelbar anschließenden weiteren Verhandlung nicht zur Verfügung stehen[150] und der Rechtsstreit aufgrund klaren Sachverhalts oder aufgrund sogleich möglicher Beweisaufnahme für eine das Verfahren in dieser Instanz beendende Entscheidung reif ist. § 55 Abs. 3 ArbGG, der an die Güteverhandlung anknüpft, die es nur vor dem Arbeitsgericht gibt, gilt nicht im Verfahren vor dem Landesarbeitsgericht und dem Bundesarbeitsgericht, sie gilt aber entsprechend im arbeitsgerichtlichen Beschlussverfahren erster Instanz (§ 80 Abs. 2 Satz 1 ArbGG).

Schließlich kann der Vorsitzende allein gemäß **§ 55 Abs. 4 Satz 1 ArbGG** bereits **vor der streitigen Verhandlung** (also: im Rahmen der Güteverhandlung oder zwischen Güte- und Kammerverhandlung oder auch zwischen zwei Kammerverhandlungen) einen **Beweisbeschluss** erlassen, soweit er anordnet:

1. eine Beweisaufnahme durch den ersuchten Richter;
2. eine schriftliche Beantwortung der Beweisfrage nach § 377 Abs. 3 der Zivilprozessordnung;
3. die Einholung amtlicher Auskünfte;
4. eine Parteivernehmung;
5. die Einholung eines schriftlichen Sachverständigengutachtens.

Die Anordnungen gemäß Nummern 1 bis 3 und 5 können schon vor der streitigen Kammerverhandlung ausgeführt werden (§ 55 Abs. 4 Satz 2 ArbGG), während die Parteivernehmung durch das erkennende Gericht nach Nummer 4 stets der mündlichen Verhandlung vor der Kammer vorbehalten bleibt.

§ 55 Abs. 1, 2 und 4 ArbGG gilt auch im Verfahren vor dem **Landesarbeitsgericht** (§§ 64 Abs. 7 und 80 Abs. 2 Satz 1 ArbGG).

11.2 Einzelheiten zu § 53 ArbGG

§ 53 Abs. 2 ArbGG verweist hinsichtlich der Befugnisse des Vorsitzenden auf Vorschriften der Zivilprozessordnung, und als allgemeine Regelung neben einer ganzen Reihe von Spezialbestimmungen weist § 53 Abs. 1 Satz 1 ArbGG dem Vorsitzenden alle Beschlüsse und Verfügungen zu, die nicht aufgrund mündlicher Verhandlung ergehen.

11.2.1 § 53 Abs. 2 ArbGG

Zunächst verweist **§ 53 Abs. 2 ArbGG** – man kann dies als **Basisregelung** verstehen – auf die Vorschriften der Zivilprozessordnung, die für die **Befugnisse des Kammervorsitzenden am Landgericht** gelten.

Der Vorsitzende hat danach etwa die Termine zu bestimmen (§ 216 Abs. 2 ZPO), über die Abkürzung von Fristen zu entscheiden (§ 226 Abs. 3 ZPO) und über die Aufhebung oder Verlegung eines Termins zu befinden (§ 227 Abs. 4 ZPO). Soweit insoweit zum Teil pauschal und undifferenziert die gesamte materielle Prozessleitung gemäß § 139 ZPO dem Vorsitzen-

150 Vgl. oben die Ausführungen zur Güteverhandlung.

den zugeordnet wird[151], kann dem nicht gefolgt werden. § 139 ZPO ordnet die materielle Prozessleitung vielmehr an sich dem Gericht insgesamt zu, so dass damit auch die ehrenamtlichen Richter einbezogen sind. Dies gilt vor dem Hintergrund des § 53 Abs. 1 Satz 1 ArbGG jedoch nur im Rahmen der mündlichen Verhandlung – außerhalb der mündlichen Verhandlung treffen die Verpflichtungen aus § 139 ZPO – etwa zu Hinweisen (§ 139 Abs. 2 und 4 ZPO) – allein den Vorsitzenden der Kammer.

Für die **mündliche Verhandlung** gilt **§ 136 ZPO** mit folgendem Wortlaut:

(1) Der Vorsitzende eröffnet und leitet die Verhandlung.

(2) Er erteilt das Wort und kann es demjenigen, die seinen Anordnungen nicht Folge leistet, entziehen. Er hat jedem Mitglied des Gerichts auf Verlangen zu gestatten, Fragen zu stellen.

(3) Er hat Sorge zu tragen, dass die Sache erschöpfend erörtert und die Verhandlung ohne Unterbrechung zu Ende geführt wird; erforderlichenfalls hat er die Sitzung zur Fortsetzung der Verhandlung sofort zu bestimmen.

(4) Er schließt die Verhandlung, wenn nach Ansicht des Gerichts die Sache vollständig erörtert ist, und verkündet die Urteile und Beschlüsse des Gerichts.

Parallel zu § 136 Abs. 2 ZPO sieht § 396 Abs. 3 ZPO vor, dass bei Zeugenvernehmungen der Vorsitzende jedem Mitglied des Gerichts auf Verlangen zu gestatten hat, Fragen zu stellen (zum Fragerecht im Detail vgl. die Darstellung unter 10.1). Wird eine Anordnung des Vorsitzenden oder eine Frage von Seiten des Gerichts von einer bei der Verhandlung beteiligten Person beanstandet, so entscheidet darüber das Gericht in seiner Gesamtheit, beim Arbeitsgericht mithin die Kammer unter Beteiligung der ehrenamtlichen Richter (§ 140 ZPO; näher dazu unter 10.2.).

Weitergehende Befugnisse haben die ehrenamtlichen Richter als solche in der mündlichen Verhandlung nicht. Insbesondere kann ihnen nicht ganz oder teilweise die Verhandlungsleitung oder die Durchführung einer Beweisaufnahme übertragen werden[152]. Sie wirken aber wie schon angesprochen als gleichberechtigte Richter (vgl. die Darstellung unter 9.) an den Entscheidungen innerhalb der mündlichen Verhandlung oder aufgrund mündlicher Verhandlung mit (Umkehrschluss aus § 53 Abs. 1 Satz 1 ArbGG), soweit nicht nach den dargestellten Grundsätzen ein Alleinentscheidungsrecht des Vorsitzenden besteht. Sie haben dementsprechend beispielsweise mit über die Beeidigung von Zeugen zu entscheiden, die vor der Kammer vernommen werden (ausdrücklich so § 58 Abs. 2 Satz 1 ArbGG). Weitere Fragen der **Beweisaufnahme** sind unter 11.2.5 abgehandelt. Die angeführten Grundsätze sollten die ehrenamtlichen Richter aber nicht hindern, auf eine Unterbrechung der Verhandlung hinzuwirken, wenn sie beispielsweise aus Gesundheits- oder Konzentrationsgründen eine Unterbrechung benötigen, oder wenn ihnen eine Zwischenberatung (zum Beispiel über einen Vergleichsvorschlag) angezeigt erscheint.

Die **Protokollführung** und eine etwaige Protokollberichtigung sind nicht Sache der ehrenamtlichen Richter (§§ 159, 163, 164 ZPO).

§ 9 Abs. 2 ArbGG verweist hinsichtlich der Aufrechterhaltung der Ordnung in der Sitzung auf die Vorschriften des Gerichtsverfassungsgesetzes. Gemäß § 176 GVG obliegt die **Aufrechterhaltung der Ordnung** in der Sitzung dem Vorsitzenden. Soweit es um Anordnungen nach § 177 GVG und um die Festsetzung von Ordnungsmitteln gemäß § 178 GVG geht, ent-

---

151 *Hauck/Helml*, § 53 Rn. 10. Zu ungenau insoweit auch *Germelmann* in *Germelmann u. a.*, § 53 Rn. 16.

152 Ebenso *Germelmann* in *Germelmann u. a.*, § 53 Rn. 19 bis 21; teilweise a. A. *Grunsky*, § 53 Rn. 11.

scheidet bezüglich der Personen, die nicht an der Verhandlung beteiligt sind, der Vorsitzende, ansonsten die Kammer. Die Vollstreckung von Ordnungsmitteln ist dann in jedem Falle wieder Sache des Vorsitzenden (§ 179 GVG).

11.2.2 Spezialbestimmungen zu § 53 Abs. 1 Satz 1 ArbGG

Neben der **allgemeinen Regelung des § 53 Abs. 1 Satz 1 ArbGG** finden sich etliche **Spezialbestimmungen,** die regeln, ob der Vorsitzende allein entscheidet oder ob die Entscheidung der Kammer (mit den ehrenamtlichen Richtern) vorbehalten ist. Hier sind zunächst die oben unter 11.1 bereits angesprochenen Bestimmungen zum **Güteverfahren** und zum **Alleinentscheidungsrecht des Vorsitzenden nach § 55 ArbGG** anzuführen.

Daneben ist **§ 56 ArbGG** zu nennen, der dem Vorsitzenden die Pflicht zuweist, die **streitige Verhandlung vorzubereiten**, und zwar so, dass sie möglichst in einem Termin zu Ende geführt werden kann (Abs. 1 Satz 1). Dazu stellt ihm das Gesetz in § 65 Abs. 1 Satz 2 diverse **Maßnahmemöglichkeiten** zur Verfügung, etwa die Anordnung des **persönlichen Erscheinen der Parteien** (dazu auch **§ 51 Abs. 1 Satz 1 ArbGG**: Der Vorsitzende kann in jeder Lage des Verfahrens das persönliche Erscheinen anordnen; § 51 Abs. 1 Satz 1 ArbGG gilt über § 64 Abs. 7 auch im Verfahren vor dem Landesarbeitsgericht) oder die vorbereitende Ladung von Zeugen.

Dem Vorsitzenden vorbehalten ist weiter die recht selten praktizierte Möglichkeit, die Zulassung eines Prozessbevollmächtigten abzulehnen, wenn die Partei trotz Anordnung des persönlichen Erscheinens unbegründet ausgeblieben ist und hierdurch der Zweck der Anhörung vereitelt wird (**§ 51 Abs. 2 ArbGG**). Dasselbe gilt für die **Anwaltsbeiordnung nach § 11a Abs. 1 und 2 ArbGG**, die von der umfassenderen Prozesskostenhilfebewilligung (dazu 11.2.3) zu unterscheiden ist.

Nach **§ 109 Abs. 1 Satz 1 ArbGG** hat der Vorsitzende allein über die Vollstreckbarerklärung eines Schiedsspruchs oder Vergleichs zu entscheiden. Dies gilt auch, wenn die Beteiligten zuvor mündlich angehört werden. Umgekehrt ist in **§ 49 Abs. 1 ArbGG** geregelt, dass über die **Ablehnung von Gerichtspersonen** stets die Kammer zu entscheiden hat (ebenso **§ 103 Abs. 2 ArbGG**).

Der **Kammer** in voller Besetzung ist in allen Fällen auch die erstinstanzliche Entscheidung über die **nachträgliche Zulassung der Kündigungsschutzklage** vorbehalten (§ 5 Abs. 4 Satz 1 KSchG). Dasselbe gilt für die Abhilfeentscheidung des Arbeitsgerichts auf sofortige Beschwerde gegen die Entscheidung nach § 5 KSchG gemäß § 572 Abs. 1 ZPO, wobei hinsichtlich der Frage, welche ehrenamtlichen Richter für die Entscheidung über die Abhilfe heranzuziehen sind, die Ausführungen oben zu § 321a Abs. 4 ZPO unter 11.1 entsprechend gelten.

Dasselbe gilt ebenfalls für die erstinstanzliche Entscheidung über die **Zulässigkeit des Rechtswegs und der Verfahrensart** gemäß § 48 Abs. 1 ArbGG i. V. m. § 17a GVG. Diese Entscheidung ergeht auch außerhalb der mündlichen Verhandlung stets durch die Kammer (§ 48 Abs. 1 Nr. 2 ArbGG), während die Entscheidung über die örtliche Zuständigkeit – dann auch aufgrund mündlicher Verhandlung – stets durch den Vorsitzenden allein ergeht (§ 55 Abs. 1 Nr. 7 ArbGG; vgl. dazu unter 11.1). Auch über die Frage der Abhilfe auf sofortige Beschwerde hat die Kammer in voller Besetzung zu befinden; hierfür gilt der Schlusssatz des Vorabsatzes entsprechend.

11.2.3 Die Regelung des § 53 Abs. 1 Satz 1 ArbGG

Die in der Vorschrift angesprochenen **Verfügungen** beziehen sich im Wesentlichen auf die Prozessleitung. Sie ergehen grundsätzlich außerhalb der mündlichen Verhandlung und sind damit dem Vorsitzenden zugewiesen.

Die **Beschlüsse** sind Entscheidungen des Gerichts, die nicht Urteile sind, und im Gesetz in der Regel als solche bezeichnet sind; sie können vorbehaltlich gegenteiliger Bestimmung im Einzelfall ohne mündliche Verhandlung ergehen (§ 128 Abs. 4 ZPO). Meist handelt es sich um Entscheidungen, die weder den Klageanspruch an sich noch einzelne erhebliche Streitpunkte abschließend beurteilen[153]. Soweit sie **ohne mündliche Verhandlung** ergehen können und ergehen, sind daran die **ehrenamtlichen Richter nicht zu beteiligen**, sofern nicht Sondervorschriften Gegenteiliges anordnen (vgl. 11.2.2). Ergehen sie in der mündlichen Verhandlung oder **aufgrund mündlicher Verhandlung**, entscheidet die Kammer in voller Besetzung **mit den ehrenamtlichen Richtern**, wenn nicht anderes ausdrücklich geregelt ist (vgl. 11.2.2).

Wenn Beschlüsse, wie dies nach § 128 Abs. 4 ZPO die Regel darstellt, keiner mündlichen Verhandlung bedürfen, aber durchaus auch aufgrund mündlicher Verhandlung ergehen können (Fälle freigestellter mündlicher Verhandlung), entscheidet der Vorsitzende nach **pflichtgemäßem Ermessen** darüber, ob er eine **mündliche Verhandlung** anordnet oder nicht. Sofern nicht die schon mehrfach angesprochenen Sonderregelungen existieren, ist damit zugleich über die Beteiligung der ehrenamtlichen Richter entschieden. **Fälle freigestellter mündlicher Verhandlung** sind etwa:

- die Wertfestsetzung zum Zwecke der Gebührenberechnung (für die Gerichtsgebühren und die Anwaltsgebühren)[154],
- die Prozesskostenhilfebewilligung (§ 11a Abs. 3 ArbGG i. V. m. §§ 114 ff. ZPO; diese ist zu unterscheiden von der bloßen Anwaltsbeiordnung nach § 11a Abs. 1 und 2 ArbGG [dazu oben unter 11.2.2]),
- die Kostenentscheidung aufgrund übereinstimmender Erledigungserklärungen (§ 91a Abs. 1 ZPO),
- die Entscheidung über Prozesstrennung oder Prozessverbindung (§§ 145, 147, 150 ZPO),
- die Entscheidung über die Aussetzung der Verhandlung (§§ 148, 149, 150 ZPO),
- Sanktionen gegen ausgebliebene Zeugen oder Sachverständige (§§ 380, 381, 409 ZPO).

Was § 53 Abs. 1 Satz 1 ArbGG für die Entscheidungen im Verfahren des Arrestes und der einstweiligen Verfügung bedeutet, ist nachstehend unter 11.2.4 erörtert. Separat abgehandelt sind auch die Fragen der Beweisaufnahme (11.3) sowie die Fragen, die mit der Wiedereröffnung der Verhandlung (11.4) und dem die Instanz beendenden Urteil zusammenhängen (11.5), schließlich die Fragen der Entscheidung über Rechtsmittel (11.6.) und des Beschwerdeverfahrens (11.7).

11.2.4. Arrest und einstweilige Verfügung

Über Anträge auf Anordnung eines Arrestes und Erlass einer einstweiligen Verfügung kann in unterschiedlicher Weise entschieden werden. Wird aufgrund **mündlicher Verhandlung**

153 *Schütz* in GK-ArbGG, § 53 Rn.6.

154 Insoweit entscheidet der Vorsitzende auch in der Güteverhandlung allein; ebenso *Creutzfeldt*, NZA 1996, S. 956, 959.

entschieden, geschieht dies durch **Endurteil** (§§ 922 Abs. 1 Satz 1, 936 ZPO; die Vorschrift des § 942 ZPO ist hier ohne Interesse). An der mündlichen Verhandlung und an der Urteilsberatung sind damit die **ehrenamtlichen Richter beteiligt**. Im Falle des Arrestes liegt die Entscheidung darüber, ob mit oder ohne mündliche Verhandlung entschieden wird, im pflichtgemäßen Ermessen des Vorsitzenden. Im Falle der einstweiligen Verfügung kann die Entscheidung gemäß § 62 Abs. 2 Satz 2 ArbGG nur in dringenden Fällen ohne mündliche Verhandlung ergehen; ein dringender Fall kann auch bei Zurückweisung des Antrags gegeben sein. Stets wird durch Endurteil entschieden, wenn Widerspruch gegen einen Beschluss eingelegt ist, mit dem ohne mündliche Verhandlung ein Arrest angeordnet oder eine einstweilige Verfügung erlassen worden ist (§§ 925, 936 ZPO). Soweit **ohne mündliche Verhandlung** entschieden wird, geschieht dies durch **Beschluss**, gemäß § 53 Abs. 1 Satz 1 ArbGG **durch den Vorsitzenden** allein[155].

Es mag zwar an sich wünschenswert sein, dass die ehrenamtlichen Beisitzer bei allen eine Instanz abschließenden Erkenntnissen mitwirken, selbst wenn sie nicht in der Form eines Urteils ergehen. Dieser Gedanke hat aber im Urteilsverfahren nicht einmal andeutungsweise Ausdruck gefunden und kann daher der Auslegung der Vorschrift des § 53 Abs. 1 ArbGG nicht zugrunde gelegt werden, will man nicht gerade eine bei einem Prozessgesetz unbedingt zu vermeidende Rechtsunsicherheit heraufbeschwören. Es kommt hinzu, dass schon zur Zeit des Erlasses des ArbGG 1926 die Möglichkeit der Beschlussentscheidung über Arreste und einstweilige Verfügungen bestand. Wenn der Gesetzgeber damals dem § 53 Abs. 1 einen anderen Sinn hätte geben wollen, als es dem Wortlaut entspricht, so hätte er dies zum Ausdruck bringen müssen und können. Obwohl im Geltungszeitraum des ArbGG 1926 die Bedeutung dieser Bestimmung mehrfach erörtert worden ist, hat es der Gesetzgeber bei Erlass des ArbGG 1953 und in der Folgezeit bei dem gleichen Wortlaut belassen. Daraus kann nur der klare Schluss gezogen werden, dass allein eine dem eindeutigen Wortlaut des § 53 Abs. 1 Satz 1 ArbGG entsprechende Auslegung dem Sinne des Gesetzes gerecht wird. Dass der Gesetzgeber das Problem gesehen hat, ergibt sich überdies aus den Sonderbestimmungen der §§ 66 Abs. 2 Satz 2 und 74 Abs. 2 Satz 3 ArbGG über die Besetzung des Gerichts bei der Verwerfung eines unzulässigen Rechtsmittels.

11.3 Beweisaufnahme

Nach § 358 ZPO ist eine Beweisaufnahme durch **Beweisbeschluss** (zum Inhalt § 359 ZPO) anzuordnen, wenn die Beweisaufnahme ein besonderes Verfahren erfordert. Dies ist der Fall, wenn eine Vertagung erforderlich ist, also die Beweise nicht sofort erhoben werden können. Der Beweisbeschluss ergeht in dieser Konstellation aufgrund mündlicher Verhandlung, also unter Beteiligung der ehrenamtlichen Richter.

Der Vorsitzende kann jedoch **Zeuginnen und Zeugen oder Sachverständige** schon **vorbereitend laden** und weitere Anordnungen vorbereitend treffen (§ 56 Abs. 1 Nr. 4, dazu oben unter 11.2.2). Sollen die Zeuginnen und Zeugen dann im Termin vernommen werden, bedarf es jedenfalls einer **Anordnung**, nicht notwendigerweise eines förmlichen Beweisbeschlusses. Dabei sind die ehrenamtlichen Richter wieder beteiligt. Es wird sich empfehlen, dass die Verhandlung nach der Erörterung der Sach- und Rechtslage kurz unterbrochen wird, die Kammer

---

155 *Grunsky*, § 53 Rn. 4 u.5; *Germelmann* in *Germelmann* u. a., § 53 Rn. 11; a. A. *Dietz/Nikisch*, § 53 Rn. 4.

über die Frage der Beweisaufnahme berät und danach der entsprechende Beschluss (vom Vorsitzenden) verkündet wird. Der Beschluss könnte wie folgt lauten: „Die anwesenden Zeuginnen und Zeugen sollen gehört werden." Regelmäßig wird es zudem zweckmäßig sein, in dem Beschluss das Beweisthema jedenfalls grob zu umreißen.

Im Übrigen ist auf die Regelung des **§ 55 Abs. 4 ArbGG** hinzuweisen (dazu oben unter 11.1).

Die **Beweisaufnahme** selbst erfolgt **vor der Kammer**, soweit sie **an der Gerichtsstelle** durchgeführt werden kann, wie dies § 58 Abs. 1 Satz 1, § 64 Abs. 7 ArbGG in Übereinstimmung mit § 355 Abs. 1 ZPO anordnen (sie gelten über § 64 Abs. 7 ArbGG auch im Urteilsverfahren vor dem Landesarbeitsgericht, ebenso über § 80 Abs. 2 und § 87 Abs. 2 ArbGG im arbeitsgerichtlichen Beschlussverfahren erster und zweiter Instanz). Mit dieser zwingenden Vorschrift bringt das Gesetz den Grundsatz der **Unmittelbarkeit der Beweisaufnahme** zum Ausdruck: Die Kammer in voller Besetzung soll den unmittelbaren Eindruck von den Beweismitteln, speziell den Zeugen und deren Reaktionen haben. „An der Gerichtsstelle" heißt soviel wie „im Gerichtsgebäude". Von den fünf Beweismitteln (Augenschein, Zeugenvernehmung, Sachverständigengutachten, Urkundenbeweis und Parteivernehmung) kann der Augenschein nicht im Gerichtsgebäude erfolgen, wenn es sich zum Beispiel um betriebliche Einrichtungen oder eine Unfallstelle oder ähnliches handelt, die Zeugenvernehmung nicht etwa bei einem bettlägerigen Zeugen.

Demnach steht die Kammer recht selten vor der Frage des § 58 Abs. 1 Satz 2 ArbGG: Soll sie die Beweisaufnahme **dem Vorsitzenden** (die Übertragung an einen ehrenamtlichen Richter ist nicht möglich!) oder gemäß § 13 ArbGG **einem ersuchten Arbeits- oder auch Amtsgericht übertragen**? Wenn man den Grundsatz der Unmittelbarkeit der Beweisaufnahme ernst nimmt, kann die Wahl nicht schwer fallen: Es ist ungleich günstiger, wenn wenigstens ein Mitglied der Kammer voll orientiert ist. Noch günstiger ist es natürlich, wenn die Kammer in ihrer vollen Besetzung etwa den Augenschein (z. B. von einem Arbeitsplatz) einnimmt. Am Sitz des Gerichts scheidet die Übertragung an ein ersuchtes anderes Gericht ohnehin aus. Aber auch außerhalb des Gerichtssitzes, jedoch innerhalb des Gerichtsbezirks (zu Amtshandlungen außerhalb des eigenen Gerichtsbezirks, die kaum praktisch werden, vgl. § 166 GVG, auf den § 13 Abs. 2 ArbGG verweist), ist die Kammer ist nicht gezwungen, die Beweisaufnahme dem Vorsitzenden zu übertragen; sie kann auch beschließen, dass die Kammer in voller Besetzung innerhalb des Gerichtsbezirks (außerhalb des Gerichtssitzes) tätig wird. Sofern es um die Entscheidung geht, etwa Zeugen im Wege der Rechtshilfe durch ein auswärtiges Arbeitsgericht[156] (dort wird gemäß § 53 Abs. 1 Satz 2 ArbGG nur der Vorsitzende tätig) vernehmen zu lassen, wird zu überlegen sein, ob es sehr wichtig ist, den unmittelbaren persönlichen Eindruck von dem Zeugen zu haben, und dies wird abzuwägen sein gegen die Weite der Anreise des Zeugen zum Gerichtssitz und etwaige sonstige Unannehmlichkeiten, die der Zeuge durch sein Erscheinen am Gerichtssitz haben würde.

Hinsichtlich des **Ablaufs der Zeugenvernehmung** und des **Fragerechts der ehrenamtlichen Richter** in diesem Zusammenhang wird verwiesen auf die Darlegungen oben unter 10.1.

Hinsichtlich der **Beeidigung von Zeugen und Sachverständigen** sind die ehrenamtlichen Richter in die Entscheidung einbezogen. **§ 58 Abs. 2 ArbGG** sagt dazu:

---

156 Zu den bestehenden Wahlmöglichkeiten – auch zwischen Amts- und Arbeitsgericht – *Bader* in GK-ArbGG, § 13 Rn. 23 ff.

Zeugen und Sachverständige werden nur beeidigt, wenn die Kammer dies im Hinblick auf die Bedeutung des Zeugnisses für die Entscheidung des Rechtsstreits für notwendig erachtet. Im Falle des § 377 Abs. 3 der Zivilprozessordnung ist die eidesstattliche Versicherung nur erforderlich, wenn die Kammer sie aus dem gleichen Grunde für notwendig hält.

Damit gilt im arbeitsgerichtlichen Verfahren nicht § 391 ZPO, die Beeidigung hat insbesondere nicht dem Zwecke der Herbeiführung einer wahrheitsgemäßen Aussage zu dienen. § 377 Abs. 3 ZPO betrifft die schriftliche Beantwortung der Beweisfrage, die vom Gericht (es gilt § 53 Abs. 1 Satz1 ArbGG) angeordnet werden kann, wenn dies im Hinblick auf den Inhalt der Beweisfrage und die Person des Zeugen für ausreichend erachtet wird.

11.4 Wiedereröffnung der mündlichen Verhandlung

Es ist schon oben unter 10.2 angesprochen, dass gemäß § 136 Abs. 4 ZPO (Text abgedruckt unter 11.2.1) der Vorsitzende die Verhandlung schließt. Dem muss allerdings vorausgehen, dass die Kammer die Sache für vollständig erörtert hält. Ist das nicht der Fall und hat der Vorsitzende die Verhandlung voreilig und eigenmächtig geschlossen, können die ehrenamtlichen Richter einen Beschluss zur Wiedereröffnung der mündlichen Verhandlung herbeiführen. Um das zu vermeiden, sollte der Vorsitzende sich vergewissern, dass auch die ehrenamtlichen Richter die Sache für vollständig erörtert erachten, bevor er die Verhandlung schließt.

Der Beschluss über die Wiedereröffnung der mündlichen Verhandlung gemäß § 156 Abs. 1 ZPO bedarf des Sachzusammenhanges wegen und wegen des Grundsatzes, dass der Vorsitzende nicht von sich aus die bereits erfolgte Meinungsbildung der Kammer insgesamt konterkarieren darf, grundsätzlich der **Mitwirkung der ehrenamtlichen Richter**. Die Wiedereröffnung kann u. a. erforderlich werden, wenn ein Verfahrensfehler oder eine Verletzung des Anspruchs auf rechtliches Gehör vorliegt (§ 156 Abs. 2 Nr. 1 ZPO). Werden nachträglich, also nach Schluss der mündlichen Verhandlung, Tatsachen vorgetragen (grundsätzlich ist das vorbehaltlich der Vorschriften des § 139 Abs. 5, §§ 156, 283 ZPO – dazu noch unten – ausgeschlossen: § 296a ZPO) und glaubhaft gemacht, die einen Wiederaufnahmegrund im Sinne der §§ 579, 580 ZPO darstellen, ist gleichfalls die Wiedereröffnung anzuordnen. Ist allerdings der neue Vortrag unerheblich oder enthält er nur Rechtsausführungen, so braucht der Vorsitzende die Kammer nicht erneut zusammenzurufen[157].

Gleichermaßen darf dann, wenn ein **Verkündungstermin** anberaumt worden ist, nur dann erneut in die mündliche Verhandlung eingetreten werden, wenn dies die Kammer unter Beteiligung der ehrenamtlichen Richter, die an der an sich zu verkündenden Entscheidung mitgewirkt haben, beschlossen hat[158]. Ist der Verkündungstermin anberaumt, weil ein **Schriftsatznachlass** eingeräumt ist (nach § 139 Abs. 5 ZPO, wenn eine Partei in der mündlichen Verhandlung nicht sogleich auf einen gerichtlichen Hinweis reagieren kann, oder nach § 283 ZPO, wenn eine Partei sich in der mündlichen Verhandlung nicht zu gegnerischem Vortrag erklären kann), kann die abschließende Beratung erst erfolgen, wenn die Frist zur Nachreichung des Schriftsatzes verstrichen ist und die Kammer insgesamt von dem nachgereichten Schriftsatz Kenntnis nehmen kann. Der Vorsitzende muss in dieser Konstellation die ehrenamtlichen Richter zu einer gesonderten Beratung einladen.

157 *Luczak*, Beteiligung der ehrenamtlichen Richter bei Entscheidungen über die Wiedereröffnung des Anhörungstermins bzw. der mündlichen Verhandlung, NZA 1992 S. 917.

158 *Germelmann* in *Germelmann u. a.*, § 53 Rn. 18.

11.5 Rund um das Urteil

Zur Frage der sachgemäßen **Unterrichtung der ehrenamtlichen Richter** im arbeitsgerichtlichen Verfahren über den Rechtsstreit ist unter 13.1 ausführlich Stellung genommen. Einzelheiten zur Einflussnahme der ehrenamtlichen Richter in der **mündlichen Verhandlung** und im Zusammenhang mit **Beweisaufnahmen** sind unter 10.1 und 10.2 sowie unter 11.1, 11.2.1 und 11.3 abgehandelt. Probleme der Wiedereröffnung der **mündlichen Verhandlung** sind unter 11.4 angesprochen.

Der Normalfall des **Urteils** ist die Entscheidung **aufgrund mündlicher Verhandlung**. Es kann allerdings gemäß § 128 Abs. 2 ZPO mit Zustimmung beider Parteien ein Urteil auch ohne mündliche Verhandlung (**im schriftlichen Verfahren**) ergehen: Dann bestimmt regelmäßig der Vorsitzende ohne mündliche Verhandlung (§ 53 Abs. 1 Satz 1 ArbGG) den Verkündungstermin, der aber in der Frist von drei Monaten ab der Zustimmung der Parteien liegen muss, und eine Schriftsatzfrist (das Fristende entspricht dann dem Schluss der mündlichen Verhandlung). Diese Möglichkeit besteht im arbeitsgerichtlichen Verfahren aber nur vor dem Landesarbeitsgericht und dem Bundesarbeitsgericht. Im erstinstanzlichen Verfahren vor dem Arbeitsgericht gibt es diese Möglichkeit nicht (§ 46 Abs. 2 Satz 2 ArbGG). In allen drei Instanzen gilt hingegen **§ 128 Abs. 3 ZPO:** Ist nur noch über die Kosten zu entscheiden, kann die Entscheidung (durch Urteil) ohne mündliche Verhandlung ergehen. Schließlich ist durch das Gesetz für die **Verwerfung eines Einspruchs gegen ein Versäumnisurteil** jetzt stets die Entscheidung durch Urteil vorgesehen, das freilich auch ohne mündliche Verhandlung ergehen kann (§ 341 Abs. 2 ZPO).

Ist vor der Kammer mündlich verhandelt worden und hat der Vorsitzende gemäß § 136 Abs. 4 ZPO die Verhandlung geschlossen (oben 11.2.1), hat die **Kammer** über das Urteil geheim (vgl. § 45 Abs. 1 Satz 2 und § 43 DRiG: Beratungsgeheimnis; dazu oben 10.3) zu **beraten und abzustimmen** (dazu unten 16.; zu Fällen der dem Vorsitzenden vorbehaltenen Entscheidung vgl. 11.1). Es ist üblich, über alle an einem Verhandlungstag verhandelten Sachen insgesamt am Ende des Sitzungstages zu beraten. Das beratene und abgestimmte Urteil ist in seinem **Tenor** (der Urteilsformel) **schriftlich** niederzulegen, da es bei der Verkündung an sich vorgelesen werden muss. Der Urteilstenor erster Instanz hat stets die Sachentscheidung (etwa: Die Klage wird abgewiesen), die Entscheidung über die Kosten des Rechtsstreits (§ 308 Abs. 2 ZPO) und die Festsetzung des Wertes des Streitgegenstandes (§ 61 Abs. 1 ArbGG) sowie gegebenenfalls eine Entscheidung über die Beratungszulassung zu enthalten. Schon um zu dokumentieren, dass es sich um das Urteil der Kammer handelt, empfiehlt es sich, dass der Vorsitzende und die ehrenamtlichen Richter den Tenor **unterschreiben**[159]. Dies ist auch deswegen sinnvoll, weil sich dann die nachstehend beschriebenen Erleichterungen bei der Urteilsverkündung ergeben.

Es schließt sich zwingend die **Verkündung des Urteils** im Namen des Volkes an (§ 311 Abs. 1 ZPO). Ohne Verkündung ist das Urteil nicht existent. Das Urteil wird – so der gesetzliche Regelfall – durch **Verlesen** der Urteilsformel verkündet (§ 311 Abs. 2 Satz 1 ZPO). Sind allerdings bei der Verkündung beide Parteien nicht anwesend, genügt die **Bezugnahme** auf die unterschriebene Urteilsformel (§ 60 Abs. 2 Satz 2 ArbGG). Die **Anwesenheit der ehrenamtlichen Richter** bei der Verkündung des Kammerurteils ist nicht erforderlich (§ 60 Abs. 3 Satz 1 ArbGG), doch muss die Urteilsformel dann zuvor von dem Vorsitzenden und den ehrenamtlichen Richtern unterschrieben sein (§ 60 Abs. 3 Satz 2 ArbGG). Dies gilt es

159 Es empfiehlt sich, auch bei Beschlüssen – etwa Beweisbeschlüssen – entsprechend vorzugehen.

insbesondere bei **Verkündungsterminen** an einem späteren Tag (§ 60 Abs. 1 ArbGG) zu beachten. So ist die Übereinstimmung des verkündeten Urteils mit der Beschlussfassung der Kammer bzw. des Senats gewährleistet.

Bei der Verkündung des Urteils ist der **wesentliche Inhalt der Entscheidungsgründe** mitzuteilen; das gilt nicht, wenn beide Parteien nicht anwesend sind (§ 60 Abs. 2 ArbGG).

Beim Arbeitsgericht wird das vollständige **Urteil mit Tatbestand und Entscheidungsgründen** nur vom Vorsitzenden unterschrieben (§ 60 Abs. 4 Satz 1 ArbGG). Beim Landesarbeitsgericht und beim Bundesarbeitsgericht ist das vollständige Urteil jedoch nicht nur vom Vorsitzenden, sondern auch von den ehrenamtlichen Richtern zu unterschreiben (§ 69 Abs. 1 Satz 1, § 75 Abs. 2 ArbGG). Damit ist Gewähr dafür geboten, dass der gesamte Inhalt des Urteils der Auffassung auch der ehrenamtlichen Richter entspricht. Diesen ehrenamtlichen Richtern obliegt damit eine weitaus größere Verantwortung als den ehrenamtlichen Richtern beim Arbeitsgericht. Ist ein ehrenamtlicher Richter beim Landesarbeitsgericht oder Bundesarbeitsgericht an der Unterschriftsleistung (etwa durch längere Krankheit oder längeren Urlaub oder wegen Ausscheidens aus dem Richteramt) verhindert, so wird dies unter Angabe des Verhinderungsgrundes vom Vorsitzenden unter dem Urteil vermerkt (§ 315 Abs. 1 Satz 2 ZPO). Zu beachten ist auch, dass beim Landesarbeitsgericht die Beisitzer anstelle des verhinderten Vorsitzenden das Urteil selbst entwerfen und unterschreiben können[160], nicht jedoch beim Arbeitsgericht, weil hier der Vorsitzende allein unterschreibt. Der Vorsitzende darf jedoch einen (rechtskundigen) ehrenamtlichen Richter nicht gegen dessen Willen veranlassen, den Urteilsentwurf zu fertigen; im Rahmen der Dienstaufsicht wäre gegen ein derartiges Verhalten des Vorsitzenden, das nicht mehr zum Kernbereich der richterlichen Unabhängigkeit zählt, einzuschreiten[161].

Sollte ein ehrenamtlicher Richter beim Landesarbeitsgericht mit der Fassung des Tatbestandes oder der Entscheidungsgründe nicht einverstanden sein, dann muss notfalls über die beanstandete Formulierung abgestimmt werden. In einem solchen Falle hat der Vorsitzende die ehrenamtlichen Richter zu einer gesonderten Beratungssitzung zu laden. Weigert sich dann nach erfolgter Abstimmung ein ehrenamtlicher Richter trotz seiner Verpflichtung zu Unterschrift (§ 315 Abs. 1 Satz 1 ZPO, § 69 Abs. 1 Satz 1 ArbGG), das vollständige Urteil zu unterschreiben, kann seine Unterschrift in entsprechender Anwendung des § 315 Abs. 1 Satz 2 ZPO durch einen entsprechenden Vermerk ersetzt werden[162]. Außerdem kann gegen ihn ein Ordnungsgeld verhängt werden (§§ 28, 37 Abs. 2, 43 Abs. 3 ArbGG; vgl. insoweit auch die Ausführungen unter 20.1)

Über **Tatbestandsberichtigungsanträge** bezüglich eines Kammerurteils hat die Kammer aufgrund mündlicher Verhandlung zu entscheiden, und zwar in der Besetzung, die seinerzeit bei dem Urteil mitgewirkt hat (§ 320 Abs. 3 Satz 1 und Abs. 4 Satz 2 ZPO). Ist ein Richter verhindert, wird ohne ihn entschieden. Dafür regelt § 320 Abs. 4 Satz 3 ZPO, dass bei Stimmengleichheit die Stimme des Vorsitzenden und bei dessen Verhinderung die Stimme des ältesten ehrenamtlichen Richters den Ausschlag gibt. Bei einem Ausscheiden des Kammervorsitzenden aus der entscheidenden Kammer – er ist dann vorbehaltlich einer Sonderregelung in der Geschäftsverteilung für diesen Fall nicht mehr zuständig – können nur die übrigen Richter über den Tatbestandsberichtigungsantrag befinden (§ 320 Abs. 4 Satz 2 ZPO). Dies

---

160 *BAG*, Urt. v. 20.12.1956 – 3 AZR 333/56 – AP Nr. 1 zu § 315 ZPO; *Germelmann* in *Germelmann u. a.*, § 60 Rn. 35; a. A. ohne nähere Begründung *Ziemann* in ArbGV, § 60 Rn. 16.

161 *BGH*, Urt. v. 23.10.1963 – RiZ 1/62 – NJW 1964, 2415.

162 *Germelmann* in *Germelmann u. a.*, § 60 Rn. 36 m. w. N.

bedeutet, dass nach einem Wechsel im Vorsitz der Kammer ausschließlich die ehrenamtlichen Richter über den Antrag zu entscheiden haben, die an der Beschlussfassung über das Urteil mitgewirkt haben[163].

Über sonstige **Urteilsberichtigungen** wegen offenbarer Unrichtigkeiten (§ 319 ZPO) wird durch **Beschluss** entschieden (§ 319 Abs. 2 ZPO). Da keine mündliche Verhandlung vorgeschrieben ist, gilt an sich § 53 Abs. 1 Satz 1 ArbGG. Der Kammervorsitzende beim Arbeitsgericht kann damit darüber allein entscheiden[164]. Anders ist es beim Landesarbeitsgericht und beim Bundesarbeitsgericht zu sehen. Da hier die ehrenamtlichen Richter das Urteil ja mit unterschrieben haben, darf der Vorsitzende das gemeinsam verantwortete Urteil nicht allein korrigieren, der Berichtigungsbeschluss ist damit von den ehrenamtlichen Richtern ebenfalls mit zu unterschreiben.

Die vorstehenden Ausführungen zum arbeitsgerichtlichen Urteilsverfahren gelten grundsätzlich auch für das arbeitsgerichtliche **Beschlussverfahren** nach §§ 80 ff. ArbGG. Die Beteiligten sind vor der Entscheidung zu hören, und zwar grundsätzlich in mündlicher Verhandlung vor der Kammer[165]. Nur mit Einverständnis aller (!) Beteiligten kann das Gericht ohne mündliche Verhandlung entscheiden (§ 83 Abs. 4 Satz 3 ArbGG). Der Beschluss im Sinne des § 84 Satz 1 und 2 ArbGG entspricht dem Urteil (§ 84 Satz 3 ArbGG verweist ausdrücklich auf § 60 ArbGG) und ist daher von der Kammer unter Einbeziehung der ehramtlichen Richter zu fassen, und zwar auch dann, wenn keine mündliche Verhandlung stattfindet[166]. Das gilt entsprechend für das Landesarbeitsgericht und das Bundesarbeitsgericht (§§ 91 Abs. 1 Satz 1, 96 Abs. 1 Satz 1 ArbGG). Beim Arbeitsgericht unterschreibt allein der Vorsitzende den vollen Beschluss (§§ 84 Satz 2, 60 Abs. 4 Satz 1 ArbGG), während beim Landesarbeitsgericht und beim Bundesarbeitsgericht auch die ehrenamtlichen Richter mit unterschreiben (§§ 91 Abs. 2 Satz 1, 98 Abs. 2 ArbGG).

Hingegen überträgt das Arbeitsgerichtsgesetz dem Vorsitzenden die Befugnis, das Verfahren nach Rücknahme des Antrags bzw. der Beschwerde einzustellen (§§ 81 Abs. 2 Satz 2, 89 Abs. 4 Satz 2 ArbGG). Dasselbe gilt für die Einstellung des Verfahrens nach Erledigungserklärungen (§§ 83a Abs. 2 Satz 1, 90 Abs. 2, 95 Satz 4 ArbGG).

Entsprechendes gilt für die Entscheidung von Rechtsbeschwerden durch das Bundesarbeitsgericht, der regelmäßig eine mündliche Verhandlung nicht vorausgeht (§§ 95, 96 ArbGG), wenngleich sie nach pflichtgemäßem Ermessen des Senats möglich ist; der Senat entscheidet unter Zuziehung der ehrenamtlichen Richter. Bei Rücknahme der Rechtsbeschwerde entscheidet der Vorsitzende des Senats über die Einstellung (§ 94 Abs. 3 Satz 2 ArbGG).

Eine Ausnahme von den dargestellten allgemeinen Grundsätzen findet sich in § 98 ArbGG. Dort ist geregelt, dass im Verfahren über die **Besetzung von Einigungsstellen** in erster und zweiter Instanz allein der Vorsitzende entscheidet.

---

163 *ArbG Hanau*, Beschl. v. 20.7.1995 – 3 Ca 412/94 – BB 1996 S. 539.

164 Vgl. auch *Miara*, Beteiligung der ehrenamtlichen Richter bei Berichtigungsbeschlüssen nach § 319 ZPO in arbeitsgerichtlichen Verfahren, NZA 1996 S. 184, wonach der Kammervorsitzende bei einer Urteilsberichtigung außerhalb der mündlichen Verhandlung die ehrenamtlichen Richter hinzuziehen darf.

165 *Dörner* in GK-ArbGG, § 83 Rn. 161. Bleibt ein Beteiligter auf Ladung allerdings unentschuldigt aus, ist der Pflicht zu Anhörung genügt (§ 83 Abs. 4 Satz 2 ArbGG).

166 *Dörner* in GK-ArbGG, § 84 Rn. 1 u. 2.

11.6 Entscheidung über Rechtsmittel

Normalerweise wird über Berufung und Revision (im arbeitsgerichtlichen Urteilsverfahren) und über Beschwerde und Rechtsbeschwerde (im arbeitsgerichtlichen Beschlussverfahren) durch Urteil bzw. Beschluss entschieden.

Für die **Verwerfung eines Rechtsmittels wegen Unzulässigkeit** bestimmt das Arbeitsgerichtsgesetz für das Urteilsverfahren ausdrücklich, dass hierfür nur die Kammer des Landesarbeitsgerichts in voller Besetzung zuständig ist (Verwerfung der Berufung als unzulässig: § 66 Abs. 2 Satz 2, 2. Halbs. ArbGG), während beim Bundesarbeitsgericht der sog. Kleine Senat ohne die ehrenamtlichen Richter entscheidet (Verwerfung der Revision als unzulässig: § 74 Abs. 2 Satz 3 ArbGG). Bei der Verwerfung einer Beschwerde gegen die Nichtzulassung der Revision durch das Landesarbeitsgericht (**Nichtzulassungsbeschwerde**) als unzulässig entscheidet das Bundesarbeitsgericht regelmäßig (durch Beschluss, der keiner mündlichen Verhandlung bedarf) ohne die ehrenamtlichen Richter (§ 72a Abs. 5 Satz 2 ArbGG, dort auch zur Ausnahme bezüglich Rechtsstreitigkeiten zwischen Tarifvertragsparteien aus Tarifverträgen oder über das Bestehen oder Nichtbesten von Tarifverträgen). An der Entscheidung über die Begründetheit der Nichtzulassungsbeschwerde (ebenfalls durch Beschluss, der keiner mündlichen Verhandlung bedarf) wirken die ehrenamtlichen Richter hingegen mit (§ 72a Abs. 5 Satz 2 ArbGG). Zu betonen ist, dass die Anforderungen an die auf das Abweichen insbesondere von der höchstrichterlichen Rechtsprechung gestützte Nichtzulassungsbeschwerde (§ 72 Abs. 2 Nr. 2 ArbGG) nicht so weit gehen dürfen, dass mit der Unzulässigkeit zugleich über die Unbegründetheit der Revision entschieden ist; der damit verbundene Ausschluss der ehrenamtlichen Richter von der Entscheidung stellt einen Verstoß gegen die Verfassungsgarantie des gesetzlichen Richters (Art. 101 Abs. 1 Satz 2 GG) dar[167].

Im **arbeitsgerichtlichen Beschlussverfahren** gilt Entsprechendes (§§ 89 Abs. 3, 94 Abs. 2 Satz 2, 92a ArbGG).

11.7 Beschwerdeverfahren

An den Entscheidungen über die „normalen" (sofortigen) Beschwerden – also nicht die, die im arbeitsgerichtlichen Beschlussverfahren an die Stelle der Berufung treten – sind die **ehrenamtlichen Richter nicht beteiligt** (§§ 78 Satz 3, 83 Abs. 5 ArbGG), auch nicht bei mündlicher Verhandlung.

167 *BVerfG*, Beschl. v. 23.8.1995 – 1 BvR 568/93 – ArbuR 1996 S. 72.

12. Rechtsstellung der ehrenamtlichen Richter im sozialgerichtlichen Verfahren

In der Sozialgerichtsbarkeit kann der ehrenamtliche Richter regelmäßig seinen Einfluss nur in der mündlichen Verhandlung und bei der abschließenden Entscheidung eines Rechtsstreites (Urteil) geltend machen. Bis zu dieser Phase wird das Verfahren von den Berufsrichtern betrieben.

12.1 Die mündliche Verhandlung

Der Vorbereitung der mündlichen Verhandlung dienen die **Aufklärung des Sachverhalts** und die Diskussion des Sach- und Streitstandes durch Austausch von Schriftsätzen unter den Beteiligten. In der ganz überwiegenden Zahl der Fälle werden Entscheidungen von Sozialleistungsträgern durch den rechtsuchenden Bürger angegriffen und Sozialleistungen verlangt. Über derartige Ansprüche hat regelmäßig beim zuständigen Leistungsträger ein Verwaltungsverfahren stattgefunden, wo eine Aufklärung des Sachverhaltes stattfand und ein abschließender Bescheid über den Leistungsanspruch erteilt wurde, der dann aufgrund der Klageerhebung des betroffenen Bürgers Streitgegenstand im sozialgerichtlichen Verfahren wird.

Der mit der Klage befasste Berufsrichter prüft das vom Leistungsträger durchgeführte Verwaltungsverfahren und die abschließende Verwaltungsentscheidung (den angefochtenen Bescheid) in sachlicher und rechtlicher Hinsicht. Ihm obliegt es, **von Amts wegen** den Sachverhalt bis zur Entscheidungsreife weiter aufzuklären (§ 103 SGG). Das Gesetz gibt ihm die Mittel und Wege an die Hand, die ihn ohne Einschaltung der ehrenamtlichen Richter in den Stand setzen, den Sachverhalt nach allen ihm notwendig erscheinenden Richtungen vor der eigentlichen mündlichen Verhandlung aufzuklären (§ 106 SGG).

Vor der mündlichen Verhandlung kann sich der Rechtsstreit durch Klagerücknahme, Anerkenntnis des Anspruches durch den Leistungsträger oder Abschluss eines Vergleiches erledigen. Bleibt der Klageanspruch streitig, so muss darüber durch Urteil entschieden werden. Dieses ergeht in der Regel aufgrund einer mündlichen Verhandlung (§ 124 Abs. 1 SGG), an der die ehrenamtlichen Richter mitwirken. **Mit Ausnahme beim Bundessozialgericht** tragen die Beisitzer **keine Robe**. Ein Urteil kann auch ohne mündliche Verhandlung (nach Aktenlage) ergehen, wenn die Verfahrensbeteiligten einverstanden sind (§ 124 Abs. 2 SGG) oder im Verhandlungstermin ein Beteiligter nicht erscheint und die übrigen Beteiligten einen entsprechenden Antrag stellen (§ 126 SGG). Auch das Urteil im schriftlichen Verfahren kann nur unter Beteiligung der ehrenamtlichen Richter ergehen. In keinem Fall kann das Gericht gezwungen werden, ohne mündliche Verhandlung zu entscheiden.

Das Gesetz räumt dem ehrenamtlichen Richter nicht ausdrücklich das Recht ein, in die Erörterungen des Sach- und Streitstandes einzugreifen, sondern es beschränkt ihn auf das **Fragerecht**. So ist ausdrücklich geregelt, dass der ehrenamtliche Richter im Verlauf der mündlichen Verhandlung das Recht hat, sachdienliche Fragen zu stellen (§ 112 Abs. 4 Satz 1 SGG) Hierzu bedarf er zwar der Genehmigung des Vorsitzenden, doch ist diese Genehmigung zu erteilen. Dieser kann aber verlangen, dass ihm die Frage vorher mitgeteilt wird, damit er im

Interesse des Verhandlungsablaufes z. B. die Frage noch zurückstellen oder vielleicht anders formulieren kann.

Sofern ein Prozessbeteiligter eine Frage beanstandet, entscheidet das Gericht (unter Mitwirkung des ehrenamtlichen Richters) endgültig über die Zulässigkeit der gestellten Frage (§ 112 Abs. 4 Satz 2 SGG).

Indessen ist ein ehrenamtlicher Richter nicht gehindert, während der Verhandlung dem Vorsitzenden Hinweise zu geben. Der Vorsitzende kann auch einen ehrenamtlichen Richter bei der Erörterung mitwirken lassen. Wird ein von einem ehrenamtlichen Richter in der Verhandlung gegebener Hinweis nicht beachtet, so kann er in der Beratung die ihm wesentlich erscheinenden Gesichtspunkte wiederholen und daraufhinwirken, dass sie ggf. nach Wiedereröffnung der mündlichen Verhandlung mit den Beteiligten erörtert werden.

Die vom Gesetz vorgeschriebene Konzentration der Verhandlungsführung auf den Vorsitzenden bezweckt keine Schlechterstellung der ehrenamtlichen Richter gegenüber den Berufsrichtern; denn die beisitzenden Berufsrichter bei den Landessozialgerichten und dem Bundessozialgericht haben gegenüber dem die Verhandlung leitenden Vorsitzenden die gleichen Rechte und Pflichten wie der ehrenamtliche Richter.

In der **Beratung** über Entscheidungen des Gerichtes ist der ehrenamtliche Richter dem Berufsrichter gleichgestellt. Geleitet wird die Beratung vom Vorsitzenden. Jeder ehrenamtliche Richter hat das Recht, sich zum Beratungsgegenstand zu äußern.

Der ehrenamtliche Richter ist nicht verpflichtet, dem Entscheidungsvorschlag eines Berufsrichters zu folgen oder überhaupt für eine abschließende Entscheidung (Urteil) zu stimmen. Er kann auch aus bestimmten Gründen, die er seinen Richterkollegen in der Beratung darzulegen hätte, zu der Auffassung gelangen, dass der Rechtsstreit noch nicht entscheidungsreif ist und noch weitergeführt werden muss. Wenn der ehrenamtliche Richter eine weitere Aufklärung des Sachverhaltes für erforderlich hält, kommen in Betracht z. B. die Einholung von Auskünften und Gutachten, Beiziehung von Akten, Vernehmung von Zeugen und persönliche Anhörung eines Verfahrensbeteiligten. In diese Richtung kann das Votum eines ehrenamtlichen Richters in der Beratung gehen.

Kann die zur Entscheidung erforderliche weitere Klärung der Sach- und Rechtslage durch die Fortsetzung der mündlichen Verhandlung erzielt werden, so kann diese durch Beschluss wieder eröffnet werden (§ 121 Satz 2 SGG). Der Beschluss ergeht ohne die ehrenamtlichen Richter (s. Ziff. 12.2). Entsprechendes gilt, wenn eine Entscheidung ohne mündliche Verhandlung im schriftlichen Verfahren (§ 124 Abs. 2 SGG) getroffen werden sollte. In diesen Fällen muss eine mündliche Verhandlung anberaumt werden, an der die ehrenamtlichen Richter mitwirken.

Über unterschiedliche Auffassungen wird in der Beratung abgestimmt, wobei die Mehrheit entscheidet. Wird über eine Entscheidung abgestimmt, so darf sich auch der ehrenamtliche Richter nicht der **Stimme** enthalten; denn dies käme einer Verweigerung der Rechtsgewährung gleich. Der in der **Abstimmung** unterlegene Richter (das kann auch ein Berufsrichter sein) muss das Abstimmungsergebnis akzeptieren. Insbesondere darf er sich nicht gegenüber Dritten über den Verlauf der Beratung und Abstimmung äußern (Beratungsgeheimnis!).

12.2 Urteile, Gerichtsbescheide und Beschlüsse

Die Mitwirkung des ehrenamtlichen Richters endet generell mit der Urteilsverkündung. Die aufgrund mündlicher Verhandlung ergehenden Urteile werden grundsätzlich in dem Termin verkündet, in dem die mündliche Verhandlung geschlossen wird (§ 132 SGG). Das Urteil kann aber auch in einem besonderen **Verkündungstermin (§** 132 SGG) verkündet werden, der zeitlich später liegt. In diesem Fall sind andere ehrenamtliche Richter anwesend.

Hier sollten die ehrenamtlichen Richter die **Urteilsformel** mit **unterschreiben,** damit sichergestellt ist, dass das tatsächlich beratene Urteil auch verkündet wird. Aber auch in anderen Fällen empfiehlt sich eine Unterzeichnung der Urteilsformel durch alle mitwirkenden Richter.

Ergeht das Urteil im schriftlichen Verfahren oder nach Aktenlage, so wird die Verkündung durch die Zustellung ersetzt (§ 133 SGG). Auch hier sollte die Urteilsformel durch alle mitwirkenden Richter **unterzeichnet** werden.

Das **vollständige Urteil** (mit Tatbestand, Entscheidungsgründen und Rechtsmittelbelehrung) wird beim **Sozialgericht** vom Vorsitzenden (§ 134 Abs. 1 SGG), beim **Landessozialgericht** von den Berufsrichtern (§ 153 Abs. 3 SGG)[168] unterschrieben. Beim **Bundessozialgericht** unterschreiben zwar auch nur die Berufsrichter (§ 165 SGG), doch ist das vollständige Urteil schriftlich den ehrenamtlichen Richtern mitzuteilen, die sich dazu innerhalb von zwei Wochen gegenüber dem Senatsvorsitzenden äußern können (§ 170a SGG). Erst nach Ablauf dieser Frist darf das Urteil den Beteiligten zugestellt werden.

Nach § 105 Abs. 1 SGG kann das Sozialgericht ohne mündliche Verhandlung, d. h. ohne Mitwirkung der ehrenamtlichen Richter durch **Gerichtsbescheid** entscheiden, wenn die Sache keine besonderen Schwierigkeiten tatsächlicher oder rechtlicher Art aufweist und der Sachverhalt geklärt ist. Die Prozessbeteiligten sind vorher zu hören. Der Gerichtsbescheid hat die Wirkungen eines Urteils.

Gegen den Gerichtsbescheid kann Berufung eingelegt werden. Ist diese nicht nach den §§ 144, 145 SGG statthaft, kann mündliche Verhandlung beantragt werden, bei der die ehrenamtlichen Richter mitwirken.

Auch im Berufungsverfahren kann nach § 153 Abs. 4 SGG ein Beschluss über die Zurückweisung der Berufung ohne Mitwirkung der ehrenamtlichen Richter ergehen, wenn die berufsrichterlichen Mitglieder des Senats einstimmig die Berufung für unbegründet und eine mündliche Verhandlung nicht für erforderlich halten. Dies gilt allerdings nicht, wenn bereits das Sozialgericht einen Gerichtsbescheid erlassen hat, gegen den Berufung eingelegt worden ist. Auf diese Weise ist zumindest in einer Instanz die Mitwirkung der ehrenamtlichen Richter bei der abschließenden Entscheidung des Rechtsstreites gewährleistet.

Bei **Beschlüssen** wirken die ehrenamtlichen Richter grundsätzlich nur mit, wenn sie aufgrund oder im Rahmen einer mündlichen Verhandlung zur Hauptsache ergehen. Davon abweichend muss die Abhilfeentscheidung des Sozialgerichts auf die Beschwerde gegen die Nichtzulassung der Berufung hin unter Beiziehung der ehrenamtlichen Richter erfolgen, da anderenfalls der Kammervorsitzende eine u. U. gegen seine Stimme in der Beratung getroffene Entscheidung nachträglich allein ändern könnte[169]. Sie wirken nicht mit, wenn die mündliche Verhandlung nur der Vorbereitung eines Beschlusses dient, der auch ohne sie ergehen könnte[170].

---

168 *GS BSG,* Beschl. v. 22.4.1955 – GS 1/55 – BSGE 1, 1.

169 *LSG Rheinland-Pfalz,* Beschl, v. 4.8.1997 – L 5 B-K 8/97 – NZS 1998 S. 48.

170 *Meyer-Ladewig,* § 124 Rn. 5.

Anderenfalls hätte es der Berufsrichter in der Hand, durch Anberaumung einer mündlichen Verhandlung ehrenamtliche Richter hinzuzuziehen und so die Besetzung der Richterbank zu beeinflussen. Dies widerspricht dem Grundsatz des gesetzlichen Richters, zumal die Entscheidung über die Anberaumung einer mündlichen Verhandlung nicht auf rechtlichen Erwägungen beruhen und auch nicht rechtlich begründet werden muss.

Außerhalb der mündlichen Verhandlung, insbesondere im vorbereitenden Verfahren (s. Ziff. 12.1), z. B. bei Beiladungen, Verbindung und Trennung von Verfahren, Beweisanordnungen nach § 106 SGG, einstweiligen Anordnungen nach § 86b Abs. 2 SGG, ergehen die Beschlüsse durch die Berufsrichter ohne Beteiligung der ehrenamtlichen Richter. Hiervon gibt es Ausnahmen: Die Zulassung der Sprungrevision nach § 161 SGG bedarf stets der Mitwirkung der ehrenamtlichen Richter, gleichwohl bindet eine verfahrensfehlerhaft nur vom Kammervorsitzenden beschlossene Zulassung das BSG[171]. Weiterhin wirken beim BSG nach § 160a Abs. 4 SGG die ehrenamtlichen Richter bei der Entscheidung über die Zulassung einer Revision mit, sofern die Nichtzulassungsbeschwerde zulässig ist. Ist dies nicht der Fall, so wird sie von den Berufsrichtern in entsprechender Anwendung des 169 Satz 3 SGG durch Beschluss verworfen.

Schreibfehler, Rechenfehler und andere offenbare Unrichtigkeiten eines Urteils werden nach § 138 SGG durch den Vorsitzenden berichtigt. Andere Unrichtigkeiten und Unklarheiten im Tatbestand eines Urteils sind nach § 139 SGG durch alle Richter, die am Urteil mitgewirkt haben, zu beseitigen. Das Gericht entscheidet hierüber durch Beschluss ohne ehrenamtliche Richter[172]. Ist ein Richter verhindert, so entscheidet bei Stimmengleichheit die Stimme des Vorsitzenden.

---

171 *GS BSG* Beschl. v. 18.11.1980 – GS 3/79 – BSGE 51 S. 23.

172 *LSG, Niedersachsen,* Beschl. v. 14.12.1971 – 1.9 V 487/70 – Breith 1972 S. 354; *Peters/Sautter/Wolff,* § 139 Rn. 20; *Meyer-Ladewig,* § 139 Rn. 4; a. A. *Bley* in *GesKomm,* § 139 Anm. 6; *Brackmann,* S. 248 q; *Hennig,* § 139 Rn. 24: Mitwirkung der ehrenamtlichen Richter nur bei Berichtigungsbeschluss aufgrund mündlicher Verhandlung.

13. Die sachgemäße Unterrichtung der ehrenamtlichen Richter über den Rechtsstreit

13.1 Arbeitsgerichtliches Verfahren

Die ehrenamtlichen Richter können ihrer Aufgabe, als **vollwertige Richter mit gleichem Stimmrecht** in der mündlichen Verhandlung mitzuwirken, nur dann gerecht werden, wenn sie über den zur Verhandlung stehenden Rechtsstreit hinlänglich unterrichtet sind.

Der auch im arbeitsgerichtlichen Verfahren geltende Grundsatz der **Mündlichkeit des Verfahrens** (vgl. § 46 Abs. 2 ArbGG) wird grundsätzlich durchaus beachtet. Es wird vor den Arbeitsgerichten und den Landesarbeitsgerichten dementsprechend vielfach tatsächlich intensiv mündlich verhandelt. Nicht zu verkennen ist allerdings, dass sich die Parteien und insbesondere deren Prozessbevollmächtigte in der mündlichen Verhandlung häufig auf ihren schriftsätzlichen Vortrag beziehen, was nach § 137 Abs. 3 Satz 1 ZPO zulässig ist. Zudem können auch aus Zeitgründen gerade in umfangreicheren Verfahren nicht alle Einzelheiten, die sich in den Schriftsätzen oder in vorgelegten Unterlagen finden, besprochen werden. So werden die ehrenamtlichen Richter durch die Teilnahme an der mündlichen Verhandlung allein vielfach nicht in der Lage sein, sich ein ausreichendes Bild über den Rechtsstreit zu machen. Insofern ist ihre Aufgabe schwieriger als die der Schöffen im Strafprozess, denn dort kann für die Urteilsfindung nichts verwertet werden, was nicht Gegenstand der Hauptverhandlung geworden ist.

Die ehrenamtlichen Richter haben daher Anspruch darauf, über die Eingänge **so eingehend wie nur irgend möglich unterrichtet** zu werden[173]. Damit korrespondiert, dass nach der höchstrichterlichen Rechtsprechung[174] der Vorsitzende verpflichtet ist, die ehrenamtlichen Richter vorher nach pflichtgemäßem Ermessen in die einzelnen zur Verhandlung anstehenden Sachen **einzuführen**, sofern die Information der ehrenamtlichen Richter nicht durch die vorherige **Übersendung der entsprechenden Unterlagen** oder die Gewährung der **Akteneinsicht** durch die Gerichte erfolgt. Es ist daher zusammenfassend erforderlich, dass der Vorsitzende die ehrenamtlichen Richter durch geeignete Maßnahmen über den Sach- und Streitstand des Prozesses informiert, so dass die Beisitzer in der Lage sind, der mündlichen Verhandlung zu folgen und sich selbst eine Meinung zu bilden[175]. Die Information muss zudem natürlich **objektiv** sein und darf nicht bereits vorgeprägt sein durch die Sichtweise des Vorsitzenden – insoweit kann bei der Übersendung nur ausgewählter Schriftsätze, eines Aktenauszugs oder eines Gutachtens eine gewisse Gefahr bestehen[176]. Hervorgehoben sei abschließend jedoch, dass die Beisitzer regelmäßig keinen Anspruch haben, in bestimmter Weise unterrichtet zu werden, da das „Wie" in dem pflichtgemäßen Ermessen des jeweiligen Vorsitzenden liegt[177].

---

173 *BAG*, Beschl. v. 29.6.1972 – 1 AR 227/72 – AP Nr. 3 zu § 43 ArbGG 1953.

174 *BAG*, Urt. v. 13.5.1981 – 4 AZR 1080/78 – AP Nr. 1 zu § 1 TVG Tarifverträge: Presse.

175 Entsprechend bereits *Herschel*, Die ehrenamtlichen Richter der Arbeitsgerichtsbarkeit – Vorschläge zur Mehrung ihres Einflusses, ArbuR 1980 S. 321.

176 *Wolmerath*, S. 51 f.

177 *BAG*, Urt. v. 13.5.1981 – 4 AZR 1080/78 – AP Nr. 1 zu § 1 TVG Tarifverträge: Presse.

Im Verfahren vor den erstinstanzlichen **Arbeitsgerichten** wird es bei Verfahren geringeren Umfangs und mit einem übersichtlichen Sach- und Streitstand regelmäßig genügen, dass der Vorsitzende entweder kurz vor der jeweiligen Verhandlung bzw. vor Beginn des Verhandlungstages (im Rahmen einer Vorberatung) oder zu Beginn der jeweiligen mündlichen Verhandlung den Beisitzern einen Überblick über den Prozessstand des oder der Verfahren gibt. So wird zumeist auch in der Praxis verfahren[178]. Handelt es sich dagegen um umfangreichere und komplexere Verfahren, wird das so nicht ausreichen. Man kann dann daran denken, den ehrenamtlichen Richtern Abschriften der Schriftsätze der Parteien zuzuleiten (dazu auch noch unten) oder ihnen zu einem vereinbarten Termin vorab Gelegenheit zu geben, die Akten einzusehen (auch dazu noch ausführlicher unten).

Vor den **Landesarbeitsgerichten** und dem **Bundesarbeitsgericht** stehen dagegen häufig ein umfangreicherer Sachverhalt und schwierige Rechtsfragen zur Entscheidung. Hier ist die mündliche Unterrichtung durch den Vorsitzenden erst vor oder zu Beginn der Sitzung regelmäßig nicht ausreichend. Die ehrenamtlichen Richter sind dann nicht mehr in der Lage, sich schon vor dem Termin Gedanken über den Rechtsstreit zu machen. Sie wären trotz der vom Gesetz angeordneten Gleichstellung insoweit den Berufsrichtern gegenüber benachteiligt, die nach dem deutschen Rechtssystem zwar aufgrund mündlicher Verhandlung entscheiden, im Gegensatz zum angelsächsischen Rechtskreis aber schon vor der Verhandlung die Akten und damit den Sach- und Streitstand des Rechtsstreits im Detail kennen und kennen müssen.

Es bestehen nicht nur keine tatsächlichen Hinderungsgründe, sondern es würde dem Sinn des Gesetzes sogar widersprechen, wenn man den ehrenamtlichen Richtern vor der Verhandlung die Akteneinsicht verweigern würde, wenn sie diese begehren. Das **Recht auf Akteneinsicht** der ehrenamtlichen Richter aller Instanzen wird denn auch recht einhellig bejaht[179]. Trotz des oben angesprochenen Grundsatzes, dass der Vorsitzende über das „Wie" der Information der ehrenamtlichen Richter nach pflichtgemäßem Ermessen entscheidet, wird die gewünschte Akteneinsicht nur versagt werden können, wenn zwingende Gründe des Geschäftsbetriebes dem entgegen stehen. Ob die Akten nach Absprache mit dem Vorsitzenden an Gerichtsstelle eingesehen (vor dem Beginn der Vorberatung oder etwa am Vortage) oder den ehrenamtlichen Richtern vorab ins Haus übersandt werden, ist keine Frage der rechtlichen Zulässigkeit, die ohne weiteres zu bejahen wäre[180], sondern der praktischen Handhabung im Rahmen eines zügigen und ungestörten Gerichtsbetriebes. Eine Aktenübersendung nach auswärts wird wegen der damit verbundenen Verzögerungen daher nur ausnahmsweise in Betracht kommen, zumal kurz vor dem Verhandlungstermin die Akten regelmäßig im Gericht greifbar sein und dem Vorsitzenden zur Verfügung stehen müssen.

Zur Frage der **Entschädigung und Lohnfortzahlung für Zeiten der Akteneinsicht** wird auf die Ausführungen in Ziff. 19.1 verwiesen. Ergänzend ist einerseits anzuführen, dass gegen den Arbeitgeber kein Anspruch auf Arbeitsbefreiung besteht, soweit die Akteneinsicht bei **gleitender Arbeitszeit** in die Gleitzeit fällt[181]. Andererseits können Fahrkosten, die zusätzlich etwa für eine zusätzliche Fahrt zum Arbeitsgericht zum Zwecke der Akteneinsicht anfallen, als **Werbungskosten** geltend gemacht werden[182].

Bei den Rechtsmittelgerichten werden die ehrenamtlichen Richter im Regelfall auch ein Interesse daran haben, vor der mündlichen Verhandlung **Abschriften der angefochtenen Ent-**

---

178 Kritisch dazu *Wolmerath*, S. 51.

179 *Wolmerath*, S. 51 m. w. N.

180 Ebenso *Dersch/Volkmar*, § 25 Anm. 1.

181 *BAG*, Urt. v. 16.12.1993 – 6 AZR 236/93 – DB 1994, 2034.

182 *Wolmerath*, S. 51.

scheidung und der Schriftsätze aus der Rechtsmittelinstanz sowie eines etwa angefertigten Sachberichts als zusammengefasste Darstellung des bisherigen Sach- und Streitstandes zu erhalten. Rechtliche Bedenken bestehen hiergegen nicht. Es kann hier weder der Gesichtspunkt der Geheimhaltung angeführt werden, denn die ehrenamtlichen Richter sind vollwertige Richter und auf die Erfüllung ihrer Amtspflichten – wozu auch die Verschwiegenheitspflicht gehört – eidlich verpflichtet, noch der Einwand, es würden unzulässigerweise weitere Gerichtsakten gebildet. Es handelt sich doch nur um die Übersendung einfacher Durchschriften, wie sie auch dem jeweiligen Prozessgegner bzw. dessen Vertreter zugehen. So sollte in der **Berufungsinstanz** rechtzeitig vor dem Termin die Übersendung zumindest der Abschrift des Urteils des Arbeitsgerichts selbstverständlich sein[183]. Darüber hinaus ist es etwa beim Hessischen Landesarbeitsgericht ständige Praxis, den ehrenamtlichen Richtern vorab Kopien oder Abschriften der in der Berufungsinstanz gewechselten Schriftsätze zu übersenden. Im Übrigen wird der Vorsitzende zu entscheiden haben, ob es notwendig ist, beispielsweise auch Protokolle erster Instanz mit Zeugenvernehmungen oder wesentliche in erster Instanz vorgelegte Unterlagen in Kopie zuzusenden. Die Zusendung von Unterlagen erübrigt sich indes, wenn die Information über eine Akteneinsicht erfolgt[184]. In § 9 Abs. 3 der **Geschäftsordnung des Bundesarbeitsgerichts** in der vom Bundesrat am 11.4.2003 bestätigten Fassung (in Kraft ab 1.6.2003 [§ 19 Abs. 1 Satz 1])[185] heißt es:

> **Abschriften der angefochtenen Entscheidung, der Schriftsätze und der schriftlichen Bearbeitung der Sache werden den ehrenamtlichen Richtern zur Vorbereitung der Beratung zur Verfügung gestellt. Sie sind vertraulich zu behandeln.**

Im Interesse einer guten Zusammenarbeit zwischen dem Vorsitzenden und den ehrenamtlichen Richtern, die dem gemeinsamen Anliegen verpflichtet ist, zu einem möglichst richtigen und gerechten Urteil zu kommen, sollte der Vorsitzende die Information der ehrenamtlichen Richter eher großzügig gestalten. Umgekehrt sollten sich die ehrenamtlichen Richter auf der Basis der gegebenen Informationen fundiert vorbereiten und dann engagiert in die Verhandlung und Beratung einbringen.

13.2 Sozialgerichtliches Verfahren

Der ehrenamtliche Richter hat mehrere Möglichkeiten, sich über den Sachverhalt eines zur Verhandlung und Entscheidung anstehenden Rechtsstreites zu informieren:

Zunächst ist an die Unterrichtung durch Akteneinsicht zu denken. Steht ein Rechtsstreit zur Sitzung an (in der erst die ehrenamtlichen Richter tätig werden), so haben die Akten in aller Regel einen gewissen Umfang angenommen. Dies aus zwei Gründen: Einmal hat ein Verwaltungsverfahren stattgefunden, in dem der Sachverhalt verwaltungsseitig mehr oder weniger umfangreich ermittelt und festgestellt worden ist, zum anderen wurden im Gerichtsverfahren Schriftsätze gewechselt und erforderlichenfalls weitere Ermittlungen von Amts wegen durch den Vorsitzenden oder den beauftragten Berufsrichter (Berichterstatter) angestellt. Schrift-

183 Im Sinne einer Verpflichtung zur Vorabübersendung erstinstanzlicher Urteilsabdrucke *Gehrmann*, Der demokratische Auftrag des ehrenamtlichen Richters und sein Informationsbedürfnis, DRiZ 1988 S. 126.

184 *Gürth*, Der ehrenamtliche Richter am Arbeitsgericht, AiB 1984 S. 154 ff., 156.

185 Abgedruckt in GK-ArbGG unter „Rechtsvorschriften" und in BAnz. 129 v. 16.7.2003. Die Geschäftsordnung vom 9.11.1984 ist zugleich außer Kraft getreten.

sätze und Ermittlungen haben den Prozessstoff anwachsen lassen. Er muss aber allen Richtern bekannt sein, damit eine gerichtliche Entscheidung nicht von falschen oder unvollständigen Tatsachen ausgeht.

So empfehlenswert also das Aktenstudium für den ehrenamtlichen Richter ist, so schwierig lässt es sich jedoch in der Praxis realisieren. Naheliegend ist die **Akteneinsicht** an Gerichtsstelle. Der ehrenamtlichen Richter kann verlangen, dass die Akten ihm auf der Geschäftsstelle zur Einsicht zur Verfügung gestellt werden. Dieser Bitte wird der Vorsitzende entsprechen müssen. Er kann allenfalls Einschränkungen hinsichtlich des Zeitpunktes und der Dauer der Einsichtnahme machen, wenn die Akten noch anderweitig benötigt werden. In diesem Rahmen steht dem ehrenamtlichen Richter die Akteneinsicht frei.

Der ehrenamtliche Richter kann auch Entschädigung für Zeitversäumnis und notwendige Aufwendungen aus Anlass der Akteneinsicht verlangen (s. Ziff. 19.1).

Hingegen wird allgemein ein Anspruch auf Übersendung der Akten in die Wohnung oder die Geschäftsräume des Beisitzers abgelehnt[186]. Es mag Vorsitzende geben, die generell oder in Einzelfällen dem ehrenamtlichen Richter die Akten aushändigen; ein Anspruch hierauf besteht indessen nicht. Dieses Verfahren ist auch nicht üblich.

Der ehrenamtliche Richter kann sich auch unmittelbar vor der Sitzung **mit dem Akteninhalt vertraut machen.** In der Praxis wird es ihm aber schon rein zeitlich (wegen des Aktenumfanges) nicht gelingen, sämtliche Sitzungsakten durchzulesen. Er wird dann das Aktenstudium während der Sitzung fortsetzen müssen. Hier ergeben sich Schwierigkeiten: Der ehrenamtliche Richter ist verpflichtet, dem Gang der Verhandlung seine ungeteilte Aufmerksamkeit zu widmen. Diese Pflicht kann er durch Aktenstudium verletzen. Weiterhin wird der Vorsitzende die Akten zur Verhandlungsführung benötigen, so dass sie dem ehrenamtlichen Richter nicht zur Verfügung stehen können.

Will also der ehrenamtliche Richter nicht auf eigene Kosten vor der Sitzung die Akten durcharbeiten, so verbleibt ihm praktisch nur noch die Beratung nach der mündlichen Verhandlung. Dort kann ihn niemand daran hindern, die Akten einzusehen, weil er die Kenntnis des wesentlichen Akteninhaltes als Voraussetzung für die Abgabe seiner Stimme ansehen darf.

Damit aber die Beratung nicht durch Aktenstudium zu sehr in die Länge gezogen wird, dürfte es sich empfehlen, dass der Vorsitzende (oder Berichterstatter) den ehrenamtlichen Richtern mit der Ladung zum Termin einen Aktenauszug übersendet oder sie vor der Verhandlung oder Beratung in einer Vorbesprechung mit dem wesentlichen Akteninhalt vertraut macht, eine Verfahrensweise, die nicht selten praktiziert wird und sich bewährt hat.

Eine weitere Informationsquelle ist die zu Beginn der mündlichen Verhandlung stattfindende „Darstellung des Sachverhaltes" (§ 112 SGG). Sie erfolgt durch einen Berufsrichter – den Vorsitzenden oder Berichterstatter. Das Gesetz schreibt zwar nicht den Umfang der Sachdarstellung vor, doch wird es im Interesse einer flüssigen mündlichen Verhandlung liegen, bei aller gebotenen Kürze den Streitgegenstand sowie die diesem zugrunde liegenden tatsächlichen Feststellungen und rechtlichen Erwägungen vorzutragen.

Das Vorbringen der Beteiligten in der mündlichen Verhandlung und die Erörterung des Sach- und Streitverhältnisses durch den Vorsitzenden (§ 112 Abs. 2 SGG), geben dem ehrenamtlichen Richter eine weitere Gelegenheit, sich mit den Problemen eines Rechtsstreites vertraut zu machen.

---

186 *Peters/Sautters/Wolff,* § 19 Rn. 10.

Wie das Bundesarbeitsgericht hat auch das **Bundessozialgericht** eine vorbildliche Regelung zur Information der ehrenamtlichen Richter beschlossen. In § 8 Abs. 2 der **Geschäftsordnung v.** 3.12.1979/6.4.1981 ist vorgesehen, dass die ehrenamtlichen Richter rechtzeitig vor der Sitzung ein Verzeichnis der zur Entscheidung anstehenden Sachen, die Pressevorberichte, Abschriften der angefochtenen Urteile, der Revisionsbegründung und der folgenden Schriftsätze erhalten[187].

---

187 *BAnz.* Nr. 124 v. 17.7.1981 = BArbBl. 1981 S. 59.

14. Die Heranziehung der ehrenamtlichen Richter zu den Sitzungen

Da die Beisitzer in der Arbeits- und der Sozialgerichtsbarkeit nicht hauptberuflich, sondern ehrenamtlich tätig werden, können sie nicht im gleichen Umfang wie die Berufsrichter an den Sitzungen der Gerichte teilnehmen, sondern nur in einem turnusgemäßen Wechsel. Auch dieser Umstand führt aber nicht grundsätzlich zu einer Minderung der Rechtsstellung der ehrenamtlichen Richter. Die Lage ist nicht anders als bei einem Berufsrichter, der mit einem Teil seiner Arbeitskraft noch in einer anderen Kammer eingesetzt wird.

14.1 Zuweisung zu bestimmten Kammern

Die **Verteilung** der bei einem Gericht ernannten Beisitzer **auf die einzelnen Kammern** bzw. Senat (vgl. § 6a Nr. 4 ArbGG) erfolgt jährlich vor Beginn des Geschäftsjahres oder im Falle von Ersatzberufungen nachträglich durch das **Präsidium** des betreffenden Gerichts, und zwar nach vorheriger Anhörung des Ausschusses der ehrenamtlichen Richter. Zu den übrigen Aufgaben des wird auf Ziff. 17.4 verwiesen. Das Gesetz eröffnet auch die Möglichkeit, die Beisitzer zugleich mehreren Spruchkörpern desselben Gerichts zuzuteilen (§ 6a Nr. 4 ArbGG, §§ 25 Abs. 1, 36, 48 SGG). Bestehen bei einem Gericht Kammern für bestimmte Fachgebiete, so sollen diesen Beisitzer aus den Kreisen der Berufe, Gewerbe oder Gruppen zugewiesen werden, für die die Fachkammern gebildet sind (§ 30 ArbGG). In der Sozialgerichtsbarkeit richtet sich die Zuteilung der ehrenamtlichen Richter nach dem Sachgebiet des Spruchkörpers und danach, welchem Kreis der ehrenamtliche Richter angehört (§ 12 SGG). So kann einer Kammer für Angelegenheiten der Sozialversicherung und Arbeitsförderung nicht ein ehrenamtlicher Richter aus dem Kreis der Versorgungsberechtigten und der behinderten Menschen zugewiesen werden. Ebensowenig kann ein ehrenamtlicher Richter aus dem Kreise der Arbeitgeber in einer Kammer für Angelegenheiten des sozialen Entscheidungsrechts und des Schwerbehindertenrechts oder des Vertragsarztrechts mitwirken. Für die Seeschifffahrt gilt die Sonderregelung des § 16 Abs. 5 SGG.

Sind **auswärtige Kammern** bzw. **Zweigstellen** oder **Gerichtstage** eingerichtet, so kann im Hinblick auf den Sitz der auswärtigen Kammer bzw. Zweigstelle oder den Ort des Gerichtstags bei der Einteilung der Beisitzer auf deren Wohnort Rücksicht genommen werden; das empfiehlt sich besonders aus dem Grund, weil durch solche Maßnahmen mit den örtlichen Verhältnissen besonders vertraute Beisitzer bei den Gerichten mitwirken.

Alsdann obliegt es den Vorsitzenden – wiederum unter Wahrung der Rechte des Ausschusses der ehrenamtlichen Richter – vor Beginn des Geschäftsjahres eine **Liste** aufzustellen, nach der die Beisitzer zu den Sitzungen des Geschäftsjahres, das in der Regel dem Kalenderjahr entspricht, herangezogen werden sollen (§§ 31 Abs. 1, 39, 43 Abs. 3 ArbGG). Es genügt jedoch den gesetzlichen Anforderungen an die Aufstellung dieser Liste, wenn der Vorsitzende die Heranziehung der ehrenamtlichen Richter aufgrund einer anderweitig, etwa vom Präsidium, angefertigten Liste ausdrücklich oder stillschweigend durch schlüssiges Verhalten billigt und die Liste dadurch zu seiner eigenen macht, wie es in der Praxis häufig geschieht[188]. In Rechtsprechung und Schrifttum besteht kein Zweifel darüber, dass es sich bei dieser Soll-Vorschrift in Wirklichkeit um eine **Muss-Vorschrift** handelt. Denn Artikel 101 Satz 2 GG bestimmt: „Niemand darf seinem gesetzlichen Richter entzogen werden." Dieser „gesetzliche Richter" ist für jeden einzelnen Rechtsstreit die Kammer bzw. der Senat in der jeweiligen, dem Gesetz entsprechenden Zusammensetzung.

Das Gesetz geht davon aus, dass es **Listen für die einzelnen Kammern** gibt. Es wird indes auch die Auffassung vertreten, dass eine **gemeinsame Liste für alle Kammern** möglich ist[189]. In welcher **Reihenfolge** die Liste aufgestellt wird, entscheidet der Vorsitzende. Sie kann alphabetisch geordnet sein oder nach dem Datum der Berufung[190], es soll aber in jedem Fall auf eine gleichmäßige Heranziehung aller ehrenamtlicher Richter geachtet werden[191]. Im Laufe des Geschäftsjahres ausgeschiedene ehrenamtliche Richter müssen gestrichen werden. Im Laufe des Geschäftsjahres **neu bestellte ehrenamtliche Richter** sind in die Liste aufzunehmen[192], wobei es zweckmäßig ist, hierfür bereits in der Liste für das gesamte Geschäftsjahr eine abstrakte Regelung vorzusehen (etwa: Einreihung in die Liste am Ende, nach dem Datum der Bestellung). Ebenso ist es zweckmäßig, bereits in die Liste für das gesamte Geschäftsjahr eine abstrakte Regelung darüber aufzunehmen wie im Laufe des Geschäftsjahres wieder bestellte ehrenamtliche Richter zu behandeln sind (etwa: Beibehaltung des alten Platzes in der [alphabetischen] Liste).

Wird im Laufe des Geschäftsjahres eine Hilfskammer gebildet, so ist für diese eine Liste zu erstellen, auch unter Eingriff in die Listen für bestehende Kammern[193].

§ 31 Abs. 2 sieht schließlich die Aufstellung einer **Hilfsliste (Notliste)** vor für Fälle unvorhergesehenen Verhinderung eines ehrenamtlichen Richters. Diese Liste kann kammerübergreifend erstellt werden[194]. Für die Handhabung bezüglich der Hilfsliste wird verwiesen auf die Darlegungen unter 14.2.

14.2 Verhinderung eines ehrenamtlichen Richters

Unter Umständen ist die Richterbank bereits dann nicht ordnungsgemäß besetzt, wenn ein ordnungsgemäß nach der Reihenfolge der Liste geladener Beisitzer sein **Erscheinen abgesagt** hat und statt seiner der in der Liste nächstfolgende Beisitzer geladen wird

Die Prüfung der ordnungsgemäßen Besetzung der Richterbank setzt in diesem Fall zunächst voraus, dass der **Verhinderungsgrund** bekannt ist. Aus diesem Grund wird man auch fordern müssen, dass der Verhinderungsgrund bei der Geschäftsstelle aktenkundig gemacht wird. Damit kann es nicht ausreichen, dass ein geladener Beisitzer lediglich mitteilt, er sei am Erscheinen verhindert. Vielmehr muss der Grund der Verhinderung genannt und es muss

---

188 *BAG*, Urt. v. 30.1.1963 – 4 AZR 16/62 – AP Nr. 2 zu § 39 ArbGG 1953; *Stahlhacke/Bader,* § 31 Rn. 4.

189 *Dörner* in GK-ArbGG, § 31 Rn. 5; *Hauck/Helml,* § 31 Rn. 3; a. A. *Bader* in GK-ArbGG, § 39 Rn. 5; *Germelmann* in *Germelmann u. a.*, § 31 Rn. 8.

190 *Stahlhacke/Bader*, § 31 Rn. 5. Vgl. auch *BAG*, Urt. v. 2.3.1962 – 1 AZR 258/61 – A9 Nr. 1 zu § 39 ArbGG 1953.

191 *Germelmann* in *Germelmann u. a.,* § 31 Rn. 8.

192 *BAG* Urt. v. 21.6.2001 – 2 AZR 359/00 – DB 2002, S. 384.

193 *BAG*, Urt. v. 24.3.1998 – 9 AZR 172/97 – EzA § 21e GVG Nr. 1.

194 *Bader* in GK-ArbGG, § 39 Rn. 9.

erkennbar werden, dass der zur Sitzung geladene ehrenamtliche Richter nach pflichtgemäßem Ermessen das Gewicht des Hinderungsgrundes gegenüber der Pflicht zum Erscheinen abgewogen hat. Denn eine willkürliche Absage gibt nicht das Recht zur Ladung des Listen-Nächsten. Erklärt sich ein ehrenamtlicher Richter indes unter Angabe eines Grundes für verhindert, muss das Gericht den Hinderungsgrund grundsätzlich nicht nachprüfen[195]. Doch sind die Vorschriften über den gesetzlichen Richter nicht gewahrt, wenn die Absage ohne konkreten Grund erfolgt und sich der Verdacht aufdrängt, der ehrenamtliche Richter messe seinem Amt nicht die erforderliche Bedeutung bei[196]. Sagt ein ehrenamtlicher Richter ohne hinreichenden Grund ab, verschieben sich natürlich auch die ehrenamtlichen Richter für die folgenden Sitzungstage. Für die davon betroffenen anderen Verfahren ist jedoch dann nicht von einer fehlerhaften Besetzung der Richterbank auszugehen[197].

Grundsätzlich obliegt die Feststellung der Verhinderung dem Vorsitzenden der Kammer oder des Senats[198]. Dabei reicht insbesondere in den klassischen Fällen der Verhinderung wegen Urlaubs, Erkrankung, Dienstreise usw. die generelle Ermächtigung der Geschäftsstelle durch den Vorsitzenden des Spruchkörpers aus, den Vertreter zu laden, wenn sich der eigentlich heranzuziehende Beisitzer für verhindert erklärt hat[199].

Existiert eine **Hilfsliste** (vgl am Ende von 14.1) und handelt es sich um einen Fall unvorhergesehener Verhinderung im Sinne des § 31 Abs. 2 ArbGG[200], muss auf diese zurückgegriffen werden. Ein Zurückgreifen auf die normale Liste wäre dann fehlerhaft, es sei denn, es wäre geregelt, dass die Hilfsliste erst eingreifen soll, wenn nach der normalen Liste niemand rechtzeitig geladen werden kann. Sagt ein ehrenamtlicher Richter ab, ohne dass es sich um eine unvorhergesehene Verhinderung (am Sitzungstag oder kurz davor) handelt, darf nicht auf die Hilfsliste zurückgegriffen werden.

14.3 Abweichen von der Beisitzerliste

Ebensowenig wie der ehrenamtliche Richter ohne zwingenden Grund sein Erscheinen absagen darf, liegt es im Ermessen des Vorsitzenden, von der Beisitzerliste nach Gutdünken abzuweichen. Auch der Vorsitzende darf keinen Einfluss auf die Zusammensetzung des Gerichts nehmen, denn dann könnte er sich „sein" Gericht bilden und die Parteien somit ebenfalls dem gesetzlichen Richter entziehen. Würde ein nicht zur Sitzung anstehender Beisitzer unter Übergehung anderer geladen werden, weil der Vorsitzende von ihm besondere Sachkenntnisse erwartet oder weil der andere Beisitzer sich als recht schwierig erwiesen hat, dann würde das Gericht durch nicht erlaubte Manipulation nicht vorschriftsmäßig besetzt sein.

Wirken an einer Entscheidung eines Landesarbeitsgerichts ehrenamtliche Richter mit, die nach der **Geschäftsverteilung** für diese Sitzung nicht hätten herangezogen werden dürfen, ist auf die Rüge eines Verfahrensbeteiligten diese Entscheidung vom Bundesarbeitsgericht auch

195 *BVerwG*, Urt. v. 28.2.1994 – 9 C 136.82 – EzA § 39 ArbGG 1979 Nr. 1; *BFH*, Beschl. v. 20.4.2001 – IV R 32/00 – BB 2001 S. 1568.

196 *BFH*, Beschl. v. 20.4.2001 – IV R 32/00 – BB 2001 S. 1568. Vgl. im Übrigen den 3. Absatz von 14.3.

197 *BFH*, Beschl. v. 20.4.2001 – IV R 32/00 – BB 2001 S. 1568.

198 *BGH*, Urt. v. 5.10.1988 – 2 StR 250/88 – NJW 1989 S. 1681; *Kissel*, § 21 e Rn. 132.

199 *BVerwG*, Beschl. v. 23.10.1980 – 2 C 5.80 – DVBl. 1981 S. 493.

200 Zum Begriff *Bader* in GK-ArbGG, § 39 Rn. 10.

dann aufzuheben, wenn beide Parteien sich zuvor mit der Mitwirkung dieser ehrenamtlichen Richter an der Verhandlung und Entscheidung des Gerichts einverstanden erklärt haben[201].

Eine Verletzung der grundgesetzlichen Garantie des gesetzlichen Richters ist nun allerdings nicht in jedem Fall anzunehmen, wenn der nicht als der nächste auf der Liste stehende ehrenamtliche Richter herangezogen worden ist. Gegen Artikel 101 GG ist nicht bereits dann verstoßen, wenn andere Beisitzer als die nach der Reihenfolge der Liste zu ladenden lediglich irrtümlich herangezogen werden, sondern nur dann, wenn die heranzuziehenden Beisitzer von der Mitwirkung **willkürlich ausgeschlossen** werden[202]. In diesen Fällen lässt es sich auch nicht von der Hand weisen, dass der Verfahrensverstoß den Inhalt des Urteils beeinflusst hat; denn bei fehlerfreier Terminanberaumung und Hinzuziehung der eigentlichen ehrenamtlichen Richter würde das Urteil möglicherweise ein anderes Gesicht bekommen haben. Der Verstoß gegen die Garantie des gesetzlichen Richters, bei dem der Verdacht besteht, dass die Abweichung von der Reihenfolge der Liste auf sachfremden Erwägungen beruht, hat zur Folge, dass selbst rechtskräftige Urteile der **Nichtigkeitsklage** unterliegen. Diese Konsequenz ist notwendig, um das Vertrauen der Parteien in die Unparteilichkeit und Sachlichkeit des Gerichts zu sichern.

Da das Recht, vor dem gesetzlichen Richter zu stehen, jedem Staatsbürger garantiert ist, muss auch der Rechtsuchende die Möglichkeit der Prüfung haben, ob das Gericht richtig besetzt war. Da die aufgestellte **Beisitzerliste** zwar nicht der strengen Offenlegungsbestimmung des § 21e Abs. 9 GVG unterliegt[203], aber dennoch kein geheimes Schriftstück ist, kann sie z. B. jeder Verbandsvertreter oder Rechtsanwalt auf der Geschäftsstelle des Gerichts einsehen oder aber erwarten, dass ihm auf eine begründete schriftliche Anfrage hinsichtlich der Besetzung des Gerichts eine genaue **Auskunft** erteilt wird[204]. Das ergibt sich ohne weiteres daraus, dass die Rechtsprechung bei Verfahrensrügen die Angabe der Tatsachen verlangt, die die Mängel enthalten, und darauf verweist, es könnten Rückfragen bei der Verwaltung gehalten werden[205]. Das Vertrauen der Bevölkerung in die Rechtsprechung würde nicht dadurch gefördert werden, dass die Gerichtsvorstände nicht zur Aufklärung beitragen. Das Verhältnis der Rechtsuchenden zur rechtsprechenden Gewalt darf nicht verschleiert werden, sondern muss so durchsichtig wie nur möglich sein. Das Einsichtsrecht in die Beisitzerliste seitens der Parteien des Rechtsstreits bzw. ihrer Prozessbevollmächtigten geht aber jedenfalls regelmäßig nicht so weit, dass bereits vor dem Termin Auskunft über die voraussichtlich amtierenden ehrenamtlichen Richter verlangt werden könnte. Berechtigte und anerkennenswerte Gründe, die eine Prozesspartei für dieses Begehren anführen könnte, sind regelmäßig nicht ersichtlich. Hinzu kommt, dass sich die personelle Besetzung des Gerichts im Hinblick auf mögliche Verhinderungen und die sich daraus ergebende Notwendigkeit der Heranziehung von Ersatzbeisitzern im voraus nicht mit Sicherheit feststellen lässt. Schließlich wäre die Gefahr nicht auszuschließen, dass seitens der Prozessparteien der Versuch unternommen werden könnte, auf die in der Sitzung amtierenden ehrenamtlichen Richter vor dem Termin Einfluss auszuüben.

Grundsätzlich kann die **Beisitzerliste** im Laufe des Geschäftsjahres nicht geändert werden, weil sonst die Möglichkeit einer willkürlichen Besetzung der Gerichte nicht ausgeschlossen

201 *BAG,* Beschl. v. 25.8.1983 – 6 ABR 31/82 – BAGE 43 S. 258.

202 *BAG,* Urt. v. 2.3.1962 – 1 AZR 258/61 – AP Nr. 1 zu § 39 ArbGG 1953; *BSG,* Beschl. v. 21.11.1989 – 11 BAr 121/88 – NZA 1990 S. 663. *BAG,* Urt. v. 21.6.2001 – 2 AZR 359/00 – DB 2002 S. 384.

203 *BAG,* Urt. v. 21.6.2001 – 2 AZR 359/00 – DB 2002 S. 384.

204 *BAG,* Urt. v. 21.6.2001 – 2 AZR 359/00 – DB 2002 S. 384.

205 *BVerfG,* Beschl. v. 23.12.1997 – 1 BvR 116/94 – NJW 1998 S. 369.

werden könnte (vgl. aber oben 14.1). Sind die Beisitzer für die Sitzungstage der nächsten Wochen bereits geladen und wird nunmehr die Anberaumung einer Sondersitzung aus zwingenden Gründen notwendig, dann ist es aber nicht erforderlich, die bereits geladenen Beisitzer zum eingeschobenen Sitzungstag umzuladen. In diesen Fällen können die nächsten freien, noch nicht geladenen Beisitzer herangezogen werden.

Bei Verhinderung eines Beisitzers wird der auf der Liste als nächster folgende geladen (vgl. oben 14.2). Der so überschlagene Beisitzer kann aber nur dann nachträglich herangezogen werden, wenn dies vor Beginn des Geschäftsjahres bei der Aufstellung der Liste ausdrücklich festgelegt worden ist. Andernfalls muss er so lange warten, bis die Beisitzerliste abgelaufen und von Neuem zu ihm durchgelaufen ist.

Schwierigkeiten können auftreten, wenn ein geladener Beisitzer der Sitzung plötzlich infolge einer Erkrankung, eines Unfalls oder anderer Gründe fernbleibt. Dann ist grundsätzlich der nächste auf der Liste aufgeführte Beisitzer, der nicht verhindert ist, heranzuziehen. Das könnte dazu führen, dass die ganze Sitzung oder doch einige Sachen vertagt werden müssen, weil der nächstfolgende Beisitzer nicht so schnell erscheinen kann. Für diese Fälle regelt das Gesetz in § 31 Abs. 2 ArbGG, dass für die Heranziehung von Vertretern bei unvorhergesehener Verhinderung eine Hilfsliste von solchen ehrenamtlichen Richtern aufgestellt werden kann, die am Gerichtssitz oder in der Nähe wohnen oder ihren Dienstsitz haben (vgl. oben 14.1 und 14.2).

In der Sozialgerichtsbarkeit wird die Reihenfolge der Heranziehung der ehrenamtlichen Richter durch das Präsidium bestimmt (§ 6 SGG). Hiervon darf nur aus besonderen Gründen abgewichen werden; die Gründe sind aktenkundig zu machen. Dies gilt insbesondere bei Verhinderung eines ehrenamtlichen Richters. Hier kann der in der Reihenfolge nächste oder – bei kurzfristiger Verhinderung – in der Hilfsliste (Notliste) stehende Beisitzer geladen werden.

14.4 Mitwirkung an Teilen des Verfahrens

Häufig hört man Beisitzer darüber klagen, dass es ihnen nicht ermöglicht werde, Streitsachen, bei denen sie mitgewirkt haben, letztlich mit zu entscheiden, weil sie zum nächsten Sitzungstag – nach § 31 Abs. 1 ArbGG ist nach der Listenreihenfolge zu den einzelnen **Sitzungen = Sitzungstagen** zu laden[206] – in dieser Sache nicht hinzugezogen würden. Die Berechtigung dieses Anliegens lässt sich nicht ganz von der Hand weisen. Jede Entscheidung erfordert nun einmal eine unmittelbare Stoffsammlung, die allen Besonderheiten des Falles Rechnung trägt. Aus den Akten einschließlich der Protokolle ergibt sich oft nicht alles oder wenigstens nicht in der notwendigen Klarheit. Beweisaufnahme und Beweiswürdigung lassen sich schwerlich voneinander trennen, ohne dass die Tatsachenfeststellung darunter leidet. Hinzu kommt, dass auch die Güte der Entscheidung durch wiederholten Beisitzerwechsel in Gefahr gerät. Die neuen Beisitzer müssen jeweils erst wieder in den Rechtsstoff eingeführt werden; ihnen war es weder möglich, bei der Stoffsammlung mitzuwirken noch sich einen persönlichen Eindruck zu bilden, der zur Beweiswürdigung unbedingt gehört. Es mag auch vorkommen, dass der eine oder andere Zeuge noch einmal gehört werden muss, weil die neuen Beisitzer vielleicht glauben, es sei bisher eine Frage übersehen worden, auf die es ankomme. Darunter

206 *BVerfG*, Beschl. v. 6.2.1998 – 1 BvR 1788/79 – NZA 1998 S. 445; *BAG*, Urt. v. 26.9.1996 – 8 AZR 126/95 – NZA 1997 S. 333.

leidet möglicherweise nicht nur der Beschleunigungsgrundsatz, sondern auch eine eventuelle Vergleichsmöglichkeit. Letztlich kann auch die Autorität des Richterkollegiums bedroht sein, wenn eine Kammer in ständig wechselnder Besetzung ihre Stoffsammlung nicht einheitlich gestaltet und ihre Rechtsauffassung ändert.

Die tatsächliche Handhabung der Frage, ob bei **Vertagungen** ehrenamtlichen Richter zu der neuen Sitzung beigezogen werden dürfen oder ob eine Ladung der Beisitzer nach Maßgabe der Liste zu dem neuen Termin zu erfolgen hat, war früher von Gericht zu Gericht sehr unterschiedlich. Die Auffassungen gingen in diesem Punkte weit auseinander; zum einen wurde bei Vertagungen in jedem Falle ein Wechsel der Richterbank als unerlässlich angesehen[207]; auf der anderen Seite hielt man es für zulässig, in umfangreichen Sachen oder allgemein nach einer Vertagung wieder dieselben Beisitzer heranzuziehen[208]. Das Bundesarbeitsgericht hatte beide Verfahren für zulässig gehalten, wenn sie nur durch besondere, allein aus der Sache zu rechtfertigende Gründe legitimiert sind[209]. Nunmehr steht fest: Es darf nicht von der Reihenfolge der Liste aufgrund einer Ermessensentscheidung des Vorsitzenden oder der Kammer abgewichen werden. Vielmehr muss die Heranziehung derselben ehrenamtlichen Richter zum Fortsetzungstermin zu Beginn des Geschäftsjahrs in einer abstrakt-generellen Regelung, regelmäßig also im Geschäftsverteilungsplan oder in der vom Vorsitzenden aufgestellten Liste bzw. einer diesbezüglichen Zusatzanweisung[210], bereits vorgesehen sein[211]. Die Ausschüsse der Beisitzer können hierzu im Rahmen der Aufstellung des Geschäftsverteilungsplans Vorschläge unterbreiten (vgl. Ziff. 17.4) Auf eines ist jedoch zu achten: Soweit dieselben ehrenamtlichen Richter in einer bestimmten Sache zu einem späteren mündlichen Termin herangezogen werden können, kann in diesem Termin mit diesen Beisitzern ausschließlich die ursprüngliche Sache verhandelt werden; das bedeutet also, dass bei einer Vertagung in diesem Falle die Notwendigkeit eintritt, die für diese Sitzung turnusgemäß zuständigen ehrenamtlichen Richter zusätzlich heranzuziehen, wenn mehrere Sachen an diesem Terminstage verhandelt werden sollen[212]. In der Sozialgerichtsbarkeit hat diese Frage nicht die Bedeutung wie in der Arbeitsgerichtsbarkeit, weil die meisten Prozesse nach sachaufklärender Vorbereitung durch die Berufsrichter in einer mündlichen Verhandlung entschieden werden können.

---

207 *Flatow/Joachim,* § 31 Anm. 1; *Dietz/Nikisch,* § 31 Anm. 5.

208 *Dersch/Volkmar,* Anm. 3 b.

209 *BAG,* Urt. v. 2.3.1962 – AZR 258/61 – AP Nr. 1 zu § 39 ArbGG 1953.

210 *Bader* in GK-ArbGG, § 39 Rn. 18.

211 Zuletzt *BAG,* Urt. v. 26.9.1996 – 8 AZR 126/95 – BB 1997 S. 61. A. A. *Gürth,* Der ehrenamtliche Richter am Arbeitsgericht im Arbeitsrecht, DB 1984 S. 158, der im Falle der Vertagung die Teilnahme derselben ehrenamtlichen Richter für zwingend hält. Die Ansicht von *Gürth* ist indes angesichts der neueren Rechtsprechung von Bundesverfassungsgericht und Bundesarbeitsgerichts wohl nicht mehr vertretbar. Zu den Anforderung an abstrakte Kriterien *Bader* in GK-ArbGG, § 39 Rn. 18.

212 *Neumann,* Die Gerichte für Arbeitssachen und das arbeitsgerichtliche Verfahren, RdA 1974 S. 195.

15. Ausschluss und Ablehnung

Ein Richter soll an der Behandlung einer einzelnen Rechtssache, die nach der Zuständigkeitsordnung und der Geschäftsverteilung vor ihn oder sein Kollegium als Rechtspflegeorgan gehört, nicht teilnehmen, wenn seine besonderen Beziehungen zu der Sache seine Unparteilichkeit oder auch nur das Vertrauen in seine Unparteilichkeit in Frage stellen. Das Gesetz unterscheidet danach den Ausschluss kraft Gesetzes und die Ausschließung infolge erfolgreicher Ablehnung. Auch die ehrenamtlichen Richter unterliegen unter denselben Voraussetzungen wie die Berufsrichter der Ausschließung oder Ablehnung ihrer Richtertätigkeit (§ 46 Abs. 2 ArbGG, § 60 SGG, §§ 41 ff. ZPO).

15.1 Ausschluss kraft Gesetzes

Kraft Gesetzes ist ein ehrenamtlicher Richter gem. § 41 ZPO von der Ausübung des Richteramts **ausgeschlossen** in Sachen, in denen er selbst, sein (ehemaliger) Ehegatte, sein (ehemaliger) Lebenspartner oder ein naher Verwandter Partei ist, in denen seine eigenen Interessen berührt werden (§ 41 Nr. 1 ZPO), in denen er Prozessbevollmächtigter, Beistand oder gesetzlicher Vertreter einer Partei ist oder gewesen ist, in denen er als Zeuge vernommen oder als Sachverständiger tätig oder tätig gewesen ist oder in einem früheren Rechtszug bei der angefochtenen Entscheidung mitgewirkt hat[213]. Ein ehrenamtlicher Beisitzer, der Mitglied einer Gewerkschaft ist, ist danach in einem Prozess seiner Gewerkschaft nicht kraft Gesetzes ausgeschlossen[214]. Dies gilt in einer Eingruppierungsstreitigkeit auch für das Vorstandsmitglied einer Gewerkschaft, das den Tarifvertrag zur Annahme weitergeleitet hat[215]. Auch die beratende Tätigkeit eines Gewerkschaftssekretärs gegenüber einer Prozesspartei vor dem Prozess hat nicht dessen Ausschluss vom Richteramt zur Folge. Ist dagegen der Gewerkschaftssekretär zur Führung des Prozesses bevollmächtigt gewesen, so ist er an der Ausübung des Richteramtes gehindert[216]. Auch bei einer Klage gegen eine Arbeitgebervereinigung sind deren Mitglieder, die als ehrenamtliche Richter mitwirken, von der Ausübung ihres Richteramtes nicht ausgeschlossen, sofern sich – was allerdings die Regel ist – die Haftung der Mitglieder auf das Verbandsvermögen beschränkt[217]. Dagegen ist in dem Rechtsstreit einer Stadtgemeinde die Ausschließung gegeben, wenn der auf Arbeitgeberseite tätige ehrenamtliche Richter zur Vertretung der Gemeinde berechtigt ist[218]. Andererseits liegt ein Ausschließungsgrund nicht vor, wenn der betreffende ehrenamtliche Richter lediglich in einem öffentlich-rechtlichen oder privatrechtlichen Anstellungsverhältnis zu der verklagten Gebietskörperschaft steht[219].

In der **Sozialgerichtsbarkeit** ist zusätzlich vom Richteramt ausgeschlossen, wer in dem vorausgegangenen Verwaltungsverfahren mitgewirkt hat (§ 60 Abs. 2 SGG). Demgegenüber

---

213 *BGS*, Urt. v. 1.9.1999 – B 13 RJ 27/99 R – ArbuR 1999 S. 448.
214 *BAG*, Urt. v. 20.4.1961 – 2 AZR 71/60 – AP Nr. 1 zu § 41 ZPO.
215 *BAG*, Beschl. v. 10.7.1996 – 4 AZR 759/94 – DB 1996 S. 2394.
216 *LAG Berlin*, Urt. v. 4.12.1956 – 5 Sa 450/56 – ARSt. 1957 S. 82, 112.
217 *Dietz/Nikisch*, § 49 Anm. 2.
218 *RAG* v. 7.8.1929, ArbRspr. 1929 S. 345.
219 *BAG*, Urt. v. 18.7.1963 – 2 AZR 436/62 – AP Nr. 1 zu § 59 MTL.

sind Vorstandsmitglieder und vertretungsberechtigte leitende Beschäftigte von Krankenkassen und Kassenverbänden nicht von der Wahrnehmung des Richteramtes in den Spruchkörpern für Kassenarztrecht kraft Gesetzes ausgeschlossen, wenn die von ihnen vertretene Krankenkasse zwar zum Rechtsstreit beigeladen ist, sich aber weder am Verwaltungsverfahren noch am Gerichtsverfahren aktiv beteiligt[220].

Eine Entscheidung über diesen Ausschluss kraft Gesetzes ist nicht notwendig[221].

15.2 Ablehnung durch die Prozessparteien, Selbstablehnung

15.2.1 Arbeitsgerichtsbarkeit

Von den Parteien des Rechtsstreits kann ein ehrenamtlicher Richter **abgelehnt** werden, wenn er von der Ausübung des Richteramtes kraft Gesetzes ausgeschlossen ist (s. 15.1) oder die Besorgnis seiner **Befangenheit** besteht (§ 41 Abs. 1 ZPO). Befangenheit liegt vor, wenn infolge persönlicher Bekanntschaft, Zugehörigkeit zum Betrieb[222] oder aus ähnlichen Gründen bei einer Partei sich die subjektive Vorstellung gebildet hat – die objektiv nicht begründet zu sein braucht –, dass der ehrenamtliche Richter nicht unparteiisch ist oder nicht sachlich entscheiden würde (§ 42 Abs. 2 ZPO). Die Tatsache, dass ein ehrenamtlicher Richter, der mit der Prozessführung nicht befasste Geschäftsführer des Arbeitgeberverbandes ist, dem die Beklagte angehört, rechtfertigt indes nicht die Ablehnung wegen Besorgnis der Befangenheit[223].

Darüber, ob Befangenheit vorliegt oder nicht, trifft das Gericht nach vorheriger schriftlicher dienstlicher Äußerung des abgelehnten Richter (§ 44 Abs. 3 ZPO), die in der Regel vorab der ablehnenden Partei zur Kenntniss zu geben ist, die Entscheidung.

Es ist aber geboten, dass der ehrenamtliche Richter auch von sich aus auf Umstände hinweist, die eine Befangenheit dartun könnten (§ 48 ZPO). Der ehrenamtliche Richter kann und sollte sich selbst ablehnen, wenn er sich persönlich für befangen hält, insbesondere Grund hat anzunehmen, bei Kenntnis dieses Sachverhalts würde eine der Parteien Anlass haben können, ihn wegen mangelnder Unbefangenheit ablehnen zu können. Eine Pflicht zur **Selbstablehnung** besteht allerdings nicht; wird sie unterlassen, werden die Parteien dadurch nicht ihrem gesetzlichen Richter entzogen.

Über eine Richterablehnung entscheidet das Arbeitsgericht in der gleichen Besetzung, in der es zur Zeit der Ablehnung tätig gewesen war, durch Beschluss (§ 46 Abs. 1 ZPO). Nur für den abgelehnten Beisitzer wird der nach der Reihenfolge der Liste nächstfolgende Beisitzer tätig (§ 45 ZPO)[224].

Das Arbeitsgericht kann ein Ablehnungsgesuch nicht dadurch übergehen, dass sich die Kammer auf einen anderen Termin vertagt und zu diesem Termin andere Beisitzer zugezogen wer-

---

220 *BSG,* Urt. v. 8.5.1996 – 6 RKa 16/95 – NJW 1997 S. 1661.

221 Bestehen Zweifel, hat der ehrenamtliche Richter die Tatsachen anzuzeigen. Es entscheidet dann die Kammer ohne den betreffenden ehrenamtlichen Richter duch feststellenden Beschluss, der keinem Rechtsmittel unterliegt (*Germelmann* in *Germelmann u. a.,* § 49 Rn. 14).

222 Vgl. *OLG Hamm*, Beschl. v. 29.6.1977 – 1 W 43/77 – BB 1978 S. 558.

223 *BAG*, Beschl. v. 6.8.1997 – 4 AZR 789/95 (A) – DB 1998 S. 832.

224 Zu beachten ist § 45 Abs. 2 ArbGG für den Fall, dass die Kammer durch das Ausscheiden des abgelehnten Mitglieds beschlussunfähig wird.

den. Nach der Entscheidung über das Ablehnungsgesuch muss in dem ersten dann stattfindenden Termin das Gericht in der Besetzung tätig werden, in der es zur Zeit der Ablehnung tätig war. Nur für den abgelehnten Richter tritt dann ein anderer Richter ein, wenn die Ablehnung für begründet erklärt worden ist[225].

Die positive oder negative Entscheidung über die Ablehnung oder Selbstablehnung unterliegt keinem Rechtsmittel (§ 49 Abs. 3 ZPO).

Die ehrenamtlichen Richter dürfen grundsätzlich nicht die dienstliche Zusammenarbeit mit dem Vorsitzenden der Kammer bzw des Senats oder anderen Beisitzern ablehnen. Dabei ist es unerheblich, ob die Ablehnung wegen persönlicher Eigenschaften oder aus Gewissensgründen erfolgt, da die ehrenamtlichen Richter gleichberechtigt das Urteil mitbestimmen. In gleicher Weise dürfen die Berufsrichter nicht die Zusammenarbeit mit den ehrenamtlichen Richtern ablehnen[226].

15.2.2 Sozialgerichtsbarkeit

Hier gelten zunächst die gleichen Grundsätze für die Befangenheit eines ehrenamtlichen Richters wie in der Arbeitsgerichtsbarkeit. Zusätzlich gilt nach § 60 Abs. 3 SGG die Besorgnis der Befangenheit stets als begründet, wenn der Richter dem Vorstand einer Körperschaft oder Anstalt des öffentlichen Rechts angehört, deren Interessen durch das Verfahren **unmittelbar** berührt werden. Da nach § 17 Abs. 2 SGG Vorstandsmitglieder allgemein ausgeschlossen sind, kann es sich hierbei nur um die Ausnahmefälle handeln, in denen Vorstandsmitglieder und leitende Beschäftigte der Kranken- und Pflegekassen sowie Geschäftsführer von Kassenverbänden, die kraft Amtes dem Vorstand angehören, in Angelegenheiten des Kassenarztrechts als ehrenamtliche Richter tätig sind. Hier werden die Interessen einer Kasse oder eines Kassenverbandes stets in irgendeiner Weise berührt sein, sei es, weil es um die Zulassung zur Kassenpraxis geht, oder weil die von den Kassen zu zahlenden Honorare in Streit stehen. Unmittelbar berührt werden die Interessen daher nur dann sein, wenn die Kasse oder der Kassenverband selbst als Prozesspartei am Verfahren aktiv beteiligt sind (vgl. Ziff. 15.1)[227].

Über die Ablehnung entscheidet der für die Entscheidung in der Hauptsache zuständige Senat des Landessozialgerichts (§ 60 Abs. 1 SGG) ohne Zuziehung der ehrenamtlichen Richter. Diese wirken nur ausnahmsweise mit, wenn diese Entscheidung im Rahmen einer mündlichen Verhandlung getroffen wird.

Im Verfahren vor dem Bundessozialgericht entscheidet der für die Hauptsache zuständige Senat (§ 171 SGG).

---

225 Vgl. *BAG,* Urt. v. 25.1.1963 – 1 AZR 527/61 – BAGE 14 S. 46.
226 *Wacke*, „Schöffenstreik" – oder Schöffenmut gegenüber Berufsrichtern? NJW 1995 S. 1199.
227 *BSG*, Urt. v. 8.5.1996 – 6 RKa 16/95 – NJW 1997 S. 1661.

16. Beratung und Abstimmung

Nach Abschluss der mündlichen Verhandlung berät die Kammer. Das Gericht hat zunächst zu berücksichtigen, ob der Kläger der Darlegungslast für seinen Anspruch genügt hat, d. h., ob die von ihm vorgetragenen Tatsachen den Klageantrag rechtfertigen, wenn man sie als unstreitig ansieht. Ist dies nicht der Fall, ist die Klage schon aus diesem Grunde als unbegründet abzuweisen. Ist eine Beweisaufnahme durchgeführt worden, so erfolgt die Würdigung der erhobenen Beweise nach der freien Überzeugung des Gerichts (§ 286 ZPO). Dabei entscheidet es insbesondere, ob es eine tatsächliche Behauptung für erwiesen bzw. wahr hält oder nicht. Es reicht ein brauchbarer Grad von Gewissheit aus, der den Zweifeln Schweigen gebietet, ohne sie völlig auszuschließen. Gerade Aussagen von Zeugen können im Rahmen der freien Überzeugung gewürdigt werden; Folgerungen dürfen aus der Art der Aussage, dem Verhalten der Zeugen, Indizien und weiteren Umständen gezogen werden. Die beweisbelastete Partei muss zur Überzeugung der Kammer das Vorliegen der umstrittenen und von ihr zu beweisenden Tatsache nachgewiesen haben. Was sie zu beweisen hat, ergibt sich nach den allgemeinen Beweislastregeln. Danach trägt der Kläger grundsätzlich die Beweislast für die von ihm vorgetragenen rechts- und klagebegründenden Tatsachen, der Beklagte für die rechtshindernden, rechtshemmenden und rechtsvernichtenden Tatsachen. Jede Partei trägt also im Prinzip die Beweislast für die Umstände, die sich zu ihren Gunsten auswirken würden. Zum Teil existieren besondere gesetzliche Regelungen zur Verteilung der Beweislast, etwa im Kündigungsrecht (§ 1 Abs. 2 Satz 4 KSchG bezüglich der Kündigungsgründe; § 1 Abs. 3 Satz 3 KSchG bezüglich der Sozialauswahl).

Für die Beratung mit den Beisitzern und die Abstimmung finden die allgemeinen Vorschriften der §§ 192 ff. GVG Anwendung (§ 9 Abs. 2 ArbGG, § 61 SGG). Die Beratung ist danach geheim. Dies gilt auch dann, wenn ein ehrenamtlicher Richter überstimmt wird. Die **Verschwiegenheitspflicht** bezieht sich auch auf den Hergang des Verfahrens, wenn die Öffentlichkeit ausgeschlossen war. Die Kundgabe einer abweichenden Meinung sieht das Gesetz nicht vor. Außer den zur Entscheidung berufenen Richtern dürfen nur die bei demselben Gericht zur ihrer juristischen Ausbildung beschäftigten Personen zugegen sein, soweit der Vorsitzende deren Anwesenheit gestattet. Die ehrenamtlichen Richter sollten auch deshalb während der Verhandlung jede Äußerung vermeiden, aus der die Parteien Schlüsse auf die Stimmenverhältnisse ziehen könnten. Zur Wahrung des Beratungs- und Abstimmungsgeheimnisses sind die ehrenamtlichen Richter auch gegenüber den sie entsendenden Verbänden verpflichtet. Für diese sollte es eine Selbstverständlichkeit sein, die Beisitzer nicht zur Verletzung ihrer Amtspflicht zu verleiten. Ein Beisitzer, der seine Schweigepflicht verletzt, kann seines Amtes wegen Verletzung der Amtspflicht enthoben werden (§§ 27, 37, 43 Abs. 3 ArbGG, §§ 22, 35, 47 SGG).

Geleitet wird die **Beratung** durch den Vorsitzenden. Er stellt die Fragen und zählt die Stimmen. Bei Meinungsverschiedenheit über den Gegenstand, die Fassung und Reihenfolge der Fragen oder über das Ergebnis der Abstimmung entscheidet die Kammer.

Gehen die Meinungen über die Beurteilung einer Streitsache innerhalb des Richterkollegiums auseinander, so ist über die Auslegung jeder zur Anwendung kommenden Norm, über jede Prozessvoraussetzung und jede Begründung oder zur Abwehr des erhobenen Anspruchs geltend gemachte Tatsache gesondert **abzustimmen.** Dabei gilt die Stimme des Beisitzers gleich der des Vorsitzenden. Es entscheidet stets die absolute Mehrheit der Stimmen. Es ist also möglich, dass der Vorsitzende von den Beisitzern überstimmt wird. Bei der Abstimmung geben zunächst die Beisitzer ihre Stimmen ab, und zwar der dem Lebensalter nach jüngste zuerst, dann erst der Vorsitzende. In. den Senaten der Landessozialgerichte und des Bundesarbeitsgerichts und Bundessozialgerichts geben vor dem Vorsitzenden noch die beiden Berufsrichter nach der Reihenfolge des Dienstalters und bei gleichem Dienstalter nach dem Lebensalter ihre Stimmen ab. Ein in einer Frage überstimmter Richter darf die Abstimmung über einen weiteren Punkt nicht verweigern, sondern muss vom Ergebnis der vorausgegangenen Abstimmung ausgehen. Die förmliche Abstimmung ist entbehrlich, wenn bei der Beratung die Ansicht jedes Richters deutlich wird.

17. Ausschuss der ehrenamtlichen Richter

17.1 Bildung des Auschusses der ehrenamtlichen Richter

Nach dem Willen des Gesetzgebers soll die Mitwirkung der ehrenamtlichen Richter nicht auf die eigentliche Spruchtätigkeit beschränkt bleiben; vielmehr soll ihnen auch Einfluss auf die Angelegenheiten der Gerichtsverwaltung zukommen.

Daher ist bei den **Arbeitsgerichten,** die aus mehr als einer Kammer bestehen, ferner bei allen **Landesarbeitsgerichten** die Einrichtung eines mindestens sechsköpfigen Ausschusses der ehrenamtlichen Richter zwingend vorgesehen (§§ 29, 38 ArbGG). Bei den Arbeitsgerichten mit nur einer Kammer hält das Gesetz die Errichtung von Beisitzerausschüssen deshalb nicht für erforderlich, weil bei der engen Zusammenarbeit an diesen Gerichten der erforderliche Einfluss der Beisitzer ohnedies gewährleistet ist. Beim Bundesarbeitsgericht wird der Ausschuss durch ein Anhörungsrecht der beiden lebensältesten Beisitzer aus den Kreisen der Arbeitnehmer und der Arbeitgeber ersetzt (s. Ziff. 17.3).

In der **Sozialgerichtsbarkeit** ist bei den **Gerichten aller Instanzen** ein aus sechs Mitgliedern bestehender Ausschuss der Beisitzer vorgesehen (§§ 23, 35, 47 SGG).

17.2 Wahlverfahren

In der Arbeitsgerichtsbarkeit legt das Gesetz fest, dass der Ausschuss aus mindestens je drei Beisitzern aus Kreisen der Arbeitgeber und Arbeitnehmer **paritätisch** besetzt sein muss (§ 29 Abs. 1 Satz 2 ArbGG). Auch bei einer Erhöhung der Mitgliederzahl durch Landesrecht, Verwaltungsvorschriften oder Muster-Wahlordnungen bzw. Beschlüssen der Wahlberechtigten muss die Parität gewahrt bleiben.

In der **Sozialgerichtsbarkeit** ist die Mitgliederzahl vorn Gesetzgeber **definitiv auf sechs begrenzt** worden, sie kann auch bei größeren Gerichten nicht erweitert werden. Im Gegensatz zur Arbeitsgerichtsbarkeit fehlt eine gesetzliche Festlegung zum Verhältnis der Vertretung der Kreise (§ 23 Abs. 1 Satz 2 SGG). Auch hier ist es als **sinnvoll** zu erachten, im Landesrecht, in Verwaltungsvorschriften oder Muster-Wahlordnungen bzw. Beschlüssen der Wahlberechtigten eine **Mindest- oder Höchstrepräsentanz der einzelnen Kreise** vorzusehen[228].

Die Mitglieder der Ausschüsse werden in ihr Amt gewählt. Erforderlich ist die Bestellung eines Wahlvorstands bzw. Wahlausschusses. Wahlberechtigt sind alle für das betreffende Gericht bestellten ehrenamtlichen Richter. Sie sind für die Wahl der Ausschüsse in gleichem Umfang entschädigungsberechtigt wie für die Teilnahme an Kammerterminen (§ 8 Buchst. b EhrRiEG; s. Anhang 3). Bis auf die Festlegung der Gruppenwahl in der Arbeitsgerichtsbarkeit und der gemeinsamen Wahl in der Sozialgerichtsbarkeit enthalten die Gesetze keine besonderen Bestimmungen über das Wahlverfahren im Einzelnen. Falls **Vorgaben** im Landesrecht, in Verwaltungsvorschriften oder Muster-Wahlordnungen **fehlen**, müssen sich die

---

228 *Schmidt* in *Hennig,* § 23 Rn. 3; § 8 Abs. 3 Geschäftsordnung des *BSG* von 1981, BAnz. Nr. 129 S. 5: Soll-Vorschrift über die Wahl je eines Vertreters der sechs Kreise.

ehrenamtlichen Richter – zweckmäßigerweise im Einvernehmen mit dem Direktor oder Präsident des Gerichts – selbst über das Wahlverfahren schlüssig werden und im Wege **autonomer** Selbstverwaltung entsprechende Regeln aufstellen. Jedes ordnungsgemäße, **demokratischen Grundsätzen** entsprechende Wahlverfahren (unmittelbare, allgemeine, gleiche und freie Wahlen) ist zulässig[229]. Es sind **Persönlichkeitswahlen**[230] oder Wahlen nach den Grundsätzen der **Verhältniswahl** möglich. Es ist auch ein gemischtes Wahlsystem[231] dergestalt zulässig, dass ehrenamtlichen Richtern Wahlvorschläge der vorschlagsberechtigten Stellen zusammen mit den sonstigen Wahlunterlagen übersandt werden, und die Wähler im Wege der Persönlichkeitswahl ohne Bindung an die Wahlvorschläge Personen aus der Wählerliste auswählen.

Nur für die **Arbeitsgerichtsbarkeit** bestimmt das Gesetz, dass die Ausschussmitglieder in **getrennter Wahl** jeweils durch Arbeitgeber- und Arbeitnehmerbeisitzer, also nach Gruppen (Kreisen), zu wählen sind (§ 29 Abs, 1 Satz 2 ArbGG). Damit ist dort die gemeinsame Wahl von Arbeitnehmern- und Arbeitgeberbeisitzern durch alle Wahlberechtigten ausgeschlossen.

In der **Sozialgerichtsbarkeit** ist nach dem Gesetzeswortlaut vorgeschrieben, dass die Mitglieder von den ehrenamtlichen Richtern **aus ihrer Mitte,** also in gemeinsamer Wahl, gewählt werden (§ 23 Abs. 1 Satz 2 SGG); getrennte Wahlen nach Gruppen (Kreisen) sind somit hier nicht gesetzlich vorgesehen[232].

Es hat sich in der Praxis herausgestellt, dass es – zumindest bei den größeren Gerichten – nur im Wege der **Briefwahl** zu einer angemessenen Wahlbeteiligung kommt, dass aber andererseits gerade bei der Briefwahl an eine Wahlordnung, die allen demokratischen Grundsätzen entspricht, recht hohe Anforderungen gestellt werden müssen. Ebenfalls hat sich in der Praxis gezeigt, dass es verhältnismäßig mühsam ist, etwa in einer Vollversammlung sämtlicher Beisitzer eine Wahlordnung, die allen Anforderungen entspricht, auszuarbeiten und zu verabschieden. Der in der **Anlage 6** abgedruckte hessische **„Runderlass Wahl der Mitglieder der Ausschüsse der ehrenamtlichen Richterinnen und Richter bei den Gerichten für Arbeitssachen“ vom 12.2.2002** soll deshalb die Wahldurchführung bzw. Beschlussfassung über das Wahlverfahren erleichtern.

17.3 Amtsdauer und Wiederwahl

Die **Amtsperiode des Ausschusses** beträgt im **Regelfall fünf Jahre.** Das Arbeitsgerichtsgesetz und das Sozialgerichtsgesetz verbieten nicht, insbesondere durch Landesrecht oder Verwaltungsvorschrift des zuständigen Ministeriums oder der beauftragten Stelle im Interesse der Amtskontinuität und Reduzierung des Verwaltungsaufwands die Amtsperiode des Ausschusses auf sechs Jahre auszudehnen. Daneben besteht jedoch auch die Möglichkeit, die Wahl auf eine kürzere Amtszeit zu beschränken. Die Mitgliedschaft im Ausschuss erlischt mit Ablauf der Amtsperiode des Ausschusses.

---

229 *Bayerisches LSG,* Beschl. v. 31.1.1963 – L 1/R 2/62 – Breith 1963 S. 543; *Peters/Sautter/Wolff,* § 23 Rn. 3.

230 *Bayerisches LSG,* Beschl. v. 31.1.1963 – L 1/R 2/62 – Breith 1963 S. 543; *Meyer-Ladewig,* § 23 Rn. 2.

231 *Prütting* in *Germelmann u. a.,* § 30 Rn. 9.

232 A. A ohne nähere Begründung *Meyer-Ladewig,* § 23 Rn. 2.

Die Amtsdauer der gewählten Ausschussmitglieder kann weiterreichen als ihre fünfjährige Berufung als Beisitzer. Der Ablauf der Amtszeit der ehrenamtlichen Richter führt dann nicht zur Beendigung der Mitgliedschaft im Ausschuss, wenn sich die sofortige **Wiederernennung** als ehrenamtlicher Richter anschließt, In diesem Falle dauert das Amt fort, was sich bereits daraus ergibt, dass auch eine erneute Vereidigung nicht erforderlich ist (s. Ziff. 5). In einer Regelung kann bestimmt werden, dass die Beendigung der Mitgliedschaft auch dann nicht eintritt, wenn sich die erneute Berufung an einen kürzeren Zeitraum (bis zu sechs Monaten) anschließt. In diesen Fällen des nur vorübergehenden Ruhens der Mitgliedschaft sind die gewählten **Ersatzmitglieder** heranzuziehen.

Nach Ablauf der Amtsperiode ist jeweils ein neuer Ausschuss zu wählen. Die Wiederwahl der bisherigen Mitglieder ist möglich. Ein Nachrücken aus den Reihen der gewählten Ersatzmitglieder ist dann zulässig, wenn ein Ausschussmitglied vor Ablauf der Amtsperiode des Ausschusses aus dem Amt des ehrenamtlichen Richters vorzeitig oder regulär ausscheidet[233].

17.4 Aufgaben des Ausschusses der ehrenamtlichen Richter

Die Beisitzer haben durch ihre Beisitzerausschüsse bei der **Bildung von Spruchkörpern, der Geschäftsverteilung, der Verteilung der Beisitzer auf die Spruchkörper** und der Aufstellung der **Liste über die Heranziehung zu den Sitzungen** ein Mitwirkungsrecht (§§ 29 Abs. 2, 38 ArbGG, 23, 35, 47 SGG). Dies gilt gleichermaßen für die erstmaligen Entscheidungen zu Beginn des Geschäftsjahres als auch für spätere Änderungen der Geschäftsverteilung, Verteilung der Beisitzer und der Beisitzerlisten. Auch dann, wenn eine bisher bestehende Kammer aufgelöst werden soll, muss der Beisitzerausschuss angehört werden[234].

Obwohl beim **Bundesarbeitsgericht** – im Gegensatz zum Bundessozialgericht – die Bildung eines Beisitzerausschusses nicht vorgesehen ist, besteht auch hier ein Mitwirkungsrecht, das allerdings auf die Geschäftsverteilung und die Zuteilung der ehrenamtlichen Richter zu den einzelnen Senaten beschränkt ist. Dieses wird durch die beiden der Geburt nach **ältesten ehrenamtlichen Richter** aus den Kreisen der Arbeitgeber und Arbeitnehmer wahrgenommen (§ 44 Abs. 1 ArbGG).

Die gesetzlich vorgesehene Mitwirkung erfolgt im Wege einer zwingend vorgeschriebenen mündlichen oder schriftlichen **Anhörung.** Auf sein Anhörungsrecht kann der Beisitzerausschuss nicht verzichten. Die Anhörung ist weniger als die Herstellung eines Einvernehmens oder eine Beratungspflicht, aber mehr als lediglich die Entgegennahme einer Meinungsäußerung des Ausschusses. Man wird sie als eine Form der gutachtlichen Mitwirkung ansehen müssen. Dies setzt voraus, dass **geplante** Maßnahmen, also bevor die endgültige Entscheidung getroffen ist, den Ausschussmitgliedern so verständlich und so **rechtzeitig** erläutert werden, dass der Ausschuss Position beziehen kann. Die Unterrichtung des Ausschusses kann auf einer Sitzung oder auch schriftlich erfolgen. Auf jeden Fall muss den Ausschussmitgliedern eine angemessene Frist zur Äußerung gelassen werden. Der Direktor bzw. Präsidenten des Gerichts muss sich ernsthaft mit der Stellungnahme des Ausschusses befassen. Das Anhö-

233 Vgl. hierzu *Schuldt,* Die Beisitzerausschüsse in der Arbeitsgerichtsbarkeit, ArbuR 1958 S. 336 ff.; *Röhsler,* Der Beisitzerausschuss in Theorie und Praxis, ArbuR 1970 S. 65 ff.

234 *Dietz/Nikisch,* § 29 Rn. 13.

rungsrecht umfasst auch das Recht des Ausschusses, von dem Direktor bzw. Präsidenten des Gerichts über die endgültig getroffenen Entscheidung in angemessener Zeit unterrichtet zu werden.

Der Ausschuss darf und soll sich darüber hinaus aber auch mit **anderen Punkten** befassen, wenn ein entsprechender **Antrag** vorliegt. Das ist der Sinn der gesetzlichen Regelungen (§ 29 Abs. 2 Satz 2 ArbGG, § 23 Abs. 2 Satz 2 SGG), die besagen, dass der Ausschuss dem Direktor bzw. Präsidenten des Gerichts und den die Verwaltung und Dienstaufsicht führenden Stellen Wünsche der Beisitzer übermitteln kann. Durch diese Verfahrensweise ist in geordneter Form sichergestellt, dass allgemeine Fragen, wie etwa Art und Zeit der Einberufung der Beisitzer zu den Sitzungen, Beginn, Umfang und Dauer der Sitzungen, Sitzungspausen, Besprechung und Beratung am Sitzungstag, Fristen für Terminanberaumungen, Verfahren bei Klageaufnahmen, Ausstattung der Gerichte etc., erörtert werden können. Der einzelne Beisitzer ist damit gehalten, seine Wünsche zunächst dem Ausschuss zuzuleiten. Das gibt den von einzelnen Beisitzern dennoch unmittelbar angerufenen Stellen das Recht, sie an den zuständigen Ausschuss zu verweisen. Erst wenn der Ausschuss die Anregung als sinnvoll erachtet, sollen andere Stellen damit befasst werden. Das Recht zur Übermittlung von Wünschen schließt des Recht des Ausschusses ein, von dem Direktor bzw. Präsidenten des Gerichts oder der dienstaufsichtsführenden Stelle über das Ergebnis der Prüfung in angemessener Zeit unterrichtet zu werden.

Aus einem **Verstoß** gegen das Mitwirkungsrecht des Ausschusses können **keine prozessualen Folgen** abgeleitet werden, da der Ausschuss keine Entscheidungsbefugnis hat, sondern nur zu hören ist. Die z. B. vom Präsidium ohne Anhörung des Ausschusses beschlossene Geschäftsverteilung kann daher nicht zur Anfechtung eines Urteils führen. Wenn der Ausschuss sich übergangen fühlt, kann er die zuständige Aufsichtsbehörde (Präsident des Landesarbeitsgerichts bzw. des Landessozialgerichts und Ministerium), die über sein Recht wacht, anrufen oder sich wegen der Missachtung seiner Rechte bei dieser beschweren.

Es ist nun leider eine Tatsache, dass die Ausschüsse der ehrenamtlichen Richter in der Praxis nur geringe Bedeutung erlangt haben, jedenfalls nicht die, die der Gesetzgeber angestrebt und offensichtlich erwartet hat[235]. In der Regel werden zwar die Ausschüsse einmal im Jahr zu einer Sitzung zusammengerufen; sehr ergiebig verlaufen diese Sitzungen häufig jedoch nicht. Die meisten Ausschussmitglieder verhalten sich passiv und beschränken sich auf die bloße Entgegennahme der mündlichen Erklärungen des Vorsitzenden über den Geschäftsverteilungsplan und die Beisitzerlisten. Nicht selten wird in der Praxis auf eine mündliche Anhörung gänzlich verzichtet; den Ausschussmitgliedern werden Geschäftsverteilungsplan und gelegentlich auch ein kurzer Geschäftsbericht schriftlich zugesandt, womit der gesetzlichen Vorschrift dem Wortlaut nach Genüge getan ist. Eine lebendigere Zusammenarbeit zwischen den Ausschüssen der ehrenamtlichen Richter und den Gerichtsverwaltungen wäre jedoch im Sinne einer sachgerechten Regelung der anstehenden vielfältigen Fragen wünschenswert. An dieser Stelle sollen nur wenige **Punkte** genannt werden, an deren Regelung seitens der **ehrenamtlichen Richter ein Interesse** besteht: Rechtzeitigkeit und Form der Einladung zum Sitzungsdienst, Frist und Form der Zusage oder der Entschuldigung der Beisitzer bei Verhinderung, insbesondere bei plötzlicher und kurzfristiger Verhinderung, Teilnahme der gleichen Beisitzer an vertagten Verhandlungen, Umfang und Dauer der Sitzungen, Tagesstunden der Sitzungen, Sitzungspausen, Übersendung eines Terminplanes, Art und Weise der Aktenein-

---

235 Vgl. hierzu die eingehende Untersuchung von *Röhsler,* Der Beisitzerausschuss in Theorie und Praxis, ArbuR 1970 S. 65, 69 ff.

sicht, Übermittlung von Aktenauszügen, etwa von langen Gutachten und langen Schriftsätzen zum Zwecke der besseren Unterrichtung, Umfang der mündlichen Unterrichtung vor den Sitzungen durch den Vorsitzenden und Übersendung von Urteilsabschriften; auch Fragen der Verhandlungsführung des Vorsitzenden werden in gewissem Umfang Gegenstand einer Erörterung sein können. Ferner können Fragen der Einrichtung oder Ausstattung des Gerichts, etwa des Sitzungssaales, erörtert werden, die Einrichtung oder Aufhebung von Gerichts- und Sprechtagen, die Vertretung bei längerem Ausfall eines Kammervorsitzenden, die Art und Weise der Aufarbeitung entstandener Rückstände, das Verhalten von Gerichtsangehörigen gegenüber Beisitzern, Vermehrung oder Verringerung der Anzahl von Beisitzern und andere den Geschäftsablauf betreffende Fragen. Auch die Frage der Abhaltung von Vortragsveranstaltungen und der Schulung von ehrenamtlichen Richtern ist ebenso schon erörtert worden, wie z. B. die leidige Parkplatzfrage für die mit Kraftwagen anreisenden ehrenamtlichen Richter. Der Möglichkeiten zur Füllung der Tagesordnung einer Ausschusssitzung gibt es jedenfalls viele.

Eine **Aktivierung** der Ausschüsse der ehrenamtlichen Richter ist nur dann möglich, wenn die Ausschussmitglieder regen Anteil an den Gerichtsvorgängen nehmen und sich auch um einen verstärkten Kontakt und Gedankenaustausch mit den übrigen ehrenamtlichen Richtern bemühen. Allerdings sind die Möglichkeiten, die die Ausschussmitglieder für einen Gedankenaustausch mit den ehrenamtlichen Richtern haben, gering. Für viele Ausschussmitglieder sind die von den Verbänden durchgeführten Veranstaltungen zur Schulung der ehrenamtlichen Richter oftmals die einzigen Gelegenheiten, mit den Kollegen ins Gespräch zu kommen. Es wäre daher zu überlegen, ob nicht die ehrenamtlichen Richter des jeweiligen Gerichts von sich aus die Initiative zur Bildung von Zusammenschlüssen ergreifen, die die Aufgabe der Information und des Kontaktes etwa auf Schulungsveranstaltungen der Verbände oder auch im Rahmen gesellschaftlicher Zusammenkünfte übernehmen könnten. Aber auch mit Hilfe geeigneter Aufklärungs- und Unterstützungsmaßnahmen durch das betreffende Gericht kann das Interesse der ehrenamtlichen Richter an der Ausschusstätigkeit geweckt bzw. verstärkt werden[236].

17.5 Einberufung des Ausschusses der ehrenamtlichen Richter, Sitzungsleitung

Die Ausschüsse werden ausschließlich vom Direktor bzw. Präsidenten des Gerichts, bei dessen Verhinderung von dem dienstältesten Vorsitzenden, mit einem Hinweis auf den Grund des Zusammentreffens **einberufen** (§§ 29 Abs. 1 Satz 3, 38 Satz 2 ArbGG, §§ 23 Abs. 1 Satz 3, 35 Abs. 1 Satz 2, 47 Satz 2 SGG). Ein Recht zur Selbstversammlung besteht für den Ausschuss nicht. Die Einberufungspflicht besteht in allen denjenigen Fällen von Amts wegen, in denen die Ausschüsse nach dem Gesetz zu hören bzw. zu beteiligen sind (§§ 29 Abs. 2, 38 Satz 2 ArbGG, §§ 23 Abs. 2, 35 Abs. 1 Satz 2, 47 Satz 2 SGG). Auch wenn die Mehrheit der Ausschussmitglieder eine Einberufung verlangt, muss der Direktor bzw. Präsident des Gerichts diesem Verlangen nachkommen[237]. Dasselbe wird nach richtiger Ansicht auch zu gelten haben, wenn nur einzelne Ausschussmitglieder die Einberufung verlangen oder anregen[237a].

236 *Prutting* in *Germelmann u. a.*, § 29 Rn. 21.
237 *Grunsky*, § 29 Rn. 4.
237a *Prütting* in *Germelmann u. a.*, § 29 Rn. 13.

Die Ausschussmitglieder sind kraft ihres Amtes **verpflichtet,** an den einberufenen Sitzungen **teilzunehmen.** Sie sind für die Teilnahme an den Ausschusssitzungen in gleichem Umfang entschädigungsberechtigt wie für die Teilnahme an Kammerterminen (§ 8 Buchst. b EhrRiEG; s. Anhang 3). Bleiben sie ohne genügende Entschuldigung fern oder erscheinen sie nicht rechtzeitig, dann kann auf Antrag des Direktors bzw. Präsidenten des Gerichts die vom Präsidium bestimmte Kammer des Landesarbeitsgerichts, in der Sozialgerichtsbarkeit der Direktor bzw. Präsident des Gerichts selbst, ein Ordnungsgeld bis zu 1000 € festsetzen (§§ 28, 37 Abs. 2 ArbGG, §§ 21, 35 Abs. 1 Satz 2, 47 Satz 2 SGG); bei grober Amtspflichtverletzung (z. B. öfterem Fehlen) ist sogar die Amtsenthebung vorgesehen (§§ 27 Satz 2, 37 Abs. 2 ArbGG, §§ 22 Abs. 1 Satz 2, 35 Abs. 1 Satz 2, 47 Satz 2 SGG).

Die **Leitung der Ausschusssitzungen** obliegt dem Direktor bzw. Präsidenten des Gerichts, im Verhinderungsfall dem dienstältesten Vorsitzenden (§§ 29 Abs. 1 Satz 3, 38 Satz 2 ArbGG, §§ 23 Abs. 1 Satz 3, 35 Abs. 1 Satz 2, 47 Satz 2 SGG). Dieser hat darauf zu achten, dass alle in die Tagesordnung aufgenommenen Punkte eingehend erörtert werden und alle Beteiligten Gehör finden. Über die zu beratenden Punkte ist abzustimmen, soweit dies erforderlich ist. Bei dieser Abstimmung, die mit einfacher Mehrheit erfolgt, hat der Vorsitzende kein Stimmrecht. Über das Ergebnis der Beratung ist zweckmäßigerweise eine **Sitzungsniederschrift** zu fertigen, die alsbald nach ihrer Abfassung den Ausschussmitgliedern zur Genehmigung in der nächsten Sitzung zuzusenden ist. Wenn sie schon am Schluss der Sitzung vorgelesen und genehmigt wird, sollten dennoch Kopien der Sitzungsniederschrift den Ausschussmitgliedern überlassen werden[238].

238 S. zum Ganzen *Schuldt*, Die Beisitzerausschüsse in der Arbeitsgerichtsbarkeit, ArbUR 1958 S. 336.

18. Sonstige Rechte und Pflichten

18.1 Unfallversicherungsschutz

Wenn ein ehrenamtlicher Beisitzer in Ausübung seines Amtes, etwa auf dem Weg zu oder von einer Gerichtssitzung, während der Sitzung oder Beratung oder auch aus Anlass der Teilnahme an einer Sitzung des Beisitzerausschusses einen Unfall erleidet, stellt sich die Frage, ob er den Schutz der gesetzlichen Unfallversicherung genießt oder für den Schaden selbst aufkommen muss. § 2 Abs. 1 Nr. 10 SGB VII bestimmt hierzu, dass u. a. die für den Bund oder ein Land ehrenamtlich Tätigen am Schutz der gesetzlichen Unfallversicherung teilnehmen. Dabei darf der Weg bis zu 2 Stunden zu privaten Zwecken unterbrochen werden; bei einer länger dauernden Unterbrechung steht der Beisitzer auf dem anschließenden Weg nicht unter dem Schutz der gesetzlichen Unfallversicherung[239]. Der Unfallversicherungsschutz erstreckt sich auch auf die Ausbildung für die ehrenamtliche Tätigkeit sowie auf mit der versicherten Tätigkeit in ursächlichem Zusammenhang stehende Vorbereitungshandlungen[240], also grundsätzlich auch auf die Teilnahme an Schulungsveranstaltungen für ehrenamtliche Richter.

Die gesetzliche Unfallversicherung deckt vorliegend nur Gesundheitsschäden ab (vgl. §§ 1, 8, 9, 13 SGB VII). Sachschäden infolge der Amtstätigkeit oder der Teilnahme an Schulungen können nur unter Beachtung der Grundsätze des enteignungsgleichen Eingriffs in entsprechender Anwendung der beamtenrechtlichen Vorschriften[241] mit den dazugehörenden Richtlinien ausgeglichen werden (vgl. im Übrigen zur Frage der gesetzlichen Unfallversicherung Anhang 7 III).

18.2 Zivilrechtliche Haftung

Die zivilrechtliche Haftung des ehrenamtlichen Richters gegenüber den Prozessparteien aus der Fällung eines fehlerhaften Urteilsspruches ist grundsätzlich ausgeschlossen (§ 839 Abs. 2 BGB; s. auch Ziff. 9). Das bedeutet aber noch nicht, dass für den ehrenamtlichen Beisitzer damit jegliches Risiko, aus seiner Amtstätigkeit in Anspruch genommen zu werden, entfällt. Denken wir nur an den Fall, das der Beisitzer es aus Nachlässigkeit unterlässt, an einer Sitzung, zu der er geladen war, teilzunehmen. War in dieser Sitzung die Vernehmung einer Reihe von Zeugen vorgesehen und müssen die Zeugen zum nächsten Termin erneut bestellt werden, so können dadurch Kosten in ansehnlicher Höhe entstehen. Da der ehrenamtliche Richter ein ihm anvertrautes öffentliches Amt ausübt, tritt zwar gemäß Artikel 34 GG im Verhältnis zu den Prozessparteien in erster Linie die Haftung des Staates für sein pflichtwidriges Verhalten ein. Dem Staat bleibt jedoch bei vorsätzlichem oder grob fahrlässigem Pflichtenverstoß der Rückgriff gegen denjenigen vorbehalten, der in Ausübung eines ihm anvertrauten

---

239 *BSG*, Urt. v. 5.5.1994 – 2 RU 16/93 – NJW 1995 S. 213.
240 *BSG*, Urt. v. 20.10.1983 – 2 RU 54/82 – EzS 40/370; *Lauterbach*, § 2 Rn. 366, 367
241 In Hessen § 94 HBG.

Amtes die ihm einem Dritten gegenüber obliegende Amtspflicht verletzt. In Betracht kommt auch die Auferlegung der Kosten nach § 21 SGG.

18.3 Strafrechtliche Verantwortlichkeit

Die Gleichstellung der ehrenamtlichen Beisitzer und der Vorsitzenden als Berufsrichter, auf die bereits an früherer Stelle wiederholt hingewiesen wurde (s. Ziff. 1, 9 15, 16), erstreckt sich auch auf das Strafrecht (§ 11 Abs. 1 Nr. 3 StGB). Ebenso wie der Berufsrichter kann der ehrenamtliche Richter gemäß § 332 Abs. 2 StGB mit Freiheitsstrafe von mindestens einjähriger Dauer bestraft werden, wenn er Geschenke oder andere Vorteile fordert, annimmt oder sich versprechen lässt, und zwar dafür, dass er eine richterliche Handlung vorgenommen hat oder künftig vornehme und dadurch seine richterlichen Pflichten verletzt hat oder verletzen würde (Bestechlichkeit). Wegen Richterbestechung kann mit Freiheitsstrafe zwischen drei bzw. sechs Monaten und fünf Jahren bestraft werden, wer einem ehrenamtlichen Beisitzer Vorteile anbietet, verspricht oder gewährt als Gegenleistung für eine geschehene oder künftige richterliche Handlung, mit der die richterlichen Pflichten verletzt werden (§ 334 Abs. 2 StGB). Außerdem ist zu verweisen auf § 331 Abs. 2 StGB (Vorteilsannahme), § 333 Abs. 2 StGB (Vorteilsgewährung), §§ 335, 336 StGB sowie § 339 StGB (Rechtsbeugung).

18.4 Anspruch auf Schulung?

Obwohl die ehrenamtlichen Richter Teil der rechtsprechenden Gewalt sind und somit eine staatliche Aufgabe erfüllen, sieht das Gesetz zwar nicht vor, dass Bund und Länder die von ihnen berufenen ehrenamtlichen Richter durch Schulung auf das richterliche Amt vorbereiten oder sie während ihrer Tätigkeit unterstützen müssen. Jedoch ergibt sich aus § 8 Buchst. a EhriEG (Anhang 3) der grundsätzliche Wille des Bundesgesetzgebers, die Fortbildung der ehrenamtlichen Richter durch Entschädigungsleistungen zu fördern, soweit die zuständigen staatlichen Stellen entsprechende Tagungen durchführen. Dass eine Schulung der Beisitzer in der Regel geboten und nützlich ist, kann nicht zweifelhaft sein. Denn oft reichen weder die im Arbeitsleben erworbenen arbeitsrechtlichen Kenntnisse noch die sich erst nach und nach ergebende gerichtliche Praxis aus. Mangels ausdrücklicher gesetzlicher Regelung, ist jedoch eine Verpflichtung des Staates zur Ausbildung gegenüber den ehrenamtlichen Richtern zu verneinen. Nur in Brandenburg haben die ehrenamtlichen Richter in ihrer Funktion einen Anspruch auf Weiterbildung (Art. 110 Abs. 2 Satz 2 Landesverfassung). Die Aus- und Fortbildungsaufgabe wird in der Praxis weitgehend von den Verbänden und Gewerkschaften mit teilweiser finanzieller Förderung durch den Staat getragen[242]. Diese nehmen dabei, neben aus der Koalitionsfreiheit (Art. 9 GG) folgenden berechtigten verbandsbezogenen Interessen, in erster Linie öffentliche Interessen wahr, da es sich bei der Schulung der ehrenamtlichen Richter um eine öffentliche Gemeinschaftsaufgabe handelt.

---

242 *Schuldt*, Schulung der Arbeitsrichter durch Verbände, ArbuR 1959 S. 117; *Brill*, Stellung, Rechte und Pflichten der ehrenamtlichen Richter der Arbeitsgerichtsbarkeit, DB 1970 Beilage Nr. 4 zu Heft 11; *Herschel,* Die ehrenamtlichen Richter der Arbeitsgerichtsbarkeit – Vorschläge zur Mehrung ihres Einflusses, ArbuR 1980 S. 323.

Nach § 26 ArbGG ist der Arbeitgeber verpflichtet, einen bei ihm beschäftigten Arbeitnehmer, der ehrenamtlicher Richter an einem Arbeitsgericht ist, zu gewerkschaftlichen Schulungsveranstaltungen für ehrenamtliche Richter der Arbeitsgerichtsbarkeit **freizustellen,** soweit sich diese Inanspruchnahme in angemessenen Grenzen hält und die Schulungsveranstaltung für die Tätigkeit als ehrenamtlicher Richter sachdienlich erscheint.

Eine **Entgeltfortzahlungspflicht** des Arbeitgebers besteht in diesen Fällen nicht nach richterrechtlichen Bestimmungen oder nach dem Grundgesetz, jedoch nach § 616 Abs. 1 BGB. Allerdings kann der Lohnfortzahlungsanspruch vertraglich eingeschränkt oder ganz ausgeschlossen werden, was sich vielfach auch aus Tarifverträgen ergibt[243].

Zum Ausgleich von Körper- und Sachschäden, die aufgrund der Teilnahme an Schulungen eingetreten sind, wird auf die Ausführungen in Ziff. 18.1 und im Anhang 7 verwiesen.

243 *BAG*, Urt. 25.8.1982 – 4 AZR 1147/79 – BAGE 40,75 = AP Nr. 1 zu § 26 ArbGG mit Anm. *Grunsky*; *ArbG Stuttgart*, Beschl. v. 21.5.1979 – 7 Ga 1/79 – DB 1979 S. 2504.

19. Entschädigung

19.1 Gesetzliche Anknüpfungspunkte der Entschädigung, Entschädigung für Zeiten der Akteneinsicht

Die Entschädigung der Beisitzer richtet sich für alle Sitzungsheranziehungen ab dem 1.7.2004 nach dem neuen **Justizvergütungs- und -entschädigungsgesetz (JVEG)**, das auszugsweise im Anhang 4 abgedruckt ist. Danach steht dem Beisitzer ein Anspruch auf Entschädigung für Zeitversäumnis, Fahrtkosten und Aufwand zu. Entschädigt wird die Teilnahme an Sitzungen, aber auch die Teilnahme an Einführungs- und Fortbildungstagungen aufgrund Heranziehung durch die zuständige staatliche Stelle sowie die Teilnahme an der Wahl und an Sitzungen des Beisitzerausschusses. Die gesetzlichen Anknüpfungspunkte der Entschädigung gehen somit über die eigentliche Amtstätigkeit hinaus. Das **Gesetz über die Entschädigung der ehrenamtlichen Richter** (abgedruckt im Anhang 3) gilt nur noch übergangsweise für Sitzungsheranziehungen vor dem 1.7.2004.

Keine Entschädigung soll der ehrenamtliche Richter dagegen nach der herrschenden Meinung in der Rechtsprechung[244] im Regelfall für die Vorbereitung auf die Sitzung erhalten, mag diese durch **Einsichtnahme in die Akten** an Gerichtsstelle oder durch Studium der Unterlagen außerhalb des Gerichts erfolgen. Denn die Vorschriften des Gesetzes über die Entschädigung der ehrenamtlichen Richter gewährten keinen Ersatzanspruch für die gesamte Zeit, die die ehrenamtlichen Richter persönlich für die Erfüllung ihres Ehrenamtes aufwenden. Der Ersatzanspruch sei vielmehr auf die Zeit beschränkt, die infolge der Heranziehung zu einem konkret bestimmten Termin notwendigerweise aufgewendet werden musste. Diese Rechtsansicht ist jedoch mit dem ausdrücklichen gesetzlichen Verbot der Beschränkung der ehrenamtlichen Richter bei der Amtsausübung (§ 26 Abs. 2 ArbGG, § 20 Abs. 1 SGG) nicht vereinbar[245]. Dementsprechend wird in der Verwaltungspraxis der Länder teilweise auch in diesen Fällen die Entschädigung gewährt. Der infolge der Akteneinsicht an Gerichtsstelle entstandene Zeitaufwand ist von der allgemein für das Ehrenamt ohne Entschädigungsanspruch aufgewendeten Zeit dahingehend abzugrenzen, dass die Entschädigung nur greift, soweit die Akteneinsicht von der Dauer her notwendig ist. Unstreitig hat der ehrenamtliche Richter einen Entschädigungsanspruch, wenn er vom Vorsitzenden gebeten wird, die Akten vor der Sitzung einzusehen, da er dann zu einer richterlichen Tätigkeit herangezogen wird (vgl. Ziff. 12.2)[246].

Zwar kann ein ehrenamtlicher Richter, soweit er insoweit keine Entschädigung aus der Staatskasse erhält, auch einen **Entgeltfortzahlungsanspruch** gegen seinen Arbeitgeber für Zeiten der Einsichtnahme in Prozessakten nach § 616 Abs. 1 BGB haben[247]. Jedoch sind in der Pra-

---

244 *BAG*, Beschl. v. 26.9.1972 – 1 AR 227/72 – AP Nr. 3 zu § 43 ArbGG 1953 (für ehrenamtliche Richter beim Bundesarbeitsgericht, da diese andererseits hinreichend unterrichtet sind); *LAG Bremen*, Beschl. v. 25.7.1988 – 2 Ta 72/87 – LAGE § 26 ArbGG 1979 Nr. 1; *LAG Hamm*, Beschl. v. 23.3.1993 – 8 Ta 294/91 – DB 1993 S. 842; *Rohwer/Kahlmann*, § 19 Rn. 35.

245 *SG Bremen*, Entsch. v. 11.2.1965 – SR 200/63 – SozSich 1965 Rspr. Nr. 1788; *Hartmann*, 2 EhriEG Rn. 1; *Grunsky*, § 26 Rn. 5a; *Prütting* in *Germelmann u. a.*, § 26 Rn. 17 (insoweit allerdings zu § 616 BGB); *Stahlhacke/Bader*, § 26 Rn. 3.

246 *Wolmerath* in: ArbGV, § 31 Rn. 15.

xis solche Ansprüche im Regelfall durch eine abschließende Regelung der Fälle bezahlter Freistellung im einschlägigen Tarifvertrag bzw. arbeitsvertraglich ausgeschlossen.

19.2 Entschädigung für Zeitversäumnis

Das Gesetz sieht für jeden Beisitzer eine Entschädigung für die reine **Zeitversäumnis** von 5 € vor (§ 16 JVEG). Entschädigt werden dabei nicht nur die Zeiten der eigentlichen Teilnahme an der Sitzung, sondern auch die Pausen und insbesondere Wege- (Hin- und Rückfahrt von und zu der Wohnung bzw. von und zum Arbeitsplatz ohne unnötige Umwege), Warte- und Umkleidezeiten. Hat z. B. ein ehrenamtlicher Richter an einer ausgedehnten Sitzung teilgenommen, so ist ihm daher auch eine angemessene Erfrischungs- bzw. Essenspause zuzubilligen und zu entschädigen[248]. Dabei ist die letzte angefangene Stunde voll zu rechnen.

Entsteht dem ehrenamtlichen Richter ein **Verdienstausfall,** so erhält er zusätzlich zu der Mindestentschädigung von 5 € für jede aufgewandte Stunde eine Entschädigung von höchstens 20 € für jede Stunde der versäumten Arbeitszeit. Dazu, dass grundsätzlich kein Anspruch auf Weiterzahlung des Arbeitsentgelts gegenüber dem Arbeitgeber für den Zeitraum der Ausübung des Ehrenamtes besteht, wird auf die Ausführungen in Ziff. 9 verwiesen. Als Entschädigung kann nach billigem Ermessen unter Berücksichtigung des Verdienstausfalls ein Betrag bis zu 39 € für jede Stunde gewährt werden, wenn der ehrenamtliche Richter innerhalb eines Zeitraums von mindestens 30 Tagen an sechs Tagen oder häufiger seiner regelmäßigen Erwerbstätigkeit entzogen oder wenn er in einem Verfahren an mehr als 20 Tagen herangezogen wird. Wird er in einem Verfahren an mehr als 50 Tagen herangezogen, so tritt an die Stelle des Betrages von 39 € ein Betrag von 51 €. Eine Heranziehung der ehrenamtlichen Beisitzer in einem solchen Umfang dürfte allerdings in der Arbeits- und der Sozialgerichtsbarkeit nicht in Frage kommen. Auch der Verdienstausfall wird nur für höchstens zehn Stunden täglich gewährt. Die Höhe des zu entschädigenden Verdienstausfalles richtet sich im Einzelfall nach dem regelmäßigen Verdienst. Ein Akkordarbeiter kann mithin die Erstattung der Vergütung verlangen, die er erzielt hätte, wenn er gearbeitet hätte. Ein Handelsvertreter erhält z. B. nur den Verdienstausfall nach seinem regelmäßigen Monatsdurchschnittsverdienst. Er kann deshalb z. B. einen höheren Verdienst nicht mit der Begründung geltend machen, er hätte am Sitzungstag einen bestimmten Abschluss tätigen können, der ihm eine höhere Provision eingebracht hätte.

Der zu entschädigende Verdienstausfall ist nicht nur auf die während der Sitzungsdauer versäumte Zeit beschränkt. Bei einem Fernfahrer z. B., der infolge einer Sitzung seine Fahrt nicht mehr antreten kann und deshalb einen Verdienstausfall für einen vollen Tag erleidet, ist die gesamte Arbeitszeit dieses Tages der Berechnung des Verdienstausfalls zugrunde zu legen. Ebenfalls ist z. B. ein Schichtarbeiter, dem vor oder nach der Sitzung wegen deren Dauer die Arbeitsaufnahme nicht mehr zugemutet werden kann und deshalb eine angemessene Ruhepause in Anspruch nimmt, bei einem Verdienstausfall zu entschädigen; dabei ist auch zu prüfen, ob nach den konkreten Umständen von dem ehrenamtlichen Richter billigerweise erwartet werden kann, dass er am nächsten Tag seine berufliche Tätigkeit sogleich wie-

---

247 *LAG Bremen,* Urt. v. 14.6.1990 – 3 Sa 132/89 – AiB 1992 S. 50 = LAGE § 616 BGB Nr. 5; *Dörner* in GK-ArbGG, § 26 Rn. 5.

248 *Meyer/Höver/Bach,* § 4 Rn. 3, 2; *Brocke/Reese,* § 2 EhrRiEG Anm. 2.

der aufnimmt[249]. Die Berechnung des Verdienstausfalles ist also jeweils auf den Einzelfall abzustellen.

Als Verdienstausfallentschädigung ist bei **Arbeitnehmern** der **Bruttoverdienst,** also einschließlich der vom **Arbeitnehmer zu tragenden Sozialversicherungsbeiträge,** zu zahlen. Außer dem Bruttoverdienst sind noch die vom **Arbeitgeber zu tragenden Sozialversicherungsbeiträge** zu erstatten. Hierdurch soll eine spätere Rentenminderung verhindert werden. Es ist Sache des ehrenamtlichen Richters, für die Weiterleitung der auf die vollständigen Sozialversicherungsbeiträge entfallenden Entschädigungsbeträge über seinen Arbeitgeber an seine Krankenkasse als Einzugsstelle zu sorgen (s. Ziff. 19.5 und Anhang 7 II).

Aufgrund welcher **Nachweise** der für die Entschädigung zuständige Urkundsbeamte der Geschäftsstelle die Verdienstausfallentschädigung im Einzelfall berechnen soll, sagt das Gesetz nichts. Regelmäßig wird bei als Arbeitnehmern tätigen Beisitzern eine **Verdienstbescheinigung** ausreichen, aus der sich die einzelnen Beträge ersehen lassen. Sie zu beschaffen, obliegt dem ehrenamtlichen Richter.

Auch ein als **Selbständiger** tätiger Beisitzer hat Anspruch auf Entschädigung seines Verdienstausfalls, er braucht sich nicht auf einen Ausgleich durch Nachholen der versäumtem Arbeitszeit verweisen lassen[250]. Bei Selbständigen tritt nach allgemeiner Lebenserfahrung durch Zeitversäumnis in aller Regel ein Verdienstausfall ein[251], jedoch ist der schriftliche Nachweis eines Verdienstausfalls in bestimmter Höhe durchweg nicht möglich[252]. Es genügt, dass der prüfende Urkundsbeamte der Geschäftsstelle nach seiner Kenntnis von der Person und den wirtschaftlichen Verhältnissen des Beisitzers die Überzeugung erlangt, dass ein Verdienstausfall in einer Mindesthöhe eingetreten ist[253]. Im Rahmen der pflichtgemäßen Prüfung darf das Gericht nicht zu kleinlich vorgehen[254]; hierbei wird in der Regel der Höchststundensatz für versäumte Arbeitszeit von 20 € anzuwenden sein[255].

Zu den ehrenamtlichen Richtern, die **keinen Verdienstausfall** erleiden oder einen solchen nicht nachweisen können und deshalb nur den Regelsatz von 5 € je Stunde Zeitaufwand erhalten, zählen insbesondere: Rentner, Haushaltsführende, Arbeiter und Angestellte im öffentlichen Dienst[256] oder Beamte, deren Einkommen wegen des Arbeitsausfalls nicht gekürzt wird. Dasselbe gilt auch für Arbeitslose, soweit die Lohnersatzleistungen wegen der Sitzungsteilnahme nicht gekürzt werden.

Wer nicht erwerbstätig ist und einen **eigenen Haushalt** für mehrere Personen führt, erhält außer den 5 € noch 12 € je Stunde bis höchstens 10 Stunden pro Tag. Dies gilt auch für teilzeitbeschäftigte ehrenamtliche Richterinnen und Richter, wenn sie außerhalb ihrer vereinbarten Arbeitszeit herangezogen werden; die Anzahl der Stunden für Hausarbeit und der vereinbarten regelmäßigen Arbeitszeit darf 10 je Tag nicht überschreiten.

---

249 *Meyer/Höver/Bach,* § 4 Rn. 6.1, 6.2 m. w. N.; *Brocke/Reese,* § 2 EhrRiEG Anm. 2.
250 *LSG Rheinland-Pfalz,* Beschl. v. 18.1.1973 – L 3 S 19/72 – Breith. 1973 S. 425.
251 Vgl. *ArbG Göttingen,* Entsch. v. 14.11.1961, BB 1962 S. 599.
252 *Meyer/Höver/Bach,* § 4 Rn. 172 m. w. N.; *Rohwer/Kahlmann;* § 19 Rn. 39.
253 *LSG Niedersachsen,* Beschl. v. 11.8.1959 – L 1 An-RF 1/58 – Breith. 1960 S. 90.
254 *Hartmann,* § 2 EhrRiFG Rn. 9.
255 *SG Saarland,* Entsch. v. 23.1.1962 – S. 13 An 1/61 B – Breith. 1963 S. 367; *Peters/Sautter/Wolff,* § 19 Rn. 23.
256 Z. B. in Hessen Erlass des HMdI v. 15.7.1994 (StAnz. S. 1973).

19.3 Fahrtkostenentschädigung

Das Gesetz bestimmt ferner, dass die ehrenamtlichen Richter auch eine **Entschädigung für Fahrtkosten** erhalten (§§ 15 Abs. 1 Nr. 1, 5 JVEG).

Die vorzugsweise Benutzung öffentlicher Verkehrsmittel ist vom Gesetz nicht vorgesehen. Es bleibt dem ehrenamtlichen Richter daher überlassen, ob er ein öffentliches Verkehrsmittel oder sein eigenes oder ein unentgeltlich von einem Dritten zur Verfügung gestelltes Kraftfahrzeug benutzen will. Die Entschädigung von durch die Benutzung eines Fahrrads entstehenden Fahrtkosten ist im Gesetz nicht vorgesehen.

Bei Benutzung seines eigenen oder eines unentgeltlich von einem Dritten zur Verfügung gestellten **Kraftfahrzeugs** wird pauschal ein fester Satz von **0,30 € je angefangenem Kilometer** des Hin- und Rückweges zuzüglich durch die Benutzung angefallener barer Auslagen (insbesondere Parkgebühren, evtl. Straßenbenutzungsgebühren) gewährt (§ 5 Abs. 2 Satz 1 Nr. 2 JVEG). Für die Leistung des Pauschalsatzes ist es unerheblich, ob und in welcher Höhe tatsächliche Kosten entstanden sind[257] und wie lang die Gesamtstrecke ist; die frühere Begrenzung auf grundsätzlich 200 km ist durch das JVEG entfallen. Ebenso wenig kommt es darauf an, ob die Benutzung eines öffentlichen Verkehrsmittels billiger gewesen wäre.

Bei der Benutzung **öffentlicher Verkehrsmittel** ist die Entschädigung ebenfalls nicht auf eine bestimmte Gesamtstrecke begrenzt. Die Wahl der Wagenklasse bei der Benutzung öffentlicher Verkehrsmittel überlässt das Gesetz dem ehrenamtlichen Richter. In jedem Falle werden aber immer nur die wirklich entstandenen Auslagen ersetzt. Wer eine Freifahrkarte oder eine BahnCard besitzt, erhält keine oder nur eine reduzierte Entschädigung[258]. Wer die 2. Wagenklasse benutzt hat, kann nicht die 1. Klasse erstattet verlangen. Unternimmt der ehrenamtliche Richter während der Sitzung, etwa in der Mittagspause oder bei mehrtägigen Sitzungen am Abend, Heimfahrten, so werden die Fahrtkosten nur bis zur Höhe der eingesparten, sonst anfallenden Entschädigungen gezahlt. Tritt der ehrenamtliche Richter die Reise zum Sitzungsort von einem anderen als dem Wohnort an oder fährt er nach der Sitzung zu einem anderen als dem Wohnort, so werden grundsätzlich nur die Kosten der Reise von und zum Wohnort ersetzt. Mehrkosten werden nach billigem Ermessen nur bei Vorliegen besonderer Umstände, wie z. B. bei einem Kuraufenthalt[259] oder Anreise aus dem Urlaubsort zu einer vom Kammervorsitzenden angeordneten Fortsetzungsverhandlung, ersetzt. Während der Sitzung anfallende Fahrtkosten, etwa durch Teilnahme an Ortsbesichtigungen usw., werden nach entsprechenden Grundsätzen erstattet.

19.4 Aufwandsentschädigung

Für den mit ihrer Dienstleistung verbundenen **Aufwand** (z. B. Mittagessen, Übernachtung) erhalten die ehrenamtlichen Richter zusätzlich zur Entschädigung für Zeitversäumnis eine Entschädigung nach festen Gebührensätzen, die für jeden Tag nach der Dauer der Sitzungsteilnahme zu zahlen ist (§ 15 Abs. 1 Nr. 2, § 6 JVEG). Die Aufwandsentschädigung ist keine

257 *Tschischgale/Satzky*, S. 140 m. w. N.
258 *Hartmann,* § 9 ZSEG Rn. 7.
259 *BAG*, Beschl. v. 29.6.1972 – 11 AR 227/72 – AP Nr. 3 zu § 43 ArbGG 1953.

Entschädigung für eine bestimmte Leistung, sondern eine reine Zeitentschädigung. Ist der ehrenamtliche Richter z. B. auf 8 Uhr geladen, so ist bei der Berechnung der Aufwandsentschädigung unmaßgeblich, ob sich der Sitzungsanfang verzögert.

Es ist zwischen nicht am Sitzungsort wohnenden oder berufstätigen (auswärtigen) ehrenamtlichen Richtern und solchen, die ihren Wohnsitz oder Arbeitsplatz innerhalb der Gemeinde des Sitzungsortes haben (ortsansässigen), zu unterscheiden. Maßgebend ist nicht der Gerichts-, sondern der Sitzungsort.

Bei den **auswärtigen** ehrenamtlichen Richtern kommt es darauf an, wie lange sie aus Anlass der Sitzung von ihrem Wohnsitz abwesend sein müssen. Es kommt hier also nicht auf die Dauer der Sitzung, sondern allein auf die **Abwesenheit vom Wohnort** an.

Der auswärtige ehrenamtliche Richter erhält ein Tagegeld in Höhe der im Einkommensteuerrecht festgelegten Pauschbeträge (§ 6 Abs. 1 JVEG, § 4 Abs. 5 Satz 1 Nr. 5 EStG). Dieses beträgt bei einer Abwesenheit von

24 Stunden	24 €
weniger als 24, aber mindestens 14 Stunden	12 €
weniger als 14, aber mindestens 8 Stunden	6 €.

Bei einer Abwesenheit bis zu acht Stunden wird keine Aufwandsentschädigung gewährt.

Das Tagegeld wird für jeden Tag besonders berechnet. Dies gilt auch für reine Reisetage. So erhält z. B. ein ehrenamtlicher Richter für einen Reisetag, an dem er um 16.00 Uhr abgefahren ist, ein Tagegeld von 6 €, weil er an diesem Tage über acht Stunden von zu Hause abwesend war.

Die **ortsansässigen** ehrenamtlichen Richter erhalten auch dann keine Aufwandsentschädigung, wenn sie länger als 8 Stunden an der Sitzung teilgenommen haben.

Wird eine Übernachtung notwendig, so wird ein Übernachtungsgeld nach den Bestimmungen des Bundesreisekostengesetzes gewährt (§ 6 Abs. 2 JVEG). Der Satz beträgt 20 €. Höhere nachgewiesene Übernachtungskosten werden bis zu 50 % des Gesamtbetrags des Übernachtungsgeldes, darüber hinausgehende unvermeidbare Mehrkosten voll erstattet. Die Frühstückskosten einschließende Übernachtungskosten werden vorab um 4,50 € gekürzt (§ 10 Abs. 1, 2 BRKG).

Erwachsen dem ehrenamtlichen Richter daneben noch **sonstige Aufwendungen,** so werden diese ebenfalls erstattet, sofern sie notwendig waren. Dies gilt insbesondere für die Kosten einer notwendigen Vertretung oder für die Kosten von Begleitpersonal, etwa bei schwerbehinderten Menschen (§ 7 Abs. 1 JVEG). Dazu zählen auch die Kosten einer notwendigen Kinderbetreuung. Vielfach liquidieren selbständige Gewerbetreibende statt des Verdienstausfalls Vertreterkosten. Der Eintritt eines Verdienstausfalls trotz Einsatzes einer notwendigen Vertretung muss nachgewiesen werden; es hängt von den Umständen des Einzelfalls ab, inwieweit dies angenommen werden kann[260].

260 *LSG Niedersachsen,* Beschl. v. 6.1.2000 – L 4 B 240/99 SF – SozVers 2000 S. 307; *Rohwer/Kahlmann,* § 19 Rn. 76.

19.5 Gewährung von Vorschüssen und Festsetzungsverfahren

Auf Antrag ist den ehrenamtlichen Richtern ein angemessener Vorschuss auf ihre Entschädigung zu bewilligen (§ 3 JVEG). Auf die Einkommens- und Vermögensverhältnisse kommt es dabei nicht an.

Der Urkundsbeamte der Geschäftsstelle setzt von Amts wegen die Entschädigung fest. Wenn der ehrenamtliche Richter oder die Staatskasse die richterliche Festsetzung beantragen, ergeht die Entscheidung durch gerichtlichen Beschluss (§ 4 JVEG). Dabei kann die bereits erfolgte Festsetzung von Amts wegen geändert werden. Gegen die Festsetzung durch die erstinstanzlichen Gerichte kann von dem ehrenamtlichen Richter oder der Staatskasse Beschwerde eingelegt werden, wenn der Beschwerdewert 200 € übersteigt. Maßgebend für den Beschwerdewert ist nicht der festgesetzte, sondern der noch streitige Betrag. Eine Frist für die Einlegung der Beschwerde ist nicht vorgeschrieben. Eine Beschwerde gegen die Festsetzung durch das Landesarbeitsgericht ist nach § 70 ArbGG ausgeschlossen. Ebenso wenig können Entscheidungen der Landessozialgerichte mit der Beschwerde angefochten werden (§ 177 SGG).

Der Anspruch auf Entschädigung **erlischt,** wenn er nicht im Regelfall binnen 3 Monate ab Beendigung der Amtsperiode geltend gemacht wird (§ 2 Abs. 1, 2 JVEG). **Verjährung** tritt erst nach drei Jahren ein (§ 2 Abs. 3 JVEG). Die Verjährungsfrist beginnt mit dem Schluss des Jahres, in dem die Amtsperiode beendet worden ist (§ 2 Abs. 3 Satz 1 JVEG) und Kenntnis der anspruchsbegründenden Tatsachen (§ 199 Abs. 1 BGB). Die Verjährung tritt nicht automatisch, sondern nur durch Erhebung der Verjährungseinrede durch die zuständige Stelle ein (§ 2 Abs. 3 Satz 4 JVEG).

19.6 Einkommensteuer- und sozialversicherungsrechtliche Auswirkungen

1. Die Frage, ob **Einkommensteuerpflicht** besteht, hängt von den Gegebenheiten des Einzelfalles, insbesondere der Höhe der Entschädigung, ab.

Im Grundsatz gilt, dass der Beisitzer für die Entschädigung der Fahrtkosten und des Aufwands nicht einkommensteuerpflichtig ist, soweit sie Reisekostenvergütungen entsprechen (§ 3 Nr. 13 EStG). Jedoch sieht das Gesetz die Steuerpflicht vor, soweit die Entschädigung für Verdienstausfall oder Zeitverlust gewährt wird oder den dem Empfänger erwachsenen Aufwand offenbar übersteigt (§ 3 Nr. 12 Satz 2 EStG). Zur Erleichterung dieser Feststellungen verfahren die Finanzämter im Regelfall dergestalt, dass bei ehrenamtlich tätigen Personen ohne weitere Nachprüfung 1/3 der gewährten Entschädigung, mindestens aber 154 € monatlich bzw. der tatsächlich geleistete Betrag, steuerfrei ist (R 13 Abs. 3 Satz 2 Nr. 2, Satz 4 LStR). Soweit im Einzelnen nachgewiesene Aufwendungen die Entschädigung übersteigen, können sie trotz Steuerfreiheit der Entschädigung als Werbungskosten oder Betriebsausgaben vom Einkommen abgezogen werden.

Unabhängig davon sind die besonderen steuerlichen Regelungen bei Nebeneinkünften zu beachten. Bei Nebeneinkünften sind die Veranlagung zur Einkommensteuer bzw. die Berücksichtigung erst dann vorgesehen, wenn diese jährlich mehr als 410 € betragen (§ 46 Abs. 2 Nr. 1, Abs. 3 EStG).

2. Die Entschädigungen für Zeitversäumnis, Fahrtkosten und Aufwand unterliegen als solche **nicht** der **Beitragspflicht in der Sozialversicherung.** Andererseits mindert sich bei einem Verdienstausfall das für die Rentenberechnung maßgebende Entgelt, so dass u. U. eine Minderung des Rentenanspruches eintreten kann. Zum Ausgleich kann der ehrenamtliche Richter beim Arbeitgeber veranlassen, dass auch die Differenz des Rentenversicherungsbeitrages zwischen dem tatsächlichen Arbeitsentgelt und dem ohne den Verdienstausfall zu zahlenden Entgelt abgeführt wird. Den Beitrag für den Unterschiedsbetrag muss allein der ehrenamtliche Richter tragen (s. Ziff. 19.1 und Anhang 7 II).

19.7 Auslaufen der Besonderheiten bei der Entschädigung in den neuen Bundesländern

Nur bei der Entschädigung gab es für die Beisitzer in den neuen Bundesländern übergangsweise noch Ausnahmen.

Im Einigungsvertrag wurde ursprünglich festgelegt, dass sich die aus dem Gesetz über die Entschädigung der ehrenamtlichen Richter ergebende Entschädigung (§ 2 Abs. 1 EhrRiEG) sowie die Höchstbeträge (§ 2 Abs. 2 und 3 EhrRiEG) für alle ehrenamtlichen Richter in den neuen Bundesländern um 20 % ermäßigen. Die Entschädigung konnte im Einzelfall unter Berücksichtigung aller Umstände bei Unbilligkeit bis zu den Höchstsätzen des Gesetzes über die Entschädigung der ehrenamtlichen Richter festgesetzt werden. Der Bundesminister der Justiz hatte auf der Grundlage der Ermächtigung im Einigungsvertrag durch Rechtsverordnung mit Wirkung vom 1.7.1996 den Ermäßigungssatz auf 10 % neu festgesetzt. Dies bedeutete, dass die ehrenamtlichen Richter in den neuen Bundesländern 90 % der gesetzlichen Entschädigungssätze erhielten. In Ost-Berlin wurden seit 1.3.2002 die ungekürzten Sätze gezahlt.

Ab dem 1.7.2004 gibt es durch das neue Justizvergütungs- und –entschädigungsgesetz (JVEG) – abgedruckt als Anlage 4 – keine Unterschiede zwischen den alten und den neuen Bundesländern mehr, sodass nunmehr auch die ehrenamtlichen Richter in den neuen Bundesländer Anspruch auf die ungekürzte Entschädigung haben.

20. Disziplinarrecht der ehrenamtlichen Richter

20.1 Ordnungsgeld

Gegen Beisitzer, die sich der Erfüllung ihrer Pflichten entziehen, kann der Vorsitzende ein **Ordnungsgeld** verhängen (§§ 28 ArbGG, 21 SGG), das mindestens 5 € und höchstens 1.000 € beträgt.

Als **Pflichtwidrigkeiten,** die eine Ahndung zur Folge haben können, kommen z. B. in Betracht die **Verweigerung der Abstimmung** bei der Beratung eines Urteils, **vorzeitige Entfernung aus der Sitzung, fortgesetztes Hineinreden in die Sitzungsleitung des Vorsitzenden, Verletzung der Amtsverschwiegenheit, die Weigerung,** das **Amt weiterzuführen** oder an weiteren Sitzungen des Gerichts teilzunehmen[261], und überhaupt jedes, der **Würde eines Richters widersprechende Verhalten.** In der Sozialgerichtsbarkeit können dem Beisitzer zusätzlich auch die durch sein Verhalten verursachten Kosten auferlegt werden (§ 21 Satz 1 SGG).

Eine unbedachte Äußerung des ehrenamtlichen Richters, die auf Antrag einer Partei zu seiner Ablehnung führt und damit erhebliche Verfahrenskosten verursachen kann, kann jedoch nicht geahndet werden. Auch können dem ehrenamtlichen Richter in diesen Fällen nicht die dadurch hervorgerufenen Kosten auferlegt werden. Eine so weitgehende Haftung ist mit Wesen und Funktion des ehrenamtlichen Richteramts nicht vereinbar. Denn der Beisitzer ist als ehrenamtlicher Richter mit vollen richterlichen Rechten ausgestattet und deshalb auch hinsichtlich des Haftungsrisikos dem Berufsrichter gleichgestellt[262].

Als besonderen Fall führt das Gesetz **Nicht- oder Zuspäterscheinen** zu den Sitzungen auf. Mit beruflicher Verhinderung kann der ehrenamtliche Richter sein Nichterscheinen nur ganz ausnahmsweise entschuldigen. Dies mag etwa dann in Frage kommen, wenn er zu der Zeit, für die er zur Teilnahme an einer Sitzung einberufen worden ist, dringende Geschäfte erledigen muss, die er nicht ohne erheblichen Schaden aufschieben und bei denen er sich auch nicht durch einen anderen vertreten lassen kann, weil die Geschäfte ihrer Art nach eine Vertretung nicht zulassen oder ein geeigneter Vertreter nicht zur Verfügung steht[263]. Umgekehrt kann die Ahndung dann erfolgen, wenn der Beisitzer sein Fehlen überhaupt nicht[264] oder nicht genügend entschuldigt. Dabei muss der Beisitzer den Entschuldigungsgrund ausreichend glaubhaft machen. Zur Vorlage einer ärztlichen Bescheinigung auf eigene Kosten kann er jedoch nicht gezwungen werden. Auf Anordnung des Gerichts muss er sich aber einer ärztlichen Untersuchung unterziehen. Bei Nichtbestätigung des Entschuldigungsgrundes fallen ihm die Kosten der ärztlichen Inanspruchnahme zur Last[265]. Eine wissentlich falsche Entschuldigung kann auch eine grobe Pflichtverletzung darstellen, die eine Amtsenthebung rechtfertigt (s. nachstehend Ziff. 20.2). Ein ehrenamtlicher Richter, der die Ausübung des Richteramtes schroff und beharrlich verweigert, kann nicht durch Festsetzung eines Ordnungsgeldes diszipliniert werden, sondern ist aus dem Amt zu entfernen[266].

---

261 *OLG Frankfurt a. M.,* Beschl. v. 3.6.1992 – 2 Ws 64/92 – NJW 1992 S. 3183.
262 *OLG Frankfurt a. M.,* Beschl. v. 29.5.1990 – 2 Ws 114/90 – NJW 1990 S. 3285.
263 *BGH,* Urt. v. 28.10 1966 – 5 StR 482/66 – NJW 1967 S. 165.
264 *VG Bremen,* Beschl. v. 12.12.1995 – 2 E 119/95 – DRiZ 1996 S. 329.
265 *RG,* Beschl. v. 30.11.1903 – VI 308/03 – RGZ 56 S. 79.
266 *OVG Berlin,* Beschl. v. 31.8.1978 – II L 13/78 – DRiZ 1978 S 371.

Die Verhängung der Ordnungsgelder erfolgt bei den ehrenamtlichen Richtern der **Arbeitsgerichtsbarkeit** durch die vom Präsidium für jedes Geschäftsjahr im Voraus bestimmte **Kammer des Landesarbeitsgerichts**, bei den ehrenamtlichen Richtern der ersten und zweiten Instanz auf Antrag des Vorsitzenden der Kammer, der der Beisitzer angehört. Beim Bundesarbeitsgericht wird die Sanktion durch den vom Präsidium für jedes Geschäftsjahr im voraus bestimmten Senat auf Antrag des Vorsitzenden des Senats ausgesprochen, dem der Beisitzer zugeteilt ist. Vor der Antragstellung ist dem ehrenamtlichen Richter die Möglichkeit der Stellungnahme zu dem gegen ihn erhobenen Vorwurf zu geben. Ist die Anhörung unterblieben, so ist der Antrag auf Verhängung eines Ordnungsgeldes unzulässig.

In der **Sozialgerichtsbarkeit** wird das Ordnungsgeld durch den Vorsitzenden der Kammer des Sozialgerichts, der der Beisitzer angehört (§ 21 SGG), bzw. beim Landessozialgericht und beim Bundessozialgericht durch den vom Präsidium bestimmten Senat (§§ 35, 47 SGG) festgesetzt, ohne dass es eines Antrags bedarf. Hier ist vor der Entscheidung die Anhörung des Beisitzers vorgeschrieben.

Der Beschluss ergeht schriftlich. Er ist mit Gründen zu versehen und dem Beisitzer zuzustellen.

20.2 Amtsenthebung

Verletzt ein ehrenamtlicher Richter seine Amtspflicht grob, kann er sogar seines Amtes enthoben werden (§ 27 ArbGG, § 22 Abs. 1 Satz 2 SGG). In der **Arbeitsgerichtsbarkeit** bedarf es hierzu eines Antrags der zuständigen Stelle (§ 20 ArbGG: grundsätzlich die oberste Landesbehörde, bezüglich des Bundesarbeitsgerichts das Bundesministerium für Wirtschaft und Arbeit). Dieser Antrag ist in der **Sozialgerichtsbarkeit** nicht erforderlich; es genügt, wenn entsprechende **Tatsachen bekannt** werden.

Ob ein Verhalten den Tatbestand einer **groben Amtspflichtverletzung** erfüllt, kann letztlich nur im **Einzelfall** unter **Abwägung aller Umstände** beurteilt werden. Die verletzte Pflicht muss eine Amtspflicht sein. Dazu gehören zu aller erst alle Dienstpflichten eines Richters **innerhalb des Amtes.** Wichtigste Pflicht ist die der **Unparteilichkeit.** Der ehrenamtliche Richter ist im Interesse der Gerechtigkeit und der Rechtsfindung zur Objektivität gegenüber den am Verfahren beteiligten Parteien verpflichtet. Dazu gehört selbstverständlich, dass er nicht als Vertreter der Interessen einer Seite (z. B. als Vertreter der Arbeitnehmer, Arbeitgeber, Versicherten, Vertragsärzte) tätig wird. Die Mitwirkung von Beisitzern aus den gesetzlich bestimmten Kreisen dient ausschließlich der Nutzbarmachung der Sachkunde aus der betrieblichen Praxis, aus der Berufs-, Arbeits- und Sozialwelt dieser Personenkreise für die gerichtlichen Entscheidungen. Sie dient nicht der Durchsetzung von einseitigen Interessen. Daher muss innerhalb und außerhalb des Prozesses alles vermieden werden, was den Eindruck der Parteilichkeit und Voreingenommenheit vermittelt. Ein grober Pflichtenverstoß ist in der Regel bei wiederholtem grundlosem und unentschuldigtem Fernbleiben von den Sitzungen, Verletzung der Amtsverschwiegenheit, Verweigerung der Eidesleistung, der Urteilsunterschrift oder der Abstimmung und bei Bestechlichkeit gegeben.

Die Amtspflicht, sich der Würde eines Richters entsprechend zu verhalten, besteht nicht nur unmittelbar während der Amtsausübung, sondern **auch außerhalb der Teilnahme an Gerichtssitzungen**[267]. Die Stellung eines Richters, die auch der ehrenamtliche Beisitzer ein-

267 *LAG Frankfurt a. M.*, Beschl. v. 23.3.1950 – 1 AR 9/50 – RdA 1951 S. 195; *Thiele,* Amtsenthebung der Arbeitsrichter bei grober Amtspflichtverletzung, RdA 1954 S. 453.

nimmt, gebietet, dass ihr Inhaber sich auch außerhalb seines Amtes eines einwandfreien Verhaltens und einer einwandfreien Einstellung gegenüber seinen Mitmenschen befleißigt. Das Richteramt rückt die Beisitzer auch in ihrem allgemeinen Verhalten in das Blickfeld der Öffentlichkeit. Durch einen zu beanstandenden Lebenswandel im privaten Bereich würden die Autorität und das Ansehen der Gerichte leiden. Grundsätzlich kann daher auch außerdienstliches Fehlverhalten zur Amtsenthebung oder zur Bestrafung führen. Insoweit ist etwa an schwere Trunksucht, entwürdigendes Verhalten in der Öffentlichkeit oder an herabwürdigende Kritik an den übrigen Mitgliedern des Gerichts zu denken.

Allerdings steht der ehrenamtliche Richter zum Staat nicht in jenem engen öffentlich-rechtlichen Dienst- und Treueverhältnis, wie das beim Berufsrichter der Fall ist. Das Ehrenamt des Beisitzers bedeutet im Verhältnis zum Staat vielmehr nur ein **öffentlich-rechtliches Gewaltverhältnis von beschränktem Umfang.** Daraus folgt, dass der Pflichtenkreis des ehrenamtlichen Richters im privaten Bereich weniger begrenzt ist als der des Berufsrichters. Deshalb kann von einem ehrenamtlichen Beisitzer nicht im gleichen Umfang wie von einem Berufsrichter verlangt werden, bei politischer Betätigung sich so zu verhalten, dass das Vertrauen in seine Unabhängigkeit nicht gefährdet wird (§ 39 DRiG). Politische, gewerkschaftliche, religiöse oder sozialpolitische Anschauungen oder Tätigkeiten können dabei grundsätzlich nicht die Grundlage einer Amtsenthebung bilden. Sonstige Pflichtverletzungen, die ein Beisitzer in seiner Eigenschaft als Angehöriger eines bestimmten Kreises begeht, rechtfertigen nur dann die Amtsenthebung, wenn diese Pflichtverletzungen so schwer sind, dass dadurch das Vertrauen in die Objektivität des Richters gefährdet wird. Auch die Mitgliedschaft und Betätigung in einer als verfassungsfeindlich beurteilten politischen Partei genügt für sich genommen nicht zur Amtsenthebung[268]. Erst wenn nachgewiesenermaßen das vom Amtseid (§ 45 Abs. 3 DRiG) umfasste Bekenntnis zur freiheitlichen demokratischen Grundordnung konkret und schwerwiegend missachtet worden ist, ist die Amtsenthebung gerechtfertigt[269].

Über die Amtsenthebung der ehrenamtlichen Richter der ersten beiden Instanzen der **Arbeitsgerichtsbarkeit** entscheidet die vom Präsidium für jedes Geschäftsjahr im voraus bestimmte Kammer des Landesarbeitsgerichts, über die Amtsenthebung der ehrenamtlichen Richter des Bundesarbeitsgerichts der durch den vom Präsidium für jedes Geschäftsjahr im voraus bestimmte Senat. Die Amtsenthebung bedarf in den ersten beiden Instanzen eines Antrags der zuständigen Stelle, beim Bundesarbeitgericht des Bundesministeriums für Wirtschaft und Arbeit (s. oben im 1. Absatz).

Über die Amtsenthebung in der **Sozialgerichtsbarkeit** entscheidet bei den Sozialgerichten die vom Präsidium gebildete Kammer (§ 22 Abs. 2 SGG), beim Landessozialgericht und beim Bundessozialgericht der vom Präsidium gebildete Senat (§§ 35 Abs. 2, 47 SGG).

Vor der Entscheidung ist der ehrenamtliche Richter zu hören. Die Entscheidung ist endgültig, sie kann nicht mit Rechtsmitteln angegriffen werden. Im Amtsenthebungsverfahren der Arbeitsgerichtsbarkeit bestimmt sich die anwaltliche Gebühr nach den Vierteljahreseinkommen (vgl. § 12 Abs. 7 ArbGG) des ehrenamtlichen Richters[270].

---

268 Vgl. *LAG Hamm,* Beschl. v. 26.11.1992 – 8 AR 26/92 – DB 1993 S. 47; *Frehse,* Die Mitgliedschaft eines ehrenamtlichen Richters in einer Verfassungsfeindlichen Partei, NZA 1993 S. 915.

269 Vgl *LAG Hamm,* Beschl. v. 25.8.1993 – 8 AR 44/92 – NZA 1994 S. 45.

270 *LAG* Hamm, Beschl. v. 24.2.1993 – 8 AR 26/92 – AP Nr. 2 zu § 21 ArbGG 1979.

21. Ablehnung und Beendigung des Amtes

Nur in den in Ziff. 21.4 dargestellten Fällen der Amtsbeendigung durch Amtsablauf und Tod endet das Beisitzeramt automatisch. In den Fällen der **Amtsablehnung** und der **vorzeitigen Beendigung des Amtes** durch Amtsniederlegung, Amtsentlassung, Amtsentbindung und Amtsenthebung (s. dazu Ziff. 20.2) hingegen endet das ehrenamtliche Richteramt nicht automatisch. Erst mit dem Zugang der Verwaltungsentscheidung über die Berechtigung zur Ablehnung oder Niederlegung des Amtes (in der Arbeitsgerichtsbarkeit) und der Zustellung des Gerichtsbeschlusses über die Berechtigung zur Amtsablehnung, und die Amtsentlassung (in der Sozialgerichtsbarkeit), Amtsentbindung oder Amtsenthebung (in beiden Gerichtsbarkeiten) endet das Amt des ehrenamtlichen Richters. Die jeweilige Entscheidung hat also konstitutive Bedeutung[271]. Bis dahin ist der Beisitzer weiterhin turnusgemäß zu den Sitzungen hinzuzuziehen.

21.1 Amtsablehnung, Amtsniederlegung, Amtsentlassung

Grundsätzlich sind Vorgeschlagene zur Amtsübernahme und Berufene zur Amtsausübung verpflichtet. Sie sind nur ausnahmsweise unter abschließend geregelten Gründen zu einer **Ablehnung** oder nachträglichen Niederlegung des Amtes bzw. Beantragung der **Amtsentlassung berechtigt** (§§ 24 Abs. 1 ArbGG, § 18 Abs. 1 SGG). Ob sie bei Vorliegen der gesetzlich aufgeführten Gründe die Ablehnung oder Niederlegung des Amtes oder die Entlassung aus dem Amt beantragen, liegt allein ihrem Ermessen. Die gesetzlichen Gründe sind im Einzelnen:

1. Vollendung des **65. Lebensjahres**.
2. Hinderung aus **gesundheitlichen Gründen,** das Amt ordnungsgemäß auszuüben.
3. **Nichtzumutbarkeit der Amtsübernahme** bzw. **Amtsfortführung** wegen anderer ehrenamtlicher Tätigkeit für die Allgemeinheit. Die ehrenamtliche Tätigkeit braucht nicht notwendig für eine juristische Person des öffentlichen Rechts geleistet zu werden. Ausreichend ist auch eine Tätigkeit für eine karitative Einrichtung, sofern sie nur für die Allgemeinheit, d. h. im Allgemeininteresse, geleistet wird. Die Tätigkeit kann auch dann noch ehrenamtlich sein, wenn für sie eine Aufwandsentschädigung gezahlt wird. Berufliche Tätigkeit ist jedoch niemals ein Ehrenamt.
4. **Tätigkeit des Beisitzers** in den zehn der Berufung vorhergehenden Jahren bei einem Gericht für Arbeitssachen bzw. der Sozialgerichtsbarkeit, also während **zweier voller Amtsperioden**. Ein im höheren Rechtszug tätiger Beisitzer kann sich auch auf eine Vortätigkeit in einer unteren Instanz berufen.
5. Glaubhaftmachung **wichtiger Gründe**, die die Amtsausübung in besonderem Maße erschweren. Im Arbeitsgerichtsgesetz ist ausdrücklich als Beispiel die Fürsorge für die Familie genannt. Weitere erhebliche Gründe können starke Überlastung durch berufliche Tätigkeit, Fortzug aus dem Gerichtsbezirk oder unzumutbar schlechte Verkehrverbindungen

---

271 *BSG*, Beschl. v. 18.8.1992 – I S 8/92 – SozR 3-1500 § 22 Nr. 1.

zwischen Wohn- und Gerichtssitz sein. Zur Glaubhaftmachung kann die entscheidende Stelle auch eine eidesstattliche Versicherung verlangen (§ 294 ZPO).

Ansonsten müssen die gesetzlich genannten Gründe, falls sie nicht gerichtsbekannt sind, in geeigneter Weise nachgewiesen werden, z. B. durch Bescheinigungen.

In der **Arbeitsgerichtsbarkeit** ist die Ablehnungs- bzw. Niederlegungserklärung an das Ministerium bzw. an die beauftragte Stelle zu richten. Sie sollte in schriftlicher Form erfolgen. Das Gesetz sieht hier keine Frist vor, innerhalb der die Erklärungen abgegeben werden müssen. Bei Vorliegen eines Ablehnungs- bzw. Niederlegungsgrundes muss die zuständige Stelle die Berechtigung anerkennen, die Entscheidung steht nicht in ihrem Ermessen[272]. Das Amt endet erst, wenn das Ministerium bzw. die beauftragte Stelle die Berechtigung zur Ablehnung bzw. Niederlegung schriftlich anerkannt hat. Trotz der gesetzlichen Regelung, dass die Entscheidung endgültig ist (§ 24 Abs. 2 Satz 2 ArbGG), kann gegen eine ablehnende behördliche Entscheidung das Verwaltungsgericht angerufen werden. Dies folgt aus Art. 19 Abs. 4 GG, wonach demjenigen, der durch die öffentliche Gewalt in seinen Rechten verletzt wird, der Rechtsweg offen steht, und – wegen des öffentlich-rechtlichen Charakters dieser Streitigkeiten – aus § 40 Abs. 1 VwGO. Angesichts des eindeutigen Wortlauts der die Unanfechtbarkeit bestimmenden Vorschrift ist eine verfassungskonforme, den Rechtweg eröffnende Auslegung nicht möglich. Das Verwaltungsgericht muss deshalb wegen Verfassungswidrigkeit des § 24 Abs. 2 Satz 2 ArbGG das Verfahren aussetzen und die Entscheidung des Bundesverfassungsgerichts einholen (Art. 100 Abs. 1 Satz 1 GG)[273].

In der **Sozialgerichtsbarkeit** entscheidet über die Berechtigung zur Ablehnung des Amtes und über die nachträgliche Entlassung aus dem Amt – dieser Begriff tritt hier an die Stelle der Niederlegung –, nicht die Verwaltung, sondern das Gericht, dem der ehrenamtliche Richter angehört. **Ablehnungsgründe** muss der Berufene innerhalb von **zwei Wochen** ab Kenntnis von der Berufung geltend machen (§ 18 Abs. 2 SGG), danach werden sie nicht mehr berücksichtigt; der Beisitzer ist bei der Berufung über die gesetzlichen Ablehnungsgründe und die Frist zu belehren[274]. Ansonsten darf die **nachträgliche Amtsentlassung** nur auf Antrag des ehrenamtlichen Richters erfolgen; der Antrag ist nur dann entbehrlich, wenn er seinen Wohnsitz aus dem Gerichtsbezirk verlegt und seine Heranziehung zu den Sitzungen dadurch wesentlich erschwert wird. Im Unterschied zur Arbeitgerichtsbarkeit sieht das Gesetz die Amtsentlassung wegen Vollendung des 65. Lebensjahres und zehnjähriger Amtszeit nicht vor (§ 18 Abs. 3 SGG). Die Entscheidung ist nach dem Gesetzeswortlaut im Unterschied zur Arbeitsgerichtsbarkeit grundsätzlich eine Ermessensentscheidung; das Gericht ist – außer in den Fällen der Ermessensschrumpfung auf Null – auch dann nicht zur Entlassung verpflichtet, wenn ein Entlassungsgrund vorliegt[275].

Im Interesse der Sicherstellung des gesetzlichen Richters sollte die behördliche oder gerichtliche Entscheidung mit einer **Nebenbestimmung** versehen werden, wonach die Amtsbeendigung erst zu einem kalendermäßig bestimmten späteren Zeitpunkt wirksam wird (vgl. § 36 Abs. 2 Nr. 1 HVwVfG).

---

272 *Dietz/Nikisch,* § 24 Rn. 12.

273 *Prütting* in *Germelmann u. a.,* § 24 Rn. 18; *Brehm* in *MünchArbR,* § 377 Rn. 64; a. A, unmittelbar Verwaltungsrechtsweg ohne vorheriges Widerspruchsverfahren und keine Anrufung des BVerfG *Dörner* in *GK-ArbGG,* § 24 Rn. 10; *Dersch/Volkmar;* § 24 Rn. 10; s. auch *Schaub,* § 3 Rn. 37; a. A., Rechtsweg vor den ordentlichen Gerichten (Amtsgerichte oder Landgerichte) ohne Anrufung des BVerfG *Grunsky,* § 24 Rn. 10.

274 *Meyer-Ladewig,* § 18 Rn. 4.

275 *Bley* in *GesKomm,* § 18 Anm. 9e.

21.2 Amtsentbindung

1. Wird das Fehlen einer zwingenden Berufungsvoraussetzung für das Beisitzeramt oder das Bestehen eines zwingenden Amtsauschließungsgrundes nachträglich bekannt oder fällt eine zwingend Berufungsvoraussetzung nach der Ernennung fort oder entsteht nachträglich ein zwingender Amtsausschließungsgrund, so muss in der **Arbeitsgerichtsbarkeit** auf **Antrag** der zuständigen Stelle oder auf Antrag des betroffenen ehrenamtlichen Richters das **Amtsentbindungsverfahren** eingeleitet werden[276]. Zu den in Muss-Vorschriften festgelegten zwingenden Berufungsvoraussetzungen und Amtsausschließungsgründen wird auf die Ausführungen in den Ziff. 2 und 3 verwiesen. Wie auch die neue, seit 2002 geltende Parallelregelung in der Sozialgerichtsbarkeit zeigt (§ 22 Abs. 1 Satz 1 SGG), zählt zu den Voraussetzungen für die Berufung auch die Fehlerfreiheit des Berufungsverfahrens, wie z. B. die Notwendigkeit der Berufung nur aus einer Vorschlagsliste oder bei Vorschlagsberechtigung oder Zuständigkeit der berufenden Stelle, der angemessenen Berücksichtigung von Vorschlagsberechtigten nach korrekter Feststellung des Stärkeverhältnisses, der richtigen Anwendung des Minderheitenschutzes oder der Berufung aufgrund einer Auswahlentscheidung[277]. Der Amtsentbindungsantrag muss auch dann gestellt werden, wenn die zuständige Stelle erst nachträglich erkennt, dass sie bei der Berufung das Fehlen einer Voraussetzung übersehen hat, weil sie aus den ihr von Anfang an bekannten Tatsachen nicht die richtigen rechtlichen Konsequenzen gezogen hat[278].

Verliert der ehrenamtliche Richter seine Eigenschaft als Arbeitnehmer oder Arbeitgeber wegen Erreichens der **Altersgrenze** – sei es die allgemeine oder eine vorgezogene Altersgrenze wie z. B. aufgrund Vorruhestands, der Freistellungs- bzw. Ruhensphase im Blockmodell der Altersteilzeit[279] oder Bezugs einer Dauer- oder Zeitrente wegen Berufs- oder Erwerbsunfähigkeit –, so läuft das Ehrenamt erst mit Ablauf der Zeit ab, für die der ehrenamtliche Richter ernannt ist. Will er sein Amt dennoch vor Ablauf dieser Zeit niederlegen, ist die Entbindung nur auf **seinen Antrag** hin zulässig (§ 21 Abs. 6 ArbGG).

Zuständig für die Entscheidung über den Antrag ist die vom Präsidium für jedes Geschäftsjahr im voraus bestimmte **Kammer des Landesarbeitsgerichts (§** 21 Abs. 5 Satz 2 ArbGG). Damit ist sichergestellt, dass die Entscheidung nicht allein vom Kammervorsitzenden, sondern nur unter Mitwirkung von ehrenamtlichen Richtern getroffen werden darf. Vor der Entscheidung ist der Beisitzer zu hören (§ 21 Abs. 5 Satz 3 ArbGG). Die Entscheidung ist nicht mit Rechtsmitteln anfechtbar (§ 21 Abs. 5 Satz 4 ArbGG). Bei Vorliegen der gesetzlichen Voraussetzungen **muss** die Amtsentbindung erfolgen, sie liegt nicht im Ermessen der Kammer. Lediglich die – ebenfalls unanfechtbare – Anordnung der vorläufigen Nichtheranziehung des Beisitzers zu den Sitzungen bis zu der endgültigen Entscheidung liegt im Ermessen der Kammer (§ 21 Abs. 5 Satz 5 ArbGG).

---

276 *Schuldt,* Das Ausscheiden der ehrenamtlichen Richter aus ihrer Tätigkeit bei den Gerichten für Arbeitssachen ArbuR 1961 S. 172 ff.

277 So schon zum alten, insoweit mit § 21 Abs. 5 Satz 1 ArbGG identischen, § 22 Abs. 1 Satz 1 SGG *BSG,* Beschl. v. 26.9.1985 – 1 S 12/85 – BSGE 59 S. 4.

278 *LAG Schleswig-Holstein,* Beschl. v. 11.1.1996 – AR 5/96 – NZA 1996 S. 672

279 *BAG,* Beschl. v. 25.10.2000 – 7 ABR 18/00 – BAGE 96 S. 163, *Andelewski,* Auswirkungen des Altersteilzeitgesetzes auf die ehrenamtlichen Richter an Arbeits- und Landesarbeitsgerichten, NZA 2002 S. 655.

Im Amtsentbindungs- und im Amtsenthebungsverfahren bestimmt sich die anwaltliche Gebühr nach den Vierteljahreseinkommen (vgl. § 12 Abs. 7 ArbGG) des ehrenamtlichen Richters[280].

Bei nachträglichem Wegfall einer Berufungsvoraussetzung oder Eintritt eines Amtsausschließungsgrundes kann der Beisitzer aber auch sein Amt durch eine an die zuständige Stelle gerichtete Erklärung **niederlegen** (s. vorstehend Ziff. 21.1). Alsdann ist für ein Amtsentbindungsverfahren kein Raum mehr[281]. Allerdings ist bei der Auslegung der Erklärung im Interesse der Wahrung des gesetzlichen Richters der **Gerichtsentscheidung der Vorrang** vor einer Verwaltungsentscheidung einzuräumen und deshalb im Zweifel von einem Antrag auf Amtsentbindung auszugehen.

2. In der **Sozialgerichtsbarkeit** findet ebenfalls die Amtsentbindung statt, wenn das Berufungsverfahren fehlerhaft war oder das Fehlen einer Voraussetzung für die Berufung oder der Eintritt eines Ausschließungsgrundes bekannt wird (§ 22 Abs. 1 Satz 1 SGG). Zuständig für die Amtsentbindung ist der am **jeweiligen Gericht** vom Präsidium im voraus bestimmte Spruchkörper (§§ 22 Abs. 2 Satz 1, 35 Abs. 2, 47 Satz 2 SGG) Im Gegensatz zur Arbeitsgerichtsbarkeit bedarf es **keines Antrags,** vielmehr löst allein das **Bekanntwerden** der genannten Gründe die **gerichtliche Pflicht** zur Amtsentbindung aus. Vor der Entscheidung ist der Beisitzer zu hören (§ 22 Abs. 2 Satz 2 SGG). Die Entscheidung ist nicht mit Rechtsmitteln anfechtbar (§ 22 Abs. 2 Satz 3 SGG). Lediglich bei **nachträglichem Wegfall einer Voraussetzung für die Berufung** (§ 16 Abs. 1-5 SGG) im Laufe der Amtszeit liegt die Entscheidung im **Ermessen** des Spruchkörpers (§ 22 Abs. 1 Satz 3 SGG). Dazu zählt nicht der nachträgliche Eintritt eines zwingenden Amtsausschließungsgrundes (§ 17 SGG), in diesen Fällen muss die Amtsentbindung ausgesprochen werden[282]. Auch die – ebenfalls unanfechtbare – Anordnung der vorläufigen Nichtheranziehung des Beisitzers zu den Sitzungen bis zu der endgültigen Entscheidung liegt im Ermessen des Spruchkörpers (§ 22 Abs. 3 SGG).

Nach Ansicht der höchstrichterlichen Rechtsprechung[283] ergeht die Entscheidung – abweichend von der Rechtspraxis in der Arbeitgerichtsbarkeit – **ohne Mitwirkung ehrenamtlicher Richter.** Zur Begründung wird im Wesentlichen ausgeführt, es handele sich nicht um die Entscheidung eines Rechtsstreites und im Übrigen finde eine mündliche Verhandlung nicht statt. Dies allein erscheint **nicht zwingend.** Einmal wird ein Verfahren abgeschlossen und nicht nur eine Zwischenentscheidung vor Abschluss eines Rechtsstreites getroffen. Aus der Besetzungsregel des § 3 SGG ist zu schließen, dass Entscheidungen der Gerichte der Sozialgerichtsbarkeit im Regelfall unter Mitwirkung ehrenamtlicher Richter ergehen sollen. Zum anderen wird der Status der ehrenamtlichen Richter durch ein Abberufungsverfahren unmittelbar berührt. Schließlich kann die Entscheidung ohne weiteres auch aufgrund mündlicher Verhandlung ergehen, wenn z. B. das vorgeschriebene Anhörungsverfahren mündlich erfolgt. Schwierig wird dann aber die für die Besetzung des Spruchkörpers maßgebende Zuordnung zu einem Sachgebiet im Sinne des § 12 SGG (Sozialversicherung und Arbeitsförderung, Vertragsarztrecht, soziales Entschädigungsrecht und Schwerbehindertenrecht). Diese Zuordnung ist aber erforderlich, weil das Sozialgerichtsgesetz eine Regelbesetzung nicht kennt. Diese Gesichtspunkte hat das Bundessozialgericht erwogen. Das Problem der Zuordnung stellt sich aber auch, wenn über die Verweisung eines Rechtsstreit zu entscheiden ist, der nicht zur Zuständigkeit der Sozialgerichtsbarkeit gehört. Diese Fälle werden in der Regel

280 *LAG Hamm,* Beschl. v. 24.2.1993 – 8 AR 26/92 – AP Nr. 2 zu § 21 ArbGG 1979.
281 *BAG,* Beschl. v. 28.8.1959 – 1 AR 361/59 – AP Nr. 1 zu § 43 ArbGG.
282 *Peters/Sautter/Wolff,* § 22 Rn. 12; *Meyer-Ladewig,* 22 Rn. 3.
283 *BSG,* Beschl, v. 26.3.1985 – I S 12/85 – SozR 1500 § 22 Nr. 1 S. 2.

durch die Geschäftsverteilung einem bestimmten Spruchkörper zugewiesen, der mit den ihm zugeteilten ehrenamtlichen Richtern entscheidet. Diese Zuteilung richtet sich nach dem Sachgebiet im Sinne des § 12 SGG, für das dieser Spruchkörper sonst zuständig ist. Entsprechend könnte man bei Amtsentbindungen verfahren. Dies um so eher, als die Vorschriften und Grundsätze für die Abberufung von ehrenamtlichen Richtern in allen Sachgebieten gleich sind. Eine Ausnahme wird dann angebracht sein, wenn – wie im angeführten Beschluss des Bundessozialgerichts – keine ehrenamtlichen Richter zur Verfügung stehen, weil sie alle von einem Amtsentbindungsverfahren betroffen sind.

21.3 Zeitweilige Beurlaubung

Ist dem ehrenamtlichen Beisitzer während seiner Amtszeit die Ausübung der Richtertätigkeit infolge längerer Abwesenheit oder infolge sonstiger Hinderungsgründe (z. B. Elternzeit, vorübergehende Versetzung oder Abordnung in Zweigbetrieb oder Freistellung aus dem Arbeitsverhältnis zur Wahrnehmung einer Tätigkeit außerhalb des Gerichtsbezirks) unmöglich, so kann er auf seinen Antrag **nicht** von seinen **Amtspflichten zeitweilig entbunden** werden[284]. Das Gesetz sieht die Möglichkeit zeitlicher Beurlaubung oder Amtsentbindung nicht vor. Die entsprechende Anwendung des § 54 GVG ist unzulässig, da diese Vorschrift lediglich die Entbindung der Schöffen von der Dienstleistungspflicht an „bestimmten Sitzungstagen" erlaubt und damit auf die üblichen Fälle der konkreten Verhinderung beim Termin beschränkt ist. Die Amtsentbindung ist rechtlich ausgeschlossen, soweit in der Arbeitsgerichtsbarkeit das bisherige Arbeitsverhältnis als solches und in der Sozialgerichtsbarkeit die Mitgliedschaft in mindestens einem Zweig der Sozialversicherung aufrechterhalten bleibt[285]. Unberührt bleibt die Möglichkeit des Beisitzers, aus „wichtigen Gründen" das Amt endgültig gegenüber der zuständigen Stelle niederzulegen (§ 24 Abs. 1 Nr. 5 ArbGG) bzw. die nachträgliche Amtsentlassung bei Gericht zu beantragen (§ 18 Abs. 3, Abs. 1 Nr. 5 SGG).

21.4 Reguläre Beendigung des Amtes

Abgesehen von dem Fall des Todes des Beisitzers tritt eine **automatische Beendigung des Amtes** nur bei **Ablauf der regulären** fünfjährigen **Amtszeit** und des Beginns der Amtszeit im bzw. bei Berufung zum **höheren Rechtszug** ein (§§ 21 Abs. 4 Satz 1, 37 Abs. 2 ArbGG, §§ 17 Abs. 5, 35 Abs. 2 Satz 2 SGG). Ein Gericht, bei dem ein Beisitzer mitwirkt, dessen Amtszeit abgelaufen ist, ist daher nicht vorschriftsmäßig besetzt (§ 551 Nr. 1 ZPO i. V. m. § 72 Abs. 5 ArbGG bzw. § 202 SGG; s. Ziff. 8). Die Entscheidung ist auf die Revision hin stets aufzuheben. § 73 Abs. 2 ArbGG, wonach die Revision auf Mängel des Verfahrens bei der Berufung eines Beisitzers nicht gestützt werden kann, rechtfertigt keine andere Beurteilung. Das Gleiche gilt für § 22 Abs. 1 Satz 4 SGG, wonach die Zurückverweisung und die

284 *Keil*, Die Beurlaubung oder zeitweise Amtsentbindung ehrenamtlicher Richterinnen und Richter der Arbeitsgerichtsbarkeit, NZA 1993 S. 913; a. A. z. B. *LAG Hamm*, Beschl. v. 17.2.1982 – 2 AR 3/82 – BB 1982 S. 741; *Schuldt*, Können bei den Gerichten für Arbeitssachen Ersatzbeisitzer berufen werden? – ArbuR 1961 S. 150 Fn. 1; *Dersch/Volkmar*, § 20 Anm. 11.

285 A. A. *Bayerischer VGH*, Beschl. v. 19.2.1992 – 18 S 91.3270 – PersR 1993 S. 240 bei einer 3-jährigen, über die verbleibende Amtsperiode hinausreichenden Beurlaubung ohne Dienstbezüge.

Revision nicht mit der Fehlerhaftigkeit des Berufungsverfahrens begründet werden können. Es handelt sich hier nämlich nicht um einen Mangel des Verfahrens bei der Berufung eines Beisitzers, sondern um die Mitwirkung einer Person bei der Urteilsfällung, die nicht mehr im Amt ist und deshalb als Richter an der Entscheidung nicht mitwirken darf[286].

In der **Sozialgerichtsbarkeit** bleiben die ehrenamtlichen Richter nach Ablauf ihrer Amtsdauer so lange im Amt, bis ihre Nachfolger berufen sind (§§ 13 Abs. 3 Satz 1, 35 Abs. 2 Satz 2, 45 Abs. 3 SGG). Bei einer ganz erheblichen Überschreitung der Amtszeit, was ohnehin nur aus sachgerechten und billigenswerten Gründen zulässig ist, ist der Verfassungsgrundsatz der gesetzlichen Richter (Art. 101 Abs. 1 Satz 2 GG) verletzt[287].

---

286 *BAG,* Urt. v. 12.5.1961 – 1 AZR 570/59 – BAGE 11 S. 119.

287 *BVerfG,* Beschl. v. 11.11.1986 – 1 BvR 1104/86 – SozR 1500 13 Nr. 3; Beschl. v. 10.7.1990 – 1 BvR 984/87, 985/87 – BVerfGE 82 S. 286; *BSG,* Beschl. v. 14.8.1986 – 2 BU 39/86 – n. v.

Anhang

Anhang 1

Synoptische Wiedergabe von Auszügen aus Vorschriften des Arbeitsgerichtsgesetzes (ArbGG) und des Sozialgerichtsgesetzes (SGG)

ArbGG in der Fassung der Bekanntmachung vom 2. Juli 1979 (BGBl. I S. 853), zuletzt geändert durch Gesetz vom 18. Mai 2004 (BGBl. I S. 974),
SGG in der Fassung der Bekanntmachung vom 23. September 1975 (BGBl. I S. 2535), zuletzt geändert durch Gesetz vom 5. Mai 2004 (BGBl. I S. 718)

AbGG	SGG
	§ 1 [Besondere Verwaltungsgerichte] Die Sozialgerichtsbarkeit wird durch unabhängige, von den Verwaltungsbehörden getrennte, besondere Verwaltungsgerichte ausgeübt.
§ 6 Besetzung der Gerichte für Arbeitssachen (1) Die Gerichte für Arbeitssachen sind mit Berufsrichtern und mit ehrenamtlichen Richtern aus den Kreisen der Arbeitnehmer und Arbeitgeber besetzt. (2) *(weggefallen)*	**§ 3 [Besetzung mit Berufsrichtern und ehrenamtlichen Richtern]** Die Gerichte der Sozialgerichtsbarkeit werden mit Berufsrichtern und ehrenamtlichen Richtern besetzt.
§ 6a Allgemeine Vorschriften über das Präsidium und die Geschäftsverteilung Für die Gerichte für Arbeitssachen gelten die Vorschriften des Zweiten Titels des Gerichtsverfassungsgesetzes nach Maßgabe der folgenden Vorschriften entsprechend: 1. Bei einem Arbeitsgericht mit weniger als drei Richterplanstellen werden die Aufgaben des Präsidiums durch den Vorsitzenden oder, wenn zwei Vorsitzende bestellt sind, im Einvernehmen der Vorsitzenden wahrgenommen. Einigen sich die Vorsitzenden nicht, so entscheidet das Präsidium des Landesarbeitsgerichts oder, soweit ein solches nicht besteht, der Präsident dieses Gerichts. 2. Bei einem Landesarbeitsgericht mit weniger als drei Richterplanstellen werden die Aufgaben des Präsidiums durch den Präsidenten, soweit ein zweiter Vorsitzender vorhanden ist, im Benehmen mit diesem wahrgenommen. 3. Der aufsichtführende Richter bestimmt, welche richterlichen Aufgaben er wahrnimmt.	**§ 202 [Entsprechende Anwendung des GVG und der ZPO]** Soweit dieses Gesetz keine Bestimmungen über das Verfahren enthält, sind das Gerichtsverfassungsgesetz und die Zivilprozessordnung entsprechend anzuwenden, wenn die grundsätzlichen Unterschiede der beiden Verfahrensarten dies nicht ausschließen.

AbGG

4. Jeder ehrenamtliche Richter kann mehreren Spruchkörpern angehören.
5. Den Vorsitz in den Kammern der Arbeitsgerichte führen die Berufsrichter.

§ 16 Zusammensetzung

(1) Das Arbeitsgericht besteht aus der erforderlichen Zahl von Vorsitzenden und ehrenamtlichen Richtern. Die ehrenamtlichen Richter werden je zur Hälfte aus den Kreisen der Arbeitnehmer und der Arbeitgeber entnommen.

(2) Jede Kammer des Arbeitsgerichts wird in der Besetzung mit einem Vorsitzenden und je einem ehrenamtlichen Richter aus Kreisen der Arbeitnehmer und der Arbeitgeber tätig.

§ 20 Berufung der ehrenamtlichen Richter

(1) Die ehrenamtlichen Richter werden von der zuständigen obersten Landesbehörde oder von der von der Landesregierung durch Rechtsverordnung beauftragten Stelle auf die Dauer von

SGG

§ 12 [Besetzung der Kammern]

(1) Jede Kammer des Sozialgerichts wird in der Besetzung mit einem Vorsitzenden und zwei ehrenamtlichen Richtern als Beisitzern tätig. Bei Beschlüssen außerhalb der mündlichen Verhandlung und bei Gerichtsbescheiden wirken die ehrenamtlichen Richter nicht mit.

(2) In den Kammern für Angelegenheiten der Sozialversicherung und der Arbeitsförderung gehört je ein ehrenamtlicher Richter dem Kreis der Versicherten und der Arbeitgeber an. Sind für Angelegenheiten einzelner Zweige der Sozialversicherung eigene Kammern gebildet, so sollen die ehrenamtlichen Richter dieser Kammern an dem jeweiligen Versicherungszweig beteiligt sein.

(3) In den Kammern für Angelegenheiten des Vertragsarztrechts wirken je ein ehrenamtlicher Richter aus den Kreisen der Krankenkassen und der Vertragsärzte, Vertragszahnärzte und Psychotherapeuten mit. In Angelegenheiten der Vertragsärzte, Vertragszahnärzte und Psychotherapeuten wirken als ehrenamtliche Richter nur Vertragsärzte, Vertragszahnärzte und Psychotherapeuten mit.

(4) In den Kammern für Angelegenheiten des sozialen Entschädigungsrechts und des Schwerbehindertenrechts wirken je ein ehrenamtlicher Richter aus dem Kreis der mit dem sozialen Entschädigungsrecht oder dem Recht der Teilhabe behinderter Menschen vertrauten Personen und dem Kreis der Versorgungsberechtigten, der behinderten Menschen im Sinne des Neunten Buches Sozialgesetzbuch und der Versicherten mit; dabei sollen Hinterbliebene von Versorgungsberechtigten in angemessener Zahl beteiligt werden.

§ 13 [Berufung und Amtsdauer der ehrenamtlichen Richter]

(1) Die ehrenamtlichen Richter werden von der nach Landesrecht zuständigen Stelle auf Grund von Vorschlagslisten (§ 14) für fünf Jahre berufen; sie sind in angemessenem Verhältnis unter

AbGG	SGG
fünf Jahren berufen. Die Landesregierung kann die Ermächtigung nach Satz 1 durch Rechtsverordnung auf die zuständige oberste Landesbehörde übertragen. (2) Die ehrenamtlichen Richter sind in angemessenem Verhältnis unter billiger Berücksichtigung der Minderheiten aus den Vorschlagslisten zu entnehmen, die der zuständigen Stelle von den im Land bestehenden Gewerkschaften, selbständigen Vereinigungen von Arbeitnehmern mit sozial- oder berufspolitischer Zwecksetzung und Vereinigungen von Arbeitgebern sowie von den in § 22 Abs. 2 Nr. 3 bezeichneten Körperschaften oder deren Arbeitgebervereinigungen eingereicht werden.	billiger Berücksichtigung der Minderheiten aus den Vorschlagslisten zu entnehmen. Die zuständige Stelle kann eine Ergänzung der Vorschlagslisten verlangen (2) Die Landesregierungen werden ermächtigt, durch Rechtsverordnung eine einheitliche Amtsperiode festzulegen; sie können diese Ermächtigung durch Rechtsverordnung auf die jeweils zuständige oberste Landesbehörde übertragen. Wird eine einheitliche Amtsperiode festgelegt, endet die Amtszeit der ehrenamtlichen Richter ohne Rücksicht auf den Zeitpunkt ihrer Berufung mit dem Ende der laufenden Amtsperiode. (3) Die ehrenamtlichen Richter bleiben nach Ablauf ihrer Amtszeit im Amt, bis ihre Nachfolger berufen sind. Erneute Berufung ist zulässig. Bei vorübergehendem Bedarf kann die nach Landesrecht zuständige Stelle weitere ehrenamtliche Richter nur für ein Jahr berufen. (4) Die Zahl der ehrenamtlichen Richter, die für die Kammern für Angelegenheiten der Sozialversicherung, der Arbeitsförderung, des sozialen Entschädigungsrechts und des Schwerbehindertenrechts zu berufen sind, bestimmt sich nach Landesrecht; die Zahl der ehrenamtlichen Richter für die Kammern für Angelegenheiten der Knappschaftsversicherung und für Angelegenheiten des Vertragsarztrechts ist je besonders festzusetzen. (5) Bei der Berufung der ehrenamtlichen Richter für die Kammern für Angelegenheiten der Sozialversicherung und der Arbeitsförderung ist auf ein angemessenes Verhältnis zu der Zahl der im Gerichtsbezirk ansässigen Versicherten der einzelnen Versicherungszweige, auf die hauptsächlichen Erwerbszweige, insbesondere auch auf die Gruppe der Selbständigen ohne fremde Arbeitskräfte Rücksicht zu nehmen. (6) Die ehrenamtlichen Richter für die Kammern für Angelegenheiten des sozialen Entschädigungsrechts und des Schwerbehindertenrechts sind in angemessenem Verhältnis zu der Zahl der von den Vorschlagsberechtigten vertretenen Versorgungsberechtigten, behinderten Menschen im Sinne des Neunten Buches Sozialgesetzbuch zu berufen.

AbGG	SGG
	§ 14 [Vorschlagslisten, Vorschlagsrecht]

(1) Die Vorschlagslisten für die ehrenamtlichen Richter, die in den Kammern für Angelegenheiten der Sozialversicherung und der Arbeitsförderung mitwirken, werden aus dem Kreis der Versicherten von den Gewerkschaften, von selbständigen Vereinigungen von Arbeitnehmern mit sozial- oder berufspolitischer Zwecksetzung und von den in Absatz 3 Satz 2 genannten Vereinigungen sowie aus dem Kreis der Arbeitgeber von Vereinigungen von Arbeitgebern und den in § 16 Abs. 4 Nr. 3 bezeichneten obersten Bundes- oder Landesbehörden aufgestellt.

(2) Die Vorschlagslisten für die ehrenamtlichen Richter, die in den Kammern für Angelegenheiten des Vertragsarztrechts mitwirken, werden nach Bezirken von den Kassenärztlichen und Kassenzahnärztlichen Vereinigungen und von den Zusammenschlüssen der Krankenkassen aufgestellt.

(3) Für die Kammern für Angelegenheiten des sozialen Entschädigungsrechts und des Schwerbehindertenrechts werden die Vorschlagslisten für die mit dem sozialen Entschädigungsrecht oder dem Recht der Teilhabe behinderter Menschen vertrauten Personen von den Landesversorgungsämtern oder den Stellen, denen deren Aufgaben übertragen worden sind, aufgestellt. Die Vorschlagslisten für die Versorgungsberechtigten, die behinderten Menschen und die Versicherten werden aufgestellt von den im Gerichtsbezirk vertretenen Vereinigungen, deren satzungsgemäße Aufgaben die gemeinschaftliche Interessenvertretung, die Beratung und Vertretung der Leistungsempfänger nach dem sozialen Entschädigungsrecht oder der behinderten Menschen wesentlich umfassen und die unter Berücksichtigung von Art und Umfang ihrer bisherigen Tätigkeit sowie ihres Mitgliederkreises die Gewähr für eine sachkundige Erfüllung dieser Aufgaben bieten. Vorschlagsberechtigt nach Satz 2 sind auch die Gewerkschaften und selbständige Vereinigungen von Arbeitnehmern mit sozial- oder berufspolitischer Zwecksetzung.

AbGG	SGG
§ 21 Voraussetzungen für die Berufung als ehrenamtlicher Richter	**§ 16 [Persönliche Voraussetzungen]**
(1) Als ehrenamtliche Richter sind Personen zu berufen, die das fünfundzwanzigste Lebensjahr vollendet haben. Es sind nur Personen zu beru-	(1) Das Amt des ehrenamtlichen Richters am Sozialgericht kann nur ausüben, wer Deutscher ist und das fünfundzwanzigste Lebensjahr vollendet hat.

AbGG

fen, die im Bezirk des Arbeitsgerichts als Arbeitnehmer oder Arbeitgeber tätig sind.

(2) Vom Amt des ehrenamtlichen Richters ist ausgeschlossen,

1. wer infolge Richterspruchs die Fähigkeit zur Bekleidung öffentlicher Ämter nicht besitzt oder wegen einer vorsätzlichen Tat zu einer Freiheitsstrafe von mehr als sechs Monaten verurteilt worden ist;
2. wer wegen einer Tat angeklagt ist, die den Verlust der Fähigkeit zur Bekleidung öffentlicher Ämter zur Folge haben kann;
3. wer durch gerichtliche Anordnung in der Verfügung über sein Vermögen beschränkt ist;
4. wer das Wahlrecht zum Deutschen Bundestag nicht besitzt.

(3) Beamte und Angestellte eines Gerichts für Arbeitssachen dürfen nicht als ehrenamtliche Richter berufen werden.

(4) Das Amt des ehrenamtlichen Richters, der zum ehrenamtlichen Richter in einem höheren Rechtszug berufen wird, endet mit Beginn der Amtszeit im höheren Rechtszug. Niemand darf gleichzeitig ehrenamtlicher Richter der Arbeitnehmerseite und der Arbeitgeberseite sein oder als ehrenamtlicher Richter bei mehr als einem Gericht für Arbeitssachen berufen werden.

(5) Wird das Fehlen einer Voraussetzung für die Berufung nachträglich bekannt oder fällt eine Voraussetzung nachträglich fort, so ist der ehrenamtliche Richter auf Antrag der zuständigen Stelle (§ 20) oder auf eigenen Antrag von seinem Amt zu entbinden. Über den Antrag entscheidet die vom Präsidium für jedes Geschäftsjahr im voraus bestimmte Kammer des Landesarbeitsgerichts. Vor der Entscheidung ist der ehrenamtliche Richter zu hören. Die Entscheidung ist unanfechtbar. Die nach Satz 2 zuständige Kammer kann anordnen, dass der ehrenamtliche Richter bis zu der Entscheidung über die Entbindung vom Amt nicht heranzuziehen ist.

(6) Verliert der ehrenamtliche Richter seine Eigenschaft als Arbeitnehmer oder Arbeitgeber wegen Erreichen der Altersgrenze, findet Absatz 5 mit der Maßgabe Anwendung, dass die Entbindung vom Amt nur auf Antrag des ehrenamtlichen Richters zulässig ist.

SGG

(2) Die ehrenamtlichen Richter in den Kammern für Angelegenheiten der Sozialversicherung und der Arbeitsförderung können nur Versicherte und Arbeitgeber sein.

(3) Ehrenamtlicher Richter aus Kreisen der Versicherten kann auch sein, wer arbeitslos ist oder Rente aus eigener Versicherung bezieht. Ehrenamtlicher Richter aus Kreisen der Arbeitgeber kann auch sein, wer vorübergehend oder zu gewissen Zeiten des Jahres keine Arbeitnehmer berücksichtigt.

(4) Ehrenamtliche Richter aus Kreisen der Arbeitgeber können sein

1. Personen, die regelmäßig mindestens einen versicherungspflichtigen Arbeitnehmer beschäftigen; ist ein Arbeitgeber zugleich Versicherter oder bezieht er eine Rente aus eigener Versicherung, so begründet die Beschäftigung einer Hausgehilfin oder Hausangestellten nicht die Arbeitgebereigenschaft im Sinne dieser Vorschrift;
2. bei Betrieben einer juristischen Person oder einer Personengesamtheit Personen, die kraft Gesetzes, Satzung oder Gesellschaftsvertrags allein oder als Mitglieder des Vertretungsorgans zur Vertretung der juristischen Person oder der Personengesamtheit berufen sind;
3. Beamte und Angestellte des Bundes, der Länder, der Gemeinden und_Gemeindeverbände sowie bei anderen Körperschaften, Anstalten und Stiftungen des öffentlichen Rechts nach näherer Anordnung der zuständigen obersten Bundes- oder Landesbehörde;
4. Personen, denen Prokura oder Generalvollmacht oder erteilt ist sowie leitende Angestellte;
5. Mitglieder und Angestellte in Vereinigungen von Arbeitgebern sowie Vorstandsmitglieder und Angestellte von Zusammenschlüssen solcher Vereinigungen, wenn diese Person kraft Satzung oder Vollmacht zur Vertretung befugt sind.

(5) Bei Sozialgerichten, in deren Bezirk wesentliche Teile der Bevölkerung in der Seeschifffahrt beschäftigt sind, können ehrenamtliche Richter aus dem Kreis der Versicherten auch befahrene Schifffahrtskundige sein, die nicht Reeder, Reedereileiter (Korrespondentenreeder, §§ 492 bis 499 des Handelsgesetzbuchs) oder Bevollmächtigte sind.

AbGG

§ 22 Ehrenamtlicher Richter aus Kreisen der Arbeitgeber

(1) Ehrenamtliche Richter aus Kreisen der Arbeitgeber kann auch sein, wer vorübergehend oder regelmäßig zu gewissen Zeiten des Jahres keine Arbeitnehmer beschäftigt.

(2) Zu ehrenamtlichen Richtern aus Kreisen der Arbeitgeber können auch berufen werden

1. bei Betrieben einer juristischen Person oder einer Personengesamtheit Personen, die kraft Gesetzes, Satzung oder Gesellschaftsvertrag allein oder als Mitglieder des Vertretungsorgans zur Vertretung der juristischen Person oder der Personengesamtheit berufen sind;
2. Geschäftsführer, Betriebsleiter oder Personalleiter, soweit sie zur Einstellung von Arbeitnehmern in den Betrieb berechtigt sind, oder Personen, denen Prokura oder Generalvollmacht erteilt ist;
3. bei dem Bunde, den Ländern, den Gemeinden, den Gemeindeverbänden und anderen Körperschaften, Anstalten und Stiftungen des öffentlichen Rechts Beamte und Angestellte nach näherer Anordnung der zuständigen obersten Bundes- oder Landesbehörde;
4. Mitglieder und Angestellte von Vereinigungen von Arbeitgebern sowie Vorstandsmitglieder und Angestellte von Zusammenschlüssen solcher Vereinigungen, wenn diese Personen kraft Satzung oder Vollmacht zur Vertretung befugt sind.

§ 23 Ehrenamtlicher Richter aus Kreisen der Arbeitnehmer

(1) Ehrenamtlicher Richter aus Kreisen der Arbeitnehmer kann auch sein, wer arbeitslos ist.

(2) Den Arbeitnehmern stehen für die Berufung als ehrenamtliche Richter Mitglieder und Angestellte von Gewerkschaften, von selbständigen Vereinigungen von Arbeitnehmern mit sozial- oder berufspolitischer Zwecksetzung sowie Vorstandsmitglieder und Angestellte von Zusammenschlüssen von Gewerkschaften gleich, wenn diese Personen kraft Satzung oder Vollmacht zur Vertretung befugt sind.

SGG

(6) Die ehrenamtlichen Richter sollen im Bezirk des Sozialgerichts wohnen oder ihren Betriebssitz haben oder beschäftigt sein.

§ 17 [Ausschließungsgründe]

(1) Vom Amt des ehrenamtlichen Richters Sozialgericht ist ausgeschlossen,

1. wer infolge Richterspruchs die Fähigkeit zur Bekleidung öffentlicher Ämter nicht besitzt oder wegen einer vorsätzlichen Tat zu einer Freiheitsstrafe von mehr als sechs Monaten verurteilt worden ist,
2. wer wegen einer Tat angeklagt ist, die den Verlust der Fähigkeit zur Bekleidung öffentlicher Ämter zur Folge haben kann,
3. wer infolge gerichtlicher Anordnung in der Verfügung über sein Vermögen beschränkt ist,
4. wer das Wahlrecht zum Deutschen Bundestag nicht besitzt.

(2) Mitglieder der Vorstände von Trägern und Verbänden der Sozialversicherung, der Kassenärztlichen (Kassenzahnärztlichen) Vereinigungen und der Bundesanstalt für Arbeit können nicht ehrenamtliche Richter sein. Davon unberührt bleibt die Regelung in Absatz 4.

(3) Die Bediensteten der Träger und Verbände der Sozialversicherung, der Kassenärztlichen (Kassenzahnärztlichen) Vereinigungen und der Dienststellen der Bundesanstalt für Arbeit können nicht ehrenamtliche Richter in der Kammer sein, die über Streitigkeiten aus ihrem Arbeitsgebiet entscheidet.

(4) Mitglieder der Vorstände sowie leitende Beschäftigte bei den Kranken- und Pflegekassen und ihren Verbänden sowie Geschäftsführer und deren Stellvertreter bei den Kassenärztlichen (Kassenzahnärztlichen) Vereinigungen sind als ehrenamtliche Richter in den Kammern für Angelegenheiten des Vertragsarztrechts nicht ausgeschlossen.

(5) Das Amt des ehrenamtlichen Richters am Sozialgericht, der zum ehrenamtlichen Richter in einem höheren Rechtszug der Sozialgerichtsbarkeit berufen wird, endet mit der Berufung in das andere Amt.

AbGG

§ 24 Ablehnung und Niederlegung des ehrenamtlichen Richteramtes

(1) Das Amt des ehrenamtlichen Richters kann ablehnen oder niederlegen

1. wer das fünfundsechzigste Lebensjahr vollendet hat;
2. wer aus gesundheitlichen Gründen daran gehindert ist, das Amt ordnungsgemäß auszuüben;
3. wer durch ehrenamtliche Tätigkeit für die Allgemeinheit so in Anspruch genommen ist, dass ihm die Übernahme des Amtes nicht zugemutet werden kann;
4. wer in den zehn der Berufung vorhergehenden Jahren als ehrenamtlicher Richter bei einem Gericht für Arbeitssachen tätig gewesen ist;
5. wer glaubhaft macht, dass ihm wichtige Gründe, insbesondere die Fürsorge für seine Familie, die Ausübung des Amtes in besonderem Maße erschweren.

(2) Über die Berechtigung zur Ablehnung oder Niederlegung entscheidet die zuständige Stelle (§ 20). Die Entscheidung ist endgültig.

SGG

§ 18 [Ablehnungsgründe, Entlassung]

(1) Die Übernahme des Amtes als ehrenamtlicher Richter kann nur ablehnen,

1. wer das fünfundsechzigste Lebensjahr vollendet hat,
2. wer in den zehn der Berufung vorhergehenden Jahren als ehrenamtlicher Richter bei einem Gericht der Sozialgerichtsbarkeit tätig gewesen ist,
3. wer durch ehrenamtliche Tätigkeit für die Allgemeinheit so in Anspruch genommen ist, dass ihm die Übernahme des Amtes nicht zugemutet werden kann,
4. wer aus gesundheitlichen Gründen verhindert ist, das Amt ordnungsmäßig auszuüben,
5. wer glaubhaft macht, dass wichtige Gründe ihm die Ausübung des Amtes in besonderem Maße erschweren.

(2) Ablehnungsgründe sind nur zu berücksichtigen, wenn sie innerhalb von zwei Wochen, nachdem der ehrenamtliche Richter von seiner Berufung in Kenntnis gesetzt worden ist, von ihm geltend gemacht werden.

(3) Der ehrenamtliche Richter kann auf Antrag aus dem Amt entlassen werden, wenn einer der in Absatz 1 Nr. 3 bis 5 bezeichneten Gründe nachträglich eintritt. Eines Antrages bedarf es nicht, wenn der ehrenamtliche Richter seinen Wohnsitz aus dem Bezirk des Sozialgerichts verlegt und seine Heranziehung zu den Sitzungen dadurch wesentlich erschwert wird.

(4) Über die Berechtigung zur Ablehnung des Amtes oder über die Entlassung aus dem Amt entscheidet die vom Präsidium für jedes Geschäftsjahr im Voraus bestimmte Kammer endgültig.

§ 19 [Ausübung des Ehrenamts; Entschädigung]

(1) Der ehrenamtliche Richter übt sein Amt mit gleichen Rechten wie der Berufsrichter aus.

(2) Die ehrenamtlichen Richter erhalten eine Entschädigung nach dem Gesetz über die Entschädigung der ehrenamtlichen Richter.

AbGG	SGG
§ 26 Schutz der ehrenamtlichen Richter	**§ 20 [Strafrechtlicher Schutz]**
(1) Niemand darf in der Übernahme oder Ausübung des Amtes als ehrenamtlicher Richter beschränkt oder wegen der Übernahme oder Ausübung des Amtes benachteiligt werden.	(1) Der ehrenamtliche Richter darf in der Übernahme oder Ausübung des Amtes nicht beschränkt oder wegen der Übernahme oder Ausübung des Amtes nicht benachteiligt werden.
(2) Wer einen anderen in der Übernahme oder Ausübung seines Amtes als ehrenamtlicher Richter beschränkt oder wegen der Übernahme oder Ausübung des Amtes benachteiligt, wird mit Freiheitsstrafe bis zu einem Jahr oder mit Geldstrafe bestraft.	(2) Wer einen anderen in der Übernahme oder Ausübung seines Amtes als ehrenamtlicher Richter beschränkt oder wegen der Übernahme oder Ausübung des Amtes benachteiligt, wird mit Freiheitsstrafe bis zu einem Jahr oder mit Geldstrafe bestraft.
§ 27 Amtsenthebung der ehrenamtlichen Richter	**§ 22 [Amtsenthebung]**
Ein ehrenamtlicher Richter ist auf Antrag der zuständigen Stelle (§ 20) seines Amtes zu entheben, wenn er seine Amtspflicht grob verletzt. § 21 Abs. 5 Satz 2 bis 5 ist entsprechend anzuwenden.	(1) Der ehrenamtliche Richter ist seines Amtes zu entheben, wenn das Fehlen oder der Wegfall einer Voraussetzung für seine Berufung bekannt wird oder wenn er seine Amtspflicht grob verletzt.
	(2) Über die Enthebung entscheidet die vom Präsidium für jedes Geschäftsjahr im voraus bestimmte Kammer endgültig. Vor der Entscheidung ist der ehrenamtliche Richter zu hören.
§ 28 Ordnungsgeld gegen ehrenamtliche Richter	**§ 21 [Ordnungsgeld]**
Die vom Präsidium für jedes Geschäftsjahr im voraus bestimmte Kammer des Landesarbeitsgerichts kann auf Antrag des Vorsitzenden des Arbeitsgerichts gegen einen ehrenamtlichen Richter, der sich der Erfüllung seiner Pflichten entzieht, insbesondere ohne genügende Entschuldigung nicht oder nicht rechtzeitig zu den Sitzungen erscheint, ein Ordnungsgeld festsetzen. Vor dem Antrag hat der Vorsitzende des Arbeitsgerichts den ehrenamtlichen Richter zu hören. Die Entscheidung ist endgültig.	Der Vorsitzende kann gegen einen ehrenamtlichen Richter, der sich der Erfüllung seiner Pflichten entzieht, insbesondere ohne genügende Entschuldigung nicht oder nicht rechtzeitig zu den Sitzungen erscheint, durch Beschluss ein Ordnungsgeld festsetzen und ihm die durch sein Verhalten verursachten Kosten auferlegen. Bei nachträglicher genügender Entschuldigung ist der Beschluss aufzuheben oder zu ändern. Gegen den Beschluss ist Beschwerde zulässig. Über die Beschwerde entscheidet die durch das Präsidium für jedes Geschäftsjahr im Voraus bestimmte Kammer des Sozialgerichts endgültig. Vor der Entscheidung ist der ehrenamtliche Richter zu hören.
§ 29 Ausschuss der ehrenamtlichen Richter	**§ 23 [Ausschuss der ehrenamtlichen Richter]**
(1) Bei jedem Arbeitsgericht mit mehr als einer Kammer wird ein Ausschuss der ehrenamtlichen Richter gebildet. Er besteht aus mindestens je drei ehrenamtlichen Richtern aus den Kreisen der Arbeitnehmer und der Arbeitgeber in glei-	(1) Bei jedem Sozialgericht wird ein Ausschuss der ehrenamtlichen Richter gebildet. Er besteht aus sechs Mitgliedern, die von den ehrenamtlichen Richtern aus ihrer Mitte gewählt werden. Der Ausschuss tagt unter der Leitung des auf-

AbGG

cher Zahl, die von den ehrenamtlichen Richtern aus den Kreisen der Arbeitnehmer und der Arbeitgeber in getrennter Wahl gewählt werden. Der Ausschuss tagt unter der Leitung des aufsichtführenden oder, wenn ein solcher nicht vorhanden oder verhindert ist, des dienstältesten Vorsitzenden des Arbeitsgerichts.

(2) Der Ausschuss ist vor der Bildung von Kammern, vor der Geschäftsverteilung, vor der Verteilung der ehrenamtlichen Richter auf die Kammern und vor der Aufstellung der Listen über die Heranziehung der ehrenamtlichen Richter zu den Sitzungen mündlich oder schriftlich zu hören. Er kann den Vorsitzenden des Arbeitsgerichts und den die Verwaltung und Dienstaufsicht führenden Stellen (§ 15) Wünsche der ehrenamtlichen Richter übermitteln.

§ 30 Besetzung der Fachkammern

Die ehrenamtlichen Richter einer Fachkammer sollen aus den Kreisen der Arbeitnehmer und der Arbeitgeber entnommen werden, für die die Fachkammer gebildet ist. Werden für Streitigkeiten der in § 22 Abs. 2 Nr. 2 bezeichneten Angestellten Fachkammern gebildet, so dürfen ihnen diese Angestellten nicht als ehrenamtliche Richter aus Kreisen der Arbeitgeber angehören. Wird die Zuständigkeit einer Fachkammer gemäß § 17 Abs. 2 erstreckt, so sollen die ehrenamtlichen Richter dieser Kammer aus den Bezirken derjenigen Arbeitsgerichte berufen werden, für deren Bezirke die Fachkammer zuständig ist.

§ 31 Heranziehung der ehrenamtlichen Richter

(1) Die ehrenamtlichen Richter sollen zu den Sitzungen nach der Reihenfolge einer Liste herangezogen werden, die der Vorsitzende vor Beginn des Geschäftsjahres oder vor Beginn der Amtszeit neu berufener ehrenamtlicher Richter gemäß § 29 Abs. 2 aufstellt.

(2) Für die Heranziehung von Vertretern bei unvorhergesehener Verhinderung kann eine Hilfsliste von ehrenamtlichen Richtern aufgestellt werden, die am Gerichtssitz oder in der Nähe wohnen oder ihren Dienstsitz haben.

SGG

sichtführenden, oder wenn ein solcher nicht vorhanden oder verhindert ist, des dienstältesten Vorsitzenden des Sozialgerichts.

(2) Der Ausschuss ist vor der Bildung von Kammern, vor der Geschäftsverteilung, vor der Verteilung der ehrenamtlichen Richter auf die Kammern und vor Aufstellung der Listen über die Heranziehung der ehrenamtlichen Richter zu den Sitzungen mündlich oder schriftlich zu hören. Er kann dem Vorsitzenden des Sozialgerichts und den die Verwaltung und Dienstaufsicht führenden Stellen Wünsche der ehrenamtlichen Richter übermitteln.

AbGG

§ 35 Zusammensetzung, Bildung von Kammern

(1) Das Landesarbeitsgericht besteht aus dem Präsidenten, der erforderlichen Zahl von weiteren Vorsitzenden und von ehrenamtlichen Richtern. Die ehrenamtlichen Richter werden je zur Hälfte aus den Kreisen der Arbeitnehmer und der Arbeitgeber entnommen.

(2) Jede Kammer des Lindesarbeitsgerichts wird in der Besetzung mit einem Vorsitzenden und je einem ehrenamtlichen Richter aus den Kreisen der Arbeitnehmer und der Arbeitgeber tätig.

(3) Die zuständige oberste Landesbehörde bestimmt die Zahl der Kammern. § 17 gilt entsprechend.

§ 37 Ehrenamtliche Richter

(1) Die ehrenamtlichen Richter müssen das dreißigste Lebensjahr vollendet haben und sollen mindestens fünf Jahre ehrenamtliche Richter eines Gerichts für Arbeitssachen gewesen sein.

(2) Im Übrigen gelten für die Berufung und Stellung der ehrenamtlichen Richter sowie für die Amtsenthebung und die Amtsentbindung die §§ 20 bis 28 entsprechend.

§ 38 Ausschuss der ehrenamtlichen Richter

Bei jedem Landesarbeitsgericht wird ein Ausschuss der ehrenamtlichen Richter gebildet. Die Vorschriften des § 29 Abs. 1 Satz 2 und 3 gelten entsprechend.

§ 39 Heranziehung der ehrenamtlichen Richter

Die ehrenamtlichen Richter sollen zu den Sitzungen nach der Reihenfolge einer Liste herangezogen werden, die der Vorsitzende vor Beginn des Geschäftsjahres oder vor Beginn der Amtszeit neu berufener ehrenamtlicher Richter gemäß § 38 Satz 2 aufstellt. § 31 Abs. 2 ist entsprechend anzuwenden.

§ 41 Zusammensetzung, Senate

(1) Das Bundesarbeitsgericht besteht aus dem Präsidenten, der erforderlichen Zahl von Vor-

SGG

§ 30 Besetzung, Dienstaufsicht

(1) Das Landessozialgericht besteht aus dem Präsidenten, den Vorsitzenden Richtern, weiteren Berufsrichtern und den ehrenamtlichen Richtern.

(2) Die für die allgemeine Dienstaufsicht und die sonstigen Geschäfte der Gerichtsverwaltung zuständige Stelle wird durch Landesrecht bestimmt.

§ 33 [Besetzung der Senate]

Jeder Senat wird in der Besetzung mit einem Vorsitzenden, zwei weiteren Berufsrichtern und zwei ehrenamtliche Richtern tätig. § 12 Abs. 1 Satz 2, Abs. 2 bis 4 gilt entsprechend.

§ 35 [Ehrenamtliche Richter]

(1) Die ehrenamtlichen Richter beim Landessozialgericht müssen das dreißigste Lebensjahr vollendet haben; sie sollen mindestens fünf Jahre ehrenamtliche Richter bei einem Sozialgericht gewesen sein. Im Übrigen gelten die §§ 13 bis 23.

(2) In den Fällen des § 18 Abs. 4, der §§ 21 und 22 Abs. 2 entscheidet der vom Präsidium für jedes Geschäftsjahr im Voraus bestimmte Senat.

§ 38 [Sitz, Besetzung, Berufsrichter, Dienstaufsicht]

(1) Das Bundessozialgericht hat seinen Sitz in Kassel.

AbGG

sitzenden Richtern, von berufsrichterlichen Beisitzern sowie ehrenamtlichen Richtern. Die ehrenamtlichen Richter werden je zur Hälfte aus den Kreisen der Arbeitnehmer und der Arbeitgeber entnommen.

(2) Jeder Senat wird in der Besetzung mit einem Vorsitzenden, zwei berufsrichterlichen Beisitzern und je einem ehrenamtlichen Richter aus den Kreisen der Arbeitnehmer und der Arbeitgeber tätig.

(3) Die Zahl der Senate bestimmt das Bundesministerium für Wirtschaft und Arbeit im Einvernehmen mit dem Bundesministerium der Justiz.

§ 43 Ehrenamtliche Richter

(1) Die ehrenamtlichen Richter werden vom Bundesministerium für Wirtschaft und Arbeit für die Dauer von fünf Jahren berufen. Sie sind im angemessenen Verhältnis unter billiger Berücksichtigung der Minderheiten aus den Vorschlagslisten zu entnehmen, die von den Gewerkschaften, den selbständigen Vereinigungen von Arbeitnehmern mit sozial- oder berufspolitischer Zwecksetzung und Vereinigungen von Arbeitgebern, die für das Arbeitsleben des Bundesgebietes wesentliche Bedeutung haben, sowie von den in § 22 Abs. 2 Nr. 3 bezeichneten Körperschaften eingereicht worden sind.

(2) Die ehrenamtlichen Richter müssen das fünfunddreißigste Lebensjahr vollendet haben, besondere Kenntnisse und Erfahrungen auf dem Gebiet des Arbeitsrechts und des Arbeitslebens besitzen und sollen mindestens fünf Jahre ehrenamtliche Richter eines Gerichts für Arbeitssachen gewesen sein. Sie sollen längere Zeit in

SGG

(2) Das Bundessozialgericht besteht aus dem Präsidenten, den Vorsitzenden Richtern, weiteren Berufsrichtern und den ehrenamtlichen Richtern. Die Berufsrichter müssen das fünfunddreißigste Lebensjahr vollendet haben. Für die Berufung der Berufsrichter gelten die Vorschriften des Richterwahlgesetzes. Zuständiger Minister im Sinne des § 1 Abs. 1 des Richterwahlgesetzes ist der Bundesminister für Gesundheit und Soziale Sicherung.

(3) Das Bundesministerium für Gesundheit und Soziale Sicherung führt die allgemeine Dienstaufsicht und die sonstigen Geschäfte der Gerichtsverwaltung. Es kann die allgemeine Dienstaufsicht und die sonstigen Geschäfte der Gerichtsverwaltung auf den Präsidenten des Bundessozialgerichts übertragen.

§ 40 [Fachsenate]

Für die Bildung und Besetzung der Senate gelten Abs. 1 und § 33 entsprechend. Für Angelegenheiten des Vertragsarztrechts und der Knappschaftsversicherung einschließlich der Unfallversicherung den Bergbau ist je ein Senat zu bilden.

§ 45 [Ehrenamtliche Richter, Zahl, Berufung, Amtsdauer]

(1) Das Bundesministerium für Gesundheit und Soziale Sicherung bestimmt nach Anhörung des Präsidenten des Bundessozialgerichts die Zahl der für die einzelnen Zweige der Sozialgerichtsbarkeit zu berufenden ehrenamtlichen Richter.

(2) Die ehrenamtlichen Richter werden vom Bundesministerium für Gesundheit und Soziale Sicherung auf Grund von Vorschlagslisten (§ 46) für die Dauer von fünf Jahren berufen; sie sind in angemessenem Verhältnis unter billiger Berücksichtigung der Minderheiten aus den Vorschlagslisten. zu entnehmen. Das Bundesministerium für Gesundheit und Soziale Sicherung kann eine Ergänzung der Vorschlagslisten verlangen. § 13 Abs. 2 gilt entsprechend mit der Maßgabe, dass das Bundesministerium für Gesundheit und Soziale Sicherung durch Rechtsverordnung eine einheitliche Amtsperiode festlegen kann.

AbGG

Deutschland als Arbeitnehmer oder als Arbeitgeber tätig gewesen sein.

(3) Für die Berufung, Stellung und Heranziehung der ehrenamtlichen Richter sowie für die Amtsenthebung und die Amtsentbindung sind im Übrigen die Vorschriften der §§ 21 bis 28 und des § 31 entsprechend anzuwenden mit der Maßgabe, dass die in § 21 Abs. 5, § 27 Satz 2 und § 28 Satz 1 bezeichneten Entscheidungen durch den vom Präsidium für jedes Geschäftsjahr im Voraus bestimmten Senat des Bundesarbeitsgerichts getroffen werden.

§ 44 Anhörung der ehrenamtlichen Richter, Geschäftsordnung

(1) Bevor zu Beginn des Geschäftsjahres, die Geschäfte verteilt sowie die berufsrichterlichen Beisitzer und die ehrenamtlichen Richter den einzelnen Senaten und dem Großen Senat zugeteilt werden, sind je die beiden lebensältesten ehrenamtlichen Richter aus den Kreisen der Arbeitnehmer und der Arbeitgeber zu hören.

SGG

(3) Die ehrenamtlichen Richter bleiben nach Ablauf ihrer Amtszeit im Amt, bis ihre Nachfolger berufen sind. Erneute Berufung ist zulässig.

§ 46 [Vorschlagslisten; Vorschlagsrecht]

(1) Die Vorschlagslisten für die ehrenamtlichen Richter in den Senaten für Angelegenheiten der Sozialversicherung und der Arbeitsförderung werden von den in § 14 Abs. 1 aufgeführten Organisationen und Behörden aufgestellt.

(2) Die Vorschlagslisten für die ehrenamtlichen Richter in den Senaten für Angelegenheiten des Vertragsarztrechts werden von den Kassenärztliche (Kassenzahnärztlichen) Vereinigungen und gemeinsam von den Zusammenschlüssen der Krankenkassen, die sich über das Bundesgebiet erstrecken, aufgestellt.

(3) Die ehrenamtlichen Richter für die Senate für Angelegenheiten des sozialen Entschädigungsrechts und des Schwerbehindertenrechts werden auf Vorschlag der obersten Verwaltungsbehörden der Länder sowie der in § 14 Abs. 3 Satz 2 und 3 genannten Vereinigungen, die sich über das Bundesgebiet erstrecken und eine entsprechende Mitgliederzahl aufweisen, berufen.

§ 47 [Berufung der ehrenamtlichen Richter]

Die ehrenamtlichen Richter am Bundessozialgericht müssen das fünfunddreißigste Lebensjahr vollendet haben; sie sollen mindestens fünf Jahre ehrenamtliche Richter an einem Sozialgericht oder Landessozialgericht gewesen sein. Im Übrigen gelten die §§ 16 bis 23 entsprechend mit der Maßgabe, dass in den Fällen des § 18 Abs. 4, der §§ 21 und 22 Abs. 2 der vom Präsidium für jedes Geschäftsjahr im Voraus bestimmte Senat des Bundessozialgerichts entscheidet.

§ 50 [Geschäftsordnung]

Der Geschäftsgang wird durch eine Geschäftsordnug geregelt, die das Präsidium unter Zuziehung der beiden der Geburt nach ältesten ehrenamtlichen Richter beschließt. Sie bedarf der Bestätigung durch den Bundesrat.

AbGG

(2) Der Geschäftsgang wird durch eine Geschäftsordnung geregelt, die das Präsidium beschließt; sie bedarf der Bestätigung durch den Bundesrat. Absatz 1 gilt entsprechend.

§ 45 Großer Senat

(1) Bei dem Bundesarbeitsgericht wird ein Großer Senat gebildet.

(2) Der Große Senat entscheidet, wenn ein Senat in einer Rechtsfrage von der Entscheidung eines anderen Senats oder des Großen Senats abweichen will.

(3) Eine Vorlage an den Großen Senat ist nur zulässig, wenn der Senat, von dessen Entscheidung abgewichen werden soll, auf Anfrage des erkennenden Senats erklärt, dass er an seiner Rechtsauffassung festhält. Kann der Senat, von dessen Entscheidung abgewichen werden soll wegen einer Änderung des Geschäftsverteilungsplanes mit der Rechtsfrage nicht mehr befaßt werden, tritt der Senat an seine Stelle, der nach dem Geschäftsverteilungsplan für den Fall, in dem abweichend entschieden wurde, nunmehr zuständig wäre. Über die Anfrage und die Antwort entscheidet der jeweilige Senat durch Beschluss in der für Urteile erforderlichen Besetzung.

(4) Der erkennende Senat kann eine Frage von grundsätzlicher Bedeutung dem Großen Senat zur Entscheidung vorlegen, wenn das nach seiner Auffassung zur Fortbildung des Rechts oder zur Sicherung einer einheitlichen Rechtsprechung erforderlich ist.

(5) Der Große Senat besteht aus dem Präsidenten, je einem Berufsrichter der Senate, in denen der Präsident nicht den Vorsitz führt, und je drei ehrenamtlichen Richtern aus den Kreisen der Arbeitnehmer und Arbeitgeber. Bei einer Verhinderung des Präsidenten tritt ein Berufsrichter des Senats, dem er angehört, an seine Stelle.

(6) Die Mitglieder und die Vertreter werden durch das Präsidium für ein Geschäftsjahr bestellt. Den Vorsitz im Großen Senat führt der Präsident, bei Verhinderung das dienstälteste Mitglied. Bei Stimmengleichheit gibt die Stimme des Vorsitzenden den Ausschlag.

(7) Der Große Senat entscheidet nur über die Rechtsfrage. Er kann ohne mündliche Verhand-

SGG

§ 41 [Großer Senat]

(1) Bei dem Bundessozialgericht wird ein Großer Senat gebildet.

(2) Der Große Senat entscheidet, wenn ein Senat in einer Rechtsfrage von der Entscheidung eines anderen Senats oder des Großen Senats abweichen will.

(3) Eine Vorlage an den Großen Senat ist nur zulässig, wenn der Senat von dessen Entscheidung abgewichen werden soll, auf Anfrage des erkennenden Senats erklärt hat, dass er an seiner Rechtsauffassung festhält. Kann der Senat, von dessen Entscheidung abgewichen werden soll, wegen einer Änderung des Geschäftsverteilungsplanes mit der Rechtsfrage nicht mehr befaßt werden, tritt der Senat an seine Stelle, der nach dem Geschäftsverteilungsplan für den Fall, in dem abweichend entschieden wurde, nunmehr zuständig wäre. Über die Anfrage und die Antwort entscheidet der jeweilige Senat durch Beschluss in der für Urteile erforderlichen Besetzung.

(4) Der erkennende Senat kann eine Frage von grundsätzlicher Bedeutung dem Großen Senat zur Entscheidung vorlegen, wenn das nach seiner Auffassung zur Fortbildung des Rechts oder zur Sicherung einer einheitlichen Rechtsprechung erforderlich ist.

(5) Der Große Senat besteht aus dem Präsidenten, je einem Berufsrichter der Senate, in denen der Präsident nicht den Vorsitz führt, je zwei ehrenamtlichen Richtern aus dem Kreis der Versicherten und dem Kreis der Arbeitgeber sowie je einem ehrenamtlichen Richter aus dem Kreis der mit dem sozialen Entschädigungsrecht oder der Teilhabe behinderter Menschen vertrauten Personen und dem Kreis der Versorgungsberechtigten und der behinderten Menschen im Sinne des Neunten Buches Sozialgesetzbuch. Legt der Senat für Angelegenheiten des Vertragsarztrechts vor oder soll von dessen Entscheidung abgewichen werden, gehören dem Großen Senat außerdem ein ehrenamtlicher Richter aus dem Kreis der Krankenkassen und dem Kreis

AbGG	SGG
lung entscheiden. Seine Entscheidung ist in der vorliegenden Sache für den erkennenden Senat bindend.	der Vertragsärzte, Vertragszahnärzte und Psychotherapeuten an. Sind Senate personengleich besetzt, wird aus ihnen nur ein Berufsrichter bestellt; er hat nur eine Stimme. Bei einer Verhinderung des Präsidenten tritt ein Berufsrichter des Senats, dem er angehört, an seine Stelle. (6) Die Mitglieder und die Vertreter werden durch das Präsidium für ein Geschäftsjahr bestellt. Den Vorsitz im Großen Senat führt der Präsident, bei Verhinderung das dienstälteste Mitglied. Bei Stimmengleichheit gibt die Stimme des Vorsitzenden den Ausschlag. (7) Der Große Senat entscheidet nur über die Rechtsfrage. Er kann ohne mündliche Verhandlung entscheiden. Seine Entscheidung ist in der vorliegenden Sache für den erkennenden Senat bindend.
	§ 112 [Leitung und Gang der mündlichen Verhandlung] (1) Der Vorsitzende eröffnet und leitet die mündliche Verhandlung. Sie beginnt nach Aufruf der Sache mit der Darstellung des Sachverhalts. (2) Sodann erhalten die Beteiligten das Wort. Der Vorsitzende hat das Sach- und Streitverhältnis mit den Beteiligten zu erörtern und dahin zu wirken, dass sie sich über erhebliche Tatsachen vollständig erklären sowie angemessene und sachdienliche Anträge stellen. (3) Die Anträge können ergänzt, berichtigt oder im Rahmen des § 99 geändert werden. (4) Der Vorsitzende hat jedem Beisitzer auf Verlangen zu gestatten, sachdienliche Fragen zu stellen. Wird eine Frage von einem Beteiligten beanstandet, so entscheidet das Gericht endgültig.
§ 49 Ablehnung von Gerichtspersonen (1) Über die Ablehnung von Gerichtspersonen entscheidet die Kammer des Arbeitsgerichts. (2) Wird sie durch das Ausscheiden des abgelehnten Mitgliedes beschlussunfähig, so entscheidet das Landesarbeitsgericht. (3) Gegen den Beschluss findet kein Rechtsmittel statt.	**§ 60 [Ausschließung und Ablehnung von Gerichtsperson)** (1) Für die Ausschließung und Ablehnung der Gerichtspersonen gelten die §§ 41 bis 44, 45 Abs. 2 Satz 2, §§ 47 bis 49 der Zivilprozessordnung entsprechend. Über die Ablehnung entscheidet außer im Falle des § 171 das Landessozialgericht durch Beschluss. (2) Von der Ausübung des Amtes als Richter ist auch ausgeschlossen, wer bei dem vorausgegangenen Verwaltungsverfahren mitgewirkt hat.

AbGG	SGG
§ 64 Grundsatz Die Vorschriften des § 49 Abs. 1 und 3, des § 50, des § 51 Abs. 1, der §§ 52, 53, 55 Abs. 1, 2 und 4, der §§ 56 bis 59, 61 Abs. 2 und 3 und der §§ 62 und 63 über Ablehnung von Gerichtspersonen, Zustellungen, persönliches Erscheinen der Parteien, Öffentlichkeit, Befugnisse des Vorsitzenden und der ehrenamtlichen Richter, Vorbereitung der streitigen Verhandlung, Verhandlung vor der Kammer, Beweisaufnahme, Versäumnisverfahren, Inhalt des Urteils, Zwangsvollstreckung und Übersendung von Urteilen in Tarifvertragssachen gelten entsprechend.	(3) Die Besorgnis der Befangenheit nach § 42 der Zivilprozeßordnung gilt stets als begründet, wenn der Richter dem Vorstand einer Körperschaft oder Anstalt des öffentlichen Rechts angehört, deren Interessen durch das Verfahren unmittelbar berührt werden.
§ 72 Grundsatz (6) Die Vorschriften des § 49 Abs. 1, der §§ 50, 52 und 53, des § 57 Abs. 2, des § 61 Abs. 2 und des § 63 über Ablehnung von Gerichtspersonen, Zustellung, Öffentlichkeit, Befugnisse des Vorsitzenden und der ehrenamtlichen Richter, gütliche Erledigung des Rechtsstreits sowie Inhalt des Urteils und Übersendung von Urteilen in Tarifvertragssachen gelten entsprechend.	**§ 171 [Ablehnung von Gerichtspersonen; neuer Bescheid]** (1) Über die Ablehnung einer Gerichtsperson (§ 60) entscheidet der Senat. (2) Wird während des Revisionsverfahrens der angefochtene Verwaltungsakt durch einen neuen abgeändert oder ersetzt, so gilt der neue Verwaltungsakt als mit der Klage beim Sozialgericht angefochten, es sei denn, dass der Kläger durch den neuen Verwaltungsakt klaglos gestellt oder dem Klagebegehren durch die Entscheidung des Revisionsgerichts zum ersten Verwaltungsakt in vollem Umfange genügt wird.
§ 53 Befugnisse des Vorsitzenden und ehrenamtlichen Richter (1) Die nicht auf Grund einer mündlichen Verhandlung ergehenden Beschlüsse und Verfügungen erlässt, soweit nichts anderes bestimmt ist, der Vorsitzende allein. Entsprechendes gilt für Amtshandlungen auf Grund eines Rechtshilfeersuchens. (2) Im Übrigen gelten für die Befugnisse des Vorsitzenden und der ehrenamtlichen Richter die Vorschriften der Zivilprozessordnung über das landgerichtliche Verfahren entsprechend.	*S. § 12 Abs. 1 Satz 2*
§ 54 Güteverfahren (1) Die mündliche Verhandlung beginnt mit einer Verhandlung vor dem Vorsitzenden zum Zwecke der gütlichen Einigung der Parteien (Güteverhandlung). Der Vorsitzende hat zu diesem Zwecke das gesamte Streitverhältnis mit den Parteien unter freier Würdigung aller Umstände zu erörtern. Zur Aufklärung des Sachverhalts kann er alle Handlungen vornehmen, die sofort erfolgen können. Eidliche Vernehmun-	**§ 106 [Aufklärungspflicht des Vorsitzenden]** … (2) Der Vorsitzende hat bereits vor der mündlichen Verhandlung alle Maßnahmen zu treffen, die notwendig sind, um den Rechtsstreit möglichst in einer mündlichen Verhandlung zu erledigen. … (3) Zu diesem Zweck kann er insbesondere

AbGG	SGG
gen sind jedoch ausgeschlossen. Der Vorsitzende kann die Güteverhandlung mit Zustimmung der Parteien in einem weiteren Termin, der alsbald stattzufinden hat, fortsetzen. (2) Die Klage kann bis zum Stellen der Anträge ohne Einwilligung des Beklagten zurückgenommen werden. In der Güteverhandlung erklärte gerichtliche Geständnisse nach § 288 der Zivilprozessordnung haben nur dann bindende Wirkung, wenn sie zu Protokoll erklärt worden sind. § 39 Satz 1 und § 282 Abs. 3 Satz 1 der Zivilprozessordnung sind nicht anzuwenden. (3) Das Ergebnis der Güteverhandlung, insbesondere der Abschluss eines Vergleichs, ist in die Niederschrift aufzunehmen. (4) Erscheint eine Partei in der Güteverhandlung nicht oder ist die Güteverhandlung erfolglos, schließt sich die weitere Verhandlung unmittelbar an. **§ 55 Allgemeinentscheidung durch den Vorsitzenden** (1) Der Vorsitzerde entscheidet allein 1. bei Zurücknahme der Klage; 2. bei Verzicht auf den geltend gemachten Anspruch; 3. bei Anerkenntnis des geltend gemachten Anspruchs; 4. bei Säumnis einer Partei; 5. bei Säumnis beider Parteien; 6. über die einstweilige Einstellung der Zwangsvollstreckung; 7. über die örtliche Zuständigkeit; 8. über die Aussetzung des Verfahrens; 9. im Fall des § 321 a Abs. 4 der Zivilprozessordnung, sofern die Rüge als unzulässig verworfen wird oder sich gegen ein Urteil richtet, das vom Vorsitzenden allein erlassen worden ist. (2) Der Vorsitzende kann in den Fällen des Absatzes 1 Nr. 1, 3 und 5 bis 8 eine Entscheidung ohne mündliche Verhandlung treffen. Dies gilt mit Zustimmung der Parteien auch in dem Fall des Absatzes 1 Nr. 2. (3) Der Vorsitzende entscheidet ferner allein, wenn in der Verhandlung, die sich unmittelbar an die Güteverhandlung anschließt, eine das Verfahren beendende Entscheidung ergehen kann	… 7. einen Termin anberaumen, das persönliche Erscheinen der Beteiligten hierzu anordnen und den Sachverhalt mit diesen erörtern.

AbGG

und die Parteien übereinstimmend eine Entscheidung durch den Vorsitzenden beantragen; der Antrag ist in die Niederschrift aufzunehmen.

§ 60 Verkündung des Urteils

(1) Zur Verkündung des Urteils kann ein besonderer Termin nur bestimmt werden, wenn die sofortige Verkündung in dem Termin, auf Grund dessen es erlassen wird, aus besonderen Gründen nicht möglich ist, insbesondere weil die Beratung nicht mehr am Tage der Verhandlung stattfinden kann. Der Verkündungstermin wird nur dann über drei Wochen hinaus angesetzt, wenn wichtige Gründe, insbesondere der Umfang oder die Schwierigkeit der Sache, dies erfordern. Dies gilt auch dann, wenn ein Urteil nach der Lage der Akten erlassen wird,

(2) Bei Verkündung des Urteils ist der wesentliche Inhalt der Entscheidungsgründe mitzuteilen. Dies gilt nicht, wenn beide Parteien abwesend sind, in diesem Fall genügt die Bezugnahme auf die unterschriebene Urteilsformel.

(3) Die Wirksamkeit der Verkündung ist von der Anwesenheit der ehrenamtlichen Richter nicht abhängig. Wird ein von der Kammer gefälltes Urteil ohne Zuziehung der ehrenamtlichen Richter verkündet, so ist die Urteilsformel vorher von dem Vorsitzenden und den ehrenamtlichen Richtern zu unterschreiben.

(4) Das Urteil nebst Tatbestand und Entscheidungsgründen ist vom Vorsitzenden zu unterschreiben. Wird das Urteil nicht in dem Termin verkündet, in dem die mündliche Verhandlung geschlossen wird, so muss es bei der Verkündung in vollständiger Form abgefasst sein. Ein Urteil, das in dem Termin, in dem die mündliche Verhandlung geschlossen wird, verkündet wird, ist vor Ablauf von drei Wochen, vom Tage der Verkündung an gerechnet, vollständig abgefasst der Geschäftsstelle zu übergeben; kann dies ausnahmsweise nicht geschehen, so ist innerhalb dieser Frist das von dem Vorsitzenden unterschriebene Urteil ohne Tatbestand und Entscheidungsgründe der Geschäftsstelle zu übergeben. In diesem Fall sind Tatbestand und Entscheidungsgründe alsbald nachträglich anzufertigen, von dem Vorsitzenden besonders zu unterschreiben und der Geschäftsstelle zu übergeben.

SGG

§ 134 [Unterschrift; Übergabe an die Geschäftsstelle]

(1) Das Urteil ist vom Vorsitzenden zu unterschreiben.

(2) Das Urteil soll vor Ablauf eines Monats, vom Tag. der Verkündung an gerechnet, vollständig abgefasst der Geschäftsstelle übergeben werden. Im Falle des § 170 a verlängert sich die Frist um die zur Anhörung der ehrenamtlichen Richter benötigte Zeit.

(3) Der Urkundsbeamte der Geschäftsstelle hat auf dem Urteil den Tag der Verkündung oder Zustellung zu vermerken und diesen Vermerk zu unterschreiben.

AbGG

§ 69 Urteil

(1) Das Urteil nebst Tatbestand und Entscheidungsgründen ist von sämtlichen Mitgliedern der Kammer zu unterschreiben. § 60 Abs. 1 bis 3 und Abs. 4 Satz 2 bis 4 ist entsprechend mit der Maßgabe anzuwenden, dass die Frist nach Absatz 4 Satz 3 vier Wochen beträgt und im Falle des Absatzes 4 Satz 4 Tatbestand und Entscheidungsgründe von sämtlichen Mitgliedern der Kammer zu unterschreiben sind.

(2) Im Urteil kann von der Darstellung des Tatbestandes und, soweit das Berufungsgericht den Gründen der angefochtenen Entscheidung folgt und dies in seinem Urteil feststellt, auch von der Darstellung der Entscheidungsgründe abgesehen werden.

(3) Ist gegen das Urteil die Revision statthaft, so soll der Tatbestand eine gedrängte Darstellung des Sach- und Streitstandes auf der Grundlage der mündlichen Vorträge der Parteien enthalten. Eine Bezugnahme auf das angefochtene Urteil sowie auf Schriftsätze, Protokolle und andere Unterlagen ist zulässig, soweit hierdurch die Beurteilung des Parteivorbringens durch das Revisionsgericht nicht wesentlich erschwert wird.

(4) § 540 Abs. 1 der Zivilprozessordnung findet keine Anwendung. § 313 a Abs. 1 Satz 2 der Zivilprozessordnung findet mit der Maßgabe entsprechende Anwendung, dass es keiner Entscheidungsgründe bedarf, wenn die Parteien auf sie verzichtet haben; im Übrigen sind die §§ 313 a und 313 b der Zivilprozessordnung entsprechend anwendbar.

§ 75 Urteil

(1) Die Wirksamkeit der Verkündung des Urteils ist von der Anwesenheit ehrenamtlichen Richter nicht abhängig. Wird ein Urteil in Abwesenheit der ehrenamtlichen Richter verkündet, so ist die Urteilsformel vorher von sämtlichen Mitgliedern des erkennenden Senats zu unterschreiben.

(2) Das Urteil nebst Tatbestand und Entscheidungsgründen ist von sämtlichen Mitgliedern des erkennenden Senats zu unterschreiben.

SGG

§ 153 [Verfahren in der Berufung]

(1) Für das Verfahren vor den Landessozialgerichten gelten die Vorschriften über das Verfahren im ersten Rechtszug mit Ausnahme der §§ 91, 105 entsprechend, soweit sich aus diesem Unterabschnitt nichts anderes ergibt.

(2) Das Landessozialgericht kann in dem Urteil über die Berufung von einer weiteren Darstellung der Entscheidungsgründe absehen, soweit es die Berufung aus den Gründen der angefochtenen Entscheidung als unbegründet zurückweist.

(3) Das Urteil ist von den Mitgliedern des Senats zu unterschreiben. Ist ein Mitglied verhindert, so vermerkt der Vorsitzende, bei dessen Verhinderung der dienstälteste beisitzende Berufsrichter, dies unter dem Urteil mit Angabe des Hinderungsgrundes.

(4) Das Landessozialgericht kann, außer in den Fällen des § 105 Abs. 2 Satz 1, die Berufung durch Beschluss zurückweisen, wenn es sie einstimmig für unbegründet und eine mündliche Verhandlung nicht für erforderlich hält. Die Beteiligten sind vorher zu hören. § 158 Satz 3 und 4 gilt entsprechend.

§ 165 [Verfahren in der Revision]

Für die Revision gelten die Vorschriften über die Berufung entsprechend, soweit sich aus diesem Unterabschnitt nichts anders ergibt. § 153 Abs. 2 und 4 sowie § 155 Abs. 2 bis 4 finden keine Anwendung.

§ 170 [Urteilsabschriften an ehrenamtliche Richter]

Eine Abschrift des Urteils ist den ehrenamtlichen Richtern, die bei der Entscheidung mitgewirkt haben, vor Übergabe an die Geschäftsstelle zuzuleiten. Die ehrenamtlichen Richter können sich dazu innerhalb von zwei Wochen gegenüber dem Vorsitzenden des erkennenden Senats äußern.

Anhang 2

Auszüge aus Gesetzen und Verwaltungsvorschriften

1. Grundgesetz für die Bundesrepublik Deutschland (GG)

vom 23. Mai 1949 (BGBl. S. 1),
zuletzt geändert durch Gesetz vom 26. Juli 2002 (BGBl. I S. 2863)

Artikel 19

...

(4) Wird jemand durch die öffentliche Gewalt in seinen Rechten verletzt, so steht ihm der Rechtsweg offen. Soweit eine andere Zuständigkeit nicht begründet ist, ist der ordentliche Rechtsweg gegeben. Artikel 10 Abs. 2 Satz 2 bleibt unberührt.

Artikel 20

(1) Die Bundesrepublik Deutschland ist ein demokratischer und sozialer Bundesstaat.

(2) Alle Staatsgewalt geht vom Volke aus. Sie wird vom Volke in Wahlen und Abstimmungen und durch besondere Organe der Gesetzgebung, der vollziehenden Gewalt und der Rechtsprechung ausgeübt.

(3) Die Gesetzgebung ist an die verfassungsmäßige Ordnung, die vollziehende Gewalt und die Rechtsprechung sind an Gesetz und Recht gebunden.

(4) Gegen jeden, der es unternimmt, diese Ordnung zu beseitigen, haben alle Deutschen das Recht zum Widerstand, wenn andere Abhilfe nicht möglich ist.

Artikel 28

(1) Die verfassungsmäßige Ordnung in den Ländern muss den Grundsätzen des republikanischen, demokratischen und sozialen Rechtsstaates im Sinne dieses Grundgesetzes entsprechen. In den Ländern, Kreisen und Gemeinden muss das Volk eine Vertretung haben, die aus allgemeinen, unmittelbaren, freien, gleichen und geheimen Wahlen hervorgegangen ist. Bei Wahlen in Kreisen und Gemeinden sind auch Personen, die die Staatsangehörigkeit eines Mitgliedstaates der Europäischen Gemeinschaft besitzen, nach Maßgabe von Recht der Europäischen Gemeinschaft wahlberechtigt und wählbar. In Gemeinden kann an die Stelle einer gewählten Körperschaft die Gemeindeversammlung treten.

(2) ...

(3) Der Bund gewährleistet, dass die verfassungsmäßige Ordnung der Länder den Grundrechten und den Bestimmungen der Absätze 1 und 2 entspricht.

Artikel 34

Verletzt jemand in Ausübung eines ihm anvertrauten öffentlichen Amtes die ihm einem Dritten gegenüber obliegende Amtspflicht, so trifft die Verantwortlichkeit grundsätzlich den Staat oder die Körperschaft, in deren Dienst er steht. Bei Vorsatz oder grober Fahrlässigkeit bleibt der Rückgriff vorbehalten. Für den Anspruch auf Schadensersatz und für den Rückgriff darf der ordentliche Rechtsweg nicht ausgeschlossen werden.

Artikel 92

Die rechtsprechende Gewalt ist den Richtern anvertraut, sie wird durch das Bundesverfassungsgericht, durch die in diesem Grundgesetze vorgesehenen Bundesgerichte und durch die Gerichte der Länder ausgeübt.

Artikel 97

(1) Die Richter sind unabhängig und nur dem Gesetze unterworfen.

(2) Die hauptamtlich und planmäßig endgültig angestellten Richter können wider ihren Willen nur kraft richterlicher Entscheidung und nur aus Gründen und unter den Formen, welche die Gesetze bestimmen, vor Ablauf ihrer Amtszeit entlassen, oder dauernd oder zeitweise ihres Amtes enthoben oder an eine andere Stelle oder in den Ruhestand versetzt werden. Die Gesetzgebung kann Altersgrenzen festsetzen, bei deren Erreichung auf Lebenszeit angestellte Richter in den Ruhestand treten. Bei Veränderung der Einrichtung der Gerichte oder ihrer Bezirke können Richter an ein anderes Gericht versetzt oder aus dem Amte entfernt werden, jedoch nur unter Belassung des vollen Gehaltes.

Artikel 101

(1) Ausnahmegerichte sind unzulässig. Niemand darf seinem gesetzlichen Richter entzogen werden.

(2) Gerichte für besondere Sachgebiete können nur durch Gesetz errichtet werden.

2. Deutsches Richtergesetz (DRiG)

in der Fassung der Bekanntmachung vom 19. April 1972 (BGBl. I S. 713),
zuletzt geändert durch Gesetz vom 7. Juni 2004 (BGBl. I S. 1054)

§ 1 Berufsrichter und ehrenamtliche Richter

Die rechtsprechende Gewalt wird durch Berufsrichter und durch ehrenamtliche Richter ausgeübt.

§ 25 Grundsatz

Der Richter ist unabhängig und nur dem Gesetz unterworfen.

§ 39 Wahrung der Unabhängigkeit

Der Richter hat sich innerhalb und außerhalb seines Amtes, auch bei politischer Betätigung, so zu verhalten, dass das Vertrauen in seine Unabhängigkeit nicht gefährdet wird.

§ 43 Beratungsgeheimnis

Der Richter hat über den Hergang bei der Beratung und Abstimmung auch nach Beendigung seines Dienstverhältnisses zu schweigen.

Ehrenamtliche Richter

§ 44 Bestellung und Abberufung des ehrenamtlichen Richters

(1) Ehrenamtliche Richter dürfen bei einem Gericht nur auf Grund eines Gesetzes und unter den gesetzlich bestimmten Voraussetzungen tätig werden.

(2) Ein ehrenamtlicher Richter kann vor Ablauf seiner Amtszeit nur unter den gesetzlich bestimmten Voraussetzungen und gegen seinen Willen nur durch Entscheidung eines Gerichts abberufen werden.

§ 45 Unabhängigkeit und besondere Pflichten des ehrenamtlichen Richters

(1) Der ehrenamtliche Richter ist in gleichem Maße wie ein Berufsrichter unabhängig. Er hat das Beratungsgeheimnis zu wahren (§ 43).

(2) Der ehrenamtliche Richter ist vor seiner ersten Dienstleistung in öffentlicher Sitzung des Gerichts durch den Vorsitzenden zu vereidigen. Die Vereidigung gilt für die Dauer des Amtes, bei erneuter Bestellung auch für die sich unmittelbar anschließende Amtszeit. Der Schwörende soll bei der Eidesleistung die rechte Hand erheben.

(3) Der ehrenamtliche Richter leistet den Eid, indem er die Worte spricht:

> *„Ich schwöre, die Pflichten eines ehrenamtlichen Richters getreu dem Grundgesetz für die Bundesrepublik Deutschland und getreu dem Gesetz zu erfüllen, nach bestem Wissen und Gewissen ohne Ansehen der Person zu urteilen und nur der Wahrheit und Gerechtigkeit zu dienen, so wahr mir Gott helfe."*

Der Eid kann ohne die Worte „so wahr mir Gott helfe" geleistet werden. Hierüber ist der Schwörende vor der Eidesleistung durch den Vorsitzenden zu belehren.

(4) Gibt ein ehrenamtlicher Richter an, dass er aus Glaubens- oder Gewissensgründen keinen Eid leisten wolle, so spricht er die Worte:

> *„Ich gelobe, die Pflichten eines ehrenamtlichen Richters getreu dem Grundgesetz für die Bundesrepublik Deutschland und getreu dem Gesetz zu erfüllen, nach bestem Wissen und Gewissen ohne Ansehen der Person zu urteilen und nur der Wahrheit und Gerechtigkeit zu dienen."*

Das Gelöbnis steht dem Eid gleich.

(5) Gibt ein ehrenamtlicher Richter an, dass er als Mitglied einer Religions- oder Bekenntnisgemeinschaft eine Beteuerungsformel dieser Gemeinschaft verwenden wolle, so kann er diese dem Eid oder dem Gelöbnis anfügen.

(6) …

(7) Für ehrenamtliche Richter bei den Gerichten der Länder können der Eid und das Gelöbnis eine zusätzliche Verpflichtung auf die Landesverfassung enthalten.

(8) Über die Verpflichtung des ehrenamtlichen Richters auf sein Amt wird ein Protokoll aufgenommen.

(9) Im Übrigen bestimmen sich die Rechte und Pflichten der ehrenamtlichen Richter nach den für die einzelnen Gerichtszweige geltenden Vorschriften.

§ 45a Bezeichnungen der ehrenamtlichen Richter

Die ehrenamtlichen Richter in der Strafgerichtsbarkeit führen die Bezeichnung „Schöffe“, die ehrenamtlichen Richter bei den Kammern für Handelssachen die Bezeichnung „Handelsrichter“ und die anderen ehrenamtlichen Richter die Bezeichnung „ehrenamtlicher Richter“.

3. Gerichtsverfassungsgesetz (GVG)

in der Fassung der Bekanntmachung vom 9. Mai 1975 (BGBl. I S. 1077),
zuletzt geändert durch Gesetz vom 5. Mai 2004 (BGBl. I S. 718)

§ 1 Richterliche Unabhängigkeit

Die richterliche Gewalt wird durch unabhängige, nur dem Gesetz unterworfene Gerichte ausgeübt.

§ 13 Zuständigkeit der ordentlichen Gerichte

Vor die ordentlichen Gerichte gehören alle bürgerlichen Rechtsstreitigkeiten und Strafsachen, für die nicht entweder die Zuständigkeit von Verwaltungsbehörden oder Verwaltungsgerichten begründet ist oder auf Grund von Vorschriften des Bundesrechts besondere Gerichte bestellt oder zugelassen sind.

Beratung und Abstimmung

§ 192 Mitwirkende Richter und Schöffen

(1) Bei Entscheidungen dürfen Richter nur in der gesetzlich bestimmten Anzahl mitwirken.

(2) Bei Verhandlungen von längerer Dauer kann der Vorsitzende die Zuziehung von Ergänzungsrichtern anordnen, die der Verhandlung beizuwohnen und im Falle der Verhinderung eines Richters für ihn einzutreten haben.

(3) Diese Vorschriften sind auch auf Schöffen anzuwenden.

§ 193 Anwesenheit von auszubildenden Personen

(1) Bei der Beratung und Abstimmung dürfen außer den zur Entscheidung berufenen Richtern nur die bei demselben Gericht zu ihrer juristischen Ausbildung beschäftigten Personen und die dort beschäftigten wissenschaftlichen Hilfskräfte zugegen sein, soweit der Vorsitzende deren Anwesenheit gestattet.

(2) – (4) …

§ 194 Gang der Beratung

(1) Der Vorsitzende leitet die Beratung, stellt die Fragen und sammelt die Stimmen.

(2) Meinungsverschiedenheiten über den Gegenstand, die Fassung und die Reihenfolge der Fragen oder über das Ergebnis der Abstimmung entscheidet das Gericht.

§ 195 Keine Verweigerung der Abstimmung

Kein Richter oder Schöffe darf die Abstimmung über eine Frage verweigern, weil er bei der Abstimmung über eine vorhergegangene Frage in der Minderheit geblieben ist.

§ 196 Absolute Mehrheit; Meinungsmehrheit

(1) Das Gericht entscheidet, soweit das Gesetz nicht ein anderes bestimmt, mit der absoluten Mehrheit der Stimmen.

(2) Bilden sich in Beziehung auf Summen, über die zu entscheiden ist, mehr als zwei Meinungen, deren keine die Mehrheit für sich hat, so werden die für die größte Summe abgegebenen Stimmen den für die zunächst geringere abgegebenen so lange hinzugerechnet, bis sich eine Mehrheit ergibt.

(3) – (4) …

§ 197 Reihenfolge der Stimmabgabe

Die Richter stimmen nach dem Dienstalter, bei gleichem Dienstalter nach dem Lebensalter, ehrenamtliche Richter und Schöffen nach dem Lebensalter; der jüngere stimmt vor dem älteren. Die Schöffen stimmen vor den Richtern. Wenn ein Berichterstatter ernannt ist, so stimmt er zuerst. Zuletzt stimmt der Vorsitzende.

4. Zivilprozessordnung (ZPO)

in der Fassung der Bekanntmachung vom 12. September 1950 (BGBl. S. 533),
zuletzt geändert durch Gesetz vom 5. Mai 2004 (BGBl. I S. 718)

§ 41 Ausschluss von der Ausübung des Richteramtes

Ein Richter ist von der Ausübung des Richteramtes kraft Gesetzes ausgeschlossen:

1. in Sachen, in denen er selbst Partei ist oder bei denen er zu einer Partei in dem Verhältnis eines Mitberechtigten, Mitverpflichteten oder Regresspflichtigen steht;
2. in Sachen seines Ehegatten, auch wenn die Ehe nicht mehr besteht;

2a. in Sachen seines Lebenspartners, auch wenn die Lebenspartnerschaft nicht mehr besteht;

3. in Sachen einer Person, mit der er in gerader Linie verwandt oder verschwägert, in der Seitenlinie bis zum dritten Grad verwandt oder bis zum zweiten Grad verschwägert ist oder war;
4. in Sachen, in denen er als Prozessbevollmächtigter oder Beistand einer Partei bestellt oder als gesetzlicher Vertreter einer Partei aufzutreten berechtigt ist oder gewesen ist;
5. in Sachen, in denen er als Zeuge oder Sachverständiger vernommen ist;
6. in Sachen, in denen er in einem früheren Rechtszug oder im schiedsrichterlichen Verfahren bei dem Erlass der angefochtenen Entscheidung mitgewirkt hat, sofern es sich nicht um die Tätigkeit eines beauftragten oder ersuchten Richters handelt.

§ 42 Ablehnung eines Richters

(1) Ein Richter kann sowohl in den Fällen, in denen er von der Ausübung des Richteramts kraft Gesetzes ausgeschlossen ist, als auch wegen Besorgnis der Befangenheit abgelehnt werden.

(2) Wegen Besorgnis der Befangenheit findet die Ablehnung statt, wenn ein Grund vorliegt, der geeignet ist, Misstrauen gegen die Unparteilichkeit eines Richters zu rechtfertigen.

(3) Das Ablehnungsrecht steht in jedem Fall beiden Parteien zu.

§ 43 Verlust des Ablehnungsrechts

Eine Partei kann einen Richter wegen Besorgnis der Befangenheit nicht mehr ablehnen, wenn sie sich bei ihm, ohne den ihr bekannten Ablehnungsgrund geltend zu machen, in eine Verhandlung eingelassen oder Anträge gestellt hat.

§ 44 Ablehnungsgesuch

(1) Das Ablehnungsgesuch ist bei dem Gericht, dem der Richter angehört, anzubringen; es kann vor der Geschäftsstelle zu Protokoll erklärt werden.

(2) Der Ablehnungsgrund ist glaubhaft zu machen; zur Versicherung an Eides Statt darf die Partei nicht zugelassen werden. Zur Glaubhaftmachung kann auf das Zeugnis des abgelehnten Richters Bezug genommen werden.

(3) Der abgelehnte Richter hat sich über den Ablehnungsgrund dienstlich zu äußern.

(4) Wird ein Richter, bei dem die Partei sich in eine Verhandlung eingelassen oder Anträge gestellt hat, wegen Besorgnis der Befangenheit abgelehnt, so ist glaubhaft zu machen, dass der Ablehnungsgrund erst später entstanden oder der Partei bekanntgeworden sei.

§ 45 Entscheidung über das Ablehnungsgesuch

(1) Über das Ablehnungsgesuch entscheidet das Gericht, dem der Abgelehnte angehört, ohne dessen Mitwirkung.

(2) Wird ein Richter beim Amtsgericht abgelehnt, so entscheidet ein anderer Richter des Amtsgerichts über das Gesuch. Einer Entscheidung bedarf es nicht, wenn der abgelehnte Richter das Ablehnungsgesuch für begründet hält.

(3) Wird das zur Entscheidung berufene Gericht durch Ausscheiden des abgelehnten Mitglieds beschlussunfähig, so entscheidet das im Rechtszug zunächst höhere Gericht.

§ 46 Entscheidung und Rechtsmittel

(1) Die Entscheidung über das Ablehnungsgesuch ergeht durch Beschluss.

(2) Gegen den Beschluss, durch den das Gesuch für begründet erklärt wird, findet kein Rechtsmittel, gegen den Beschluss, durch den das Gesuch für unbegründet erklärt wird, findet sofortige Beschwerde statt.

§ 47 Unaufschiebbare Amtshandlungen

Ein abgelehnter Richter hat vor Erledigung des Ablehnungsgesuchs nur solche Handlungen vorzunehmen, die keinen Aufschub gestatten.

§ 48 Selbstablehnung; Ablehnung von Amt wegen

Das für die Erledigung eines Ablehnungsgesuchs zuständige Gericht hat auch dann zu entscheiden, wenn ein solches Gesuch nicht angebracht ist, ein Richter aber von einem Verhältnis Anzeige macht, das seine Ablehnung rechtfertigen könnte, oder wenn aus anderer Veranlassung Zweifel darüber entstehen, ob ein Richter kraft Gesetzes ausgeschlossen sei.

5. Bürgerliches Gesetzbuch (BGB)

in der Fassung der Bekanntmachung vom 2. Januar 2002 (BGBl. I S. 42),
zuletzt geändert durch Gesetz vom 5. Mai 2004 (BGBl. I S. 718)

§ 839 Haftung bei Amtspflichtverletzungen

(1) Verletzt ein Beamter vorsätzlich oder fahrlässig die ihm einem Dritten gegenüber obliegende Amtspflicht, so hat er dem Dritten den daraus entstehenden Schaden zu ersetzen. Fällt dem Beamten nur Fahrlässigkeit zur Last, so kann er nur dann in Anspruch genommen werden, wenn der Verletzte nicht auf eine andere Weise Ersatz zu erlangen vermag.

(2) Verletzt ein Beamter bei dem Urteil in einer Rechtssache seine Amtspflicht, so ist er für den daraus entstehenden Schaden nur dann verantwortlich, wenn die Pflichtverletzung in einer Straftat besteht. Auf eine pflichtwidrige Verweigerung oder Verzögerung der Ausübung des Amtes findet diese Vorschrift keine Anwendung.

(3) Die Ersatzpflicht tritt nicht ein, wenn der Verletzte vorsätzlich oder fahrlässig unterlassen hat, den Schaden durch Gebrauch eines Rechtsmittels abzuwenden.

6. Siebtes Buch Sozialgesetzbuch – Gesetzliche Unfallversicherung

(SGB VIII) vom 7. August 1996 (BGBl. I. S. 1254),
zuletzt geändert durch Gesetz vom 23. April 2004 (BGBl. I S. 606)

§ 2 Versicherung kraft Gesetzes

(1) Kraft Gesetzes sind versichert

…

10. Personen, die für Körperschaften, Anstalten oder Stiftungen des öffentlichen Rechts oder deren Verbände oder Arbeitsgemeinschaften, für öffentlichrechtliche Religionsgemeinschaften oder für die in den Nummern 2 und 8 genannten Einrichtungen ehrenamtlich tätig sind oder an Ausbildungsveranstaltungen für diese Tätigkeit teilnehmen,
11. Personen, die
    a) von einer Körperschaft, Anstalt oder Stiftung des öffentlichen Rechts zur Unterstützung einer Diensthandlung herangezogen werden,
    b) von einer dazu berechtigten öffentlichen Stelle als Zeugen zur Beweiserhebung herangezogen werden,

…

§ 8 Arbeitsunfall

(1) Arbeitsunfälle sind Unfälle von Versicherten infolge einer den Versicherungsschutz nach § 2, 3 oder 6 begründenden Tätigkeit (versicherte Tätigkeit). Unfälle sind zeitlich begrenzte, von außen auf den Körper einwirkende Ereignisse, die zu einem Gesundheitsschaden oder zum Tod führen.

(2) Versicherte Tätigkeiten sind auch

1. das Zurücklegen des mit der versicherten Tätigkeit zusammenhängenden unmittelbaren Weges nach und von dem Ort der Tätigkeit,
2. das Zurücklegen des von einem unmittelbaren Weg nach und von dem Ort der Tätigkeit abweichenden Weges, um
   a) Kinder von Versicherten (§ 56 des Ersten Buches), die mit ihnen in einem gemeinsamen Haushalt leben, wegen ihrer, ihrer Ehegatten oder ihrer Lebenspartner beruflichen Tätigkeit fremder Obhut anzuvertrauen

   oder

   b) mit anderen Berufstätigen oder Versicherten gemeinsam ein Fahrzeug zu benutzen,
3. das Zurücklegen des von einem unmittelbaren Weg nach und von dem Ort der Tätigkeit abweichenden Weges der Kinder von Personen (§ 56 des Ersten Buches), die mit ihnen in einem gemeinsamen Haushalt leben, wenn die Abweichung darauf beruht, dass die Kinder wegen der beruflichen Tätigkeit dieser Personen oder deren Ehegatten oder deren Lebenspartner fremder Obhut anvertraut werden,
4. das Zurücklegen des mit der versicherten Tätigkeit zusammenhängenden Weges von und nach der ständigen Familienwohnung, wenn die Versicherten wegen der Entfernung ihrer Familienwohnung von dem Ort der Tätigkeit an diesem oder in dessen Nähe eine Unterkunft haben,
5. das mit einer versicherten Tätigkeit zusammenhängende Verwahren, Befördern, Instandhalten und Erneuern eines Arbeitsgeräts oder einer Schutzausrüstung sowie deren Erstbeschaffung, wenn diese auf Veranlassung der Unternehmer erfolgt.

(3) Als Gesundheitsschaden gilt auch die Beschädigung oder der Verlust eines Hilfsmittels.

§ 26 Grundsatz

(1) Versicherte haben nach Maßgabe der folgenden Vorschriften und unter Beachtung des Neunten Buches Anspruch auf Heilbehandlung einschließlich Leistungen zur medizinischen Rehabilitation,

auf Leistungen zur Teilhabe am Arbeitsleben und am Leben in der Gemeinschaft, auf ergänzende Leistungen, auf Leistungen bei Pflegebedürftigkeit sowie auf Geldleistungen. Sie können einen Anspruch auf Ausführung der Leistungen durch ein Persönliches Budget nach § 17 Abs. 2 bis 4 des Neunten Buches in Verbindung mit der Budgetverordnung und § 159 des Neunten Buches haben; dies gilt im Rahmen des Anspruches auf Heilbehandlung nur für die Leistungen zur medizinischen Rehabilitation.

(2) Der Unfallversicherungsträger hat mit allen geeigneten Mitteln möglichst frühzeitig

1. den durch den Versicherungsfall verursachten Gesundheitsschaden zu beseitigen oder zu bessern, seine Verschlimmerung zu verhüten und seine Folgen zu mildern,
2. den Versicherten einen ihren Neigungen und Fähigkeiten entsprechenden Platz im Arbeitsleben zu sichern,
3. Hilfen zur Bewältigung der Anforderungen des täglichen Lebens und zur Teilhabe am Leben in der Gemeinschaft sowie zur Führung eines möglichst selbständigen Lebens unter Berücksichtigung von Art und Schwere des Gesundheitsschadens bereitzustellen,
4. ergänzende Leistungen zur Heilbehandlung und zu Leistungen zur Teilhabe am Arbeitsleben und am Leben in der Gemeinschaft zu erbringen,
5. Leistungen bei Pflegebedürftigkeit zu erbringen.

(3) Die Leistungen zur Heilbehandlung und zur Rehabilitation haben Vorrang vor Rentenleistungen.

(4) Qualität und Wirksamkeit der Leistungen zur Heilbehandlung und Teilhabe haben dem allgemein anerkannten Stand der medizinischen Erkenntnisse zu entsprechen und den medizinischen Fortschritt zu berücksichtigen. Sie werden als Dienst- und Sachleistungen zur Verfügung gestellt, soweit dieses oder das Neunte Buch keine Abweichungen vorsehen.

(5) Die Unfallversicherungsträger bestimmen im Einzelfall Art, Umfang und Durchführung der Heilbehandlung und der Leistungen zur Teilhabe sowie die Einrichtungen, die diese Leistungen erbringen, nach pflichtgemäßem Ermessen. Dabei prüfen sie auch, welche Leistungen geeignet und zumutbar sind, Pflegebedürftigkeit zu vermeiden, zu überwinden, zu mindern oder ihre Verschlimmerung zu verhüten.

7. Einkommensteuergesetz (EStG)

in der Fassung der Bekanntmachung vom 19. Oktober 2002 (BGBl. I S. 4210), zuletzt geändert durch Gesetz vom 29. Dezember 2003 (BGBl. I S. 3076)

§ 3 Steuerfreie Einnahmen

Steuerfrei sind

...

12. aus einer Bundeskasse oder Landeskasse gezahlte Bezüge, die in einem Bundesgesetz oder Landesgesetz oder einer auf bundesgesetzlicher oder landesgesetzlicher Ermächtigung beruhenden Bestimmung oder von der Bundesregierung oder einer Landesregierung als Aufwandsentschädigung festgesetzt sind und als Aufwandsentschädigung im Haushaltsplan ausgewiesen werden. Das Gleiche gilt für andere Bezüge, die als Aufwandsentschädigung aus öffentlichen Kassen an öffentliche Dienste leistende Personen gezahlt werden, soweit nicht festgestellt wird, dass, sie für Verdienstausfall oder Zeitverlust gewährt werden oder den Aufwand, der dem Empfänger erwachst, offenbar übersteigen;
13. die aus öffentlichen Kassen gezahlten Reisekostenvergütungen, Umzugskostenvergütungen und Trennungsgelder. Die als Reisekostenvergütungen gezahlten Vergütungen für Verpflegungsmehraufwendungen sind nur insoweit steuerfrei, als sie die Pauschbeträge nach § 4 Abs. 5 Satz 1 Nr. 5 nicht übersteigen; Trennungsgelder sind nur insoweit steuerfrei, als sie die nach § 9 Abs. 1 Satz 3 Nr. 5 und Abs. 5 sowie § 4 Abs. 5 Satz 1 Nr. 5 abziehbaren Aufwendungen nicht übersteigen;

...

§ 46 Veranlagung bei Bezug von Einkünften aus nichtselbständiger Arbeit

(1) *(weggefallen)*

(2) Besteht das Einkommen ganz oder teilweise aus Einkünften aus nichtselbständiger Arbeit, von denen ein Steuerabzug vorgenommen worden ist, so wird eine Veranlagung nur durchgeführt,

...

1. wenn die Summe der einkommensteuerpflichtigen Einkünfte, die nicht dem Steuerabzug vom Arbeitslohn zu unterwerfen waren, vermindert um die darauf entfallenden Beträge nach § 13 Abs. 3 und § 24a, oder die Summe der Einkünfte und Leistungen, die dem Progressionsvorbehalt unterliegen, jeweils mehr als 410 Euro beträgt;

...

(3) In den Fällen des Absatzes 2 ist ein Betrag in Höhe der einkommensteuerpflichtigen Einkünfte, von denen der Steuerabzug vom Arbeitslohn nicht vorgenommen worden ist, vom Einkommen abzuziehen, wenn diese Einkünfte insgesamt nicht mehr als 410 Euro betragen. Der Betrag nach Satz 1 vermindert sich um den Altersentlastungsbetrag, soweit dieser 40 vom Hundert des Arbeitslohns mit Ausnahme der Versorgungsbezüge im Sinne des § 19 Abs. 2 übersteigt, und um den nach § 13 Abs. 3 zu berücksichtigenden Betrag.

...

8. Lohnsteuer-Richtlinien 2004
Allgemeine Verwaltungsvorschrift zum Steuerabzug vom Arbeitslohn

vom 8. Oktober 2003 (BStBl. I S. 455)

R 13
Aufwandsentschädigungen aus öffentlichen Kassen (§ 3 Nr. 12 EStG)

(1) [1]Öffentliche Dienste leisten grundsätzlich alle Personen, die im Dienst einer juristischen Person des öffentlichen Rechts stehen. [2]Keine öffentlichen Dienste im Sinne dieser Vorschrift leisten hingegen Personen, die in der fiskalischen Verwaltung tätig sind.

(2) [1]Voraussetzung für die Anerkennung als steuerfreie Aufwandsentschädigung nach § 3 Nr. 12 Satz 2 EStG ist, dass die gezahlten Beträge dazu bestimmt sind, Aufwendungen abzugelten, die steuerlich als Werbungskosten oder Betriebsausgaben abziehbar wären. [2]Eine steuerfreie Aufwandsentschädigung liegt deshalb insoweit nicht vor, als die Entschädigung für Verdienstausfall oder Zeitverlust oder zur Abgeltung eines Haftungsrisikos gezahlt wird oder dem Empfänger ein Aufwand nicht oder offenbar nicht in Höhe der gewährten Entschädigung erwächst. [3]Das Finanzamt hat das Recht und die Pflicht zu prüfen, ob die als Aufwandsentschädigung gezahlten Beträge tatsächlich zur Bestreitung eines abziehbaren Aufwands erforderlich sind. [4]Dabei ist nicht erforderlich, dass der Steuerpflichtige alle seine dienstlichen Aufwendungen bis ins kleinste nachweist. [5]Entscheidend ist auch nicht, welche Aufwendungen einem einzelnen Steuerpflichtigen in einem einzelnen Jahr tatsächlich erwachsen sind, sondern ob Personen in gleicher dienstlicher Stellung im Durchschnitt der Jahre Aufwendungen etwa in Höhe der Aufwandsentschädigung erwachsen. [6]Eine Nachprüfung ist nur geboten, wenn dazu ein Anlass von einigem Gewicht besteht. [7]Werden im kommunalen Bereich ehrenamtlich tätigen Personen Bezüge unter der Bezeichnung Aufwandsentschädigung gezahlt, so sind sie nicht nach § 3 Nr. 12 EStG steuerfrei, soweit sie auch den Aufwand an Zeit und Arbeitsleistung sowie den entgangenen Arbeitsverdienst und das Haftungsrisiko abgelten oder den Aufwand offensichtlich übersteigen.

(3) [1]Zur Erleichterung der Feststellung, inwieweit es sich in den Fällen des § 3 Nr. 12 Satz 2 EStG um eine steuerfreie Aufwandsentschädigung handelt, ist wie folgt zu verfahren:

[2]Sind die Anspruchsberechtigten und der Betrag oder auch ein Höchstbetrag der aus einer öffentlichen Kasse gewährten Aufwandsentschädigung durch Gesetz oder Rechtsverordnung bestimmt, so ist die Aufwandsentschädigung

1. bei hauptamtlich tätigen Personen in voller Höhe steuerfrei,
2. bei ehrenamtlich tätigen Personen in Höhe von 1/3 der gewährten Aufwandsentschädigung, mindestens 154 € monatlich steuerfrei.

[3]Sind die Anspruchsberechtigten und der Betrag oder auch ein Höchstbetrag nicht durch Gesetz oder Rechtsverordnung bestimmt, so kann bei hauptamtlich und ehrenamtlich tätigen Personen in der Regel ohne weiteren Nachweis ein steuerlich anzuerkennender Aufwand von 154 € monatlich angenommen werden.

[4]Ist die Aufwandsentschädigung niedriger als 154 € monatlich, so bleibt nur der tatsächlich geleistete Betrag steuerfrei. [5]Bei Personen, die für mehrere Körperschaften des öffentlichen Rechts tätig sind, sind die steuerfreien monatlichen Mindest- und Höchstbeträge auf die Entschädigung zu beziehen, die von der einzelnen öffentlich-rechtlichen Körperschaft an diese Personen gezahlt wird. [6]Aufwandsentschädigungen für mehrere Tätigkeiten bei einer Körperschaft sind für die Anwendung der Mindest- und Höchstbeträge zusammenzurechnen. [7]Bei einer gelegentlichen ehrenamtlichen Tätigkeit sind die steuerfreien monatlichen Mindest- und Höchstbeträge nicht auf einen weniger als einen Monat dauernden Zeitraum der ehrenamtlichen Tätigkeit umzurechnen. [8]Soweit der steuerfreie Monatsbetrag von 154 Euro nicht ausgeschöpft wird, ist eine Übertragung in andere Monate dieser Tätigkeiten im selben Kalenderjahr möglich. [9]Maßgebend für die Ermittlung der

Anzahl der in Betracht kommenden Monate ist die Dauer der ehrenamtlichen Funktion bzw. Ausübung im Kalenderjahr. [10]Die für die Finanzverwaltung zuständige oberste Landesbehörde kann im Benehmen mit dem Bundesministerium der Finanzen und den obersten Finanzbehörden der anderen Länder Anpassungen an die im Lande gegebenen Verhältnisse vornehmen.

(4) [1]Die Empfänger von Aufwandsentschädigungen können dem Finanzamt gegenüber einen höheren steuerlich anzuerkennenden Aufwand glaubhaft machen; der die Aufwandsentschädigung übersteigende Aufwand ist als Werbungskosten oder Betriebsausgaben abziehbar. [2]Wenn einer hauptamtlich tätigcn Person neben den Aufwendungen, die durch die Aufwandsentschädigurig ersetzt werden sollen, andere beruflich veranlasste Aufwendungen entstehen, sind diese unabhängig von der Aufwandsentschädigung als Werbungskosten abziehbar in diesem Fall ist aber Absatz 3 nicht anzuwenden, sondern nach Absatz 2 Satz 3 bis 6 zu verfahren. [3]Bei ehrenamtlich tätigen Personen sind alle durch die Tätigkeit veranlassten Aufwendungen als durch die steuerfreie Aufwandsentschädigung ersetzt anzusehen, so dass nur ein die Aufwandsentschädigung übersteigender Aufwand als Werbungskosten oder Betriebsausgaben abziehbar ist.

(5) [1]Von Pauschalentschädigungen, die Gemeinden oder andere juristische Personen des öffentlichen Rechts für eine gelegentliche ehrenamtliche Tätigkeit zahlen, darf ein Betrag bis zu 6 € täglich ohne nähere Prüfung als steuerfrei anerkannt werden. [2]Bei höheren Pauschalentschädigungen hat das Finanzamt zu prüfen, ob auch ein Aufwand an Zeit und Arbeitsleistung sowie ein entgangener Verdienst abgegolten worden ist. [3]Anstelle dieser Regelung kann auch Absatz 3 angewendet werden.

R 14
Reisekostenvergütungen, Umzugskostenvergütungen und Trennungsgelder aus öffentlichen Kassen (§ 3 Nr. 13 EStG)

(1) [1]Nach § 3 Nr. 13 EStG sind Bezüge steuerfrei, die als Reisekostenvergütungen, Umzugskostenvergütungen oder Trennungsgelder aus einer öffentlichen Kasse gezahlt werden. [2]Die Steuerfreiheit von Vergütungen für Verpflegungsmehraufwendungen bei Dienstreisen im Sinne des R 37 Abs. 3 ist auf die nach R 39 maßgebenden Beträge und bei Abordnungen, die keine Dienstreisen im Sinne des R 37 Abs. 3 sind, auf die nach R 43 maßgebenden Beträge begrenzt; R 16 Satz 1 bis 3 ist entsprechend anzuwenden.

(2) [1]Reisekostenvergütungen sind die als solche bezeichneten Vergütungen, die dem Grunde und der Höhe nach unmittelbar nach Maßgabe der reisekostenrechtlichen Vorschriften des Bundes oder der Länder gezahlt werden. [2]Reisekostenvergütungen liegen auch vor, soweit sie dem Grunde und der Höhe nach auf Grund von Tarifverträgen oder anderen Vereinbarungen gezahlt werden, die den reisekostenrechtlichen Vorschriften des Bundes oder der Länder entsprechen. [3]§ 12 Nr. 1 EStG bleibt unberührt.

(3) [1]Werden bei Reisekostenvergütungen aus öffentlichen Kassen die reisekostenrechtlichen Vorschriften nicht oder nur teilweise angewendet, so können auf diese Vergütungen die zu § 3 Nr. 16 EStG erlassenen Verwaltungsvorschriften angewendet werden. [2]Im Übrigen kann auch eine Steuerbefreiung nach § 3 Nr. 12 oder Nr. 26 EStG in Betracht kommen.

(4) [1]Absätze 2 und 3 gelten sinngemäß für Umzugskostenvergütungen und Trennungsgelder nach Maßgabe der umzugskosten- und reisekostenrechtlichen Vorschriften des Bundes und der Länder. [2]Werden anlässlich eines Umzugs für die Umzugstage Mehraufwendungen für Verpflegung nach dem Bundesumzugskostengesetz erstattet, ist die Erstattung nur im Rahmen der zeitlichen Voraussetzungen des § 4 Abs. 5 Satz 1 Nr. 5 EStG steuerfrei. [3]Trennungsgeld, das bei täglicher Rückkehr zum Wohnort gezahlt wird, ist nur nach Maßgabe der R 21b, 37 bis 39 steuerfrei.

Anhang 3

Gesetz über die Entschädigung der ehrenamtlichen Richter

in der Fassung der Bekanntmachung vom 1. Oktober 1969 (BGBl I S. 1753),
zuletzt geändert durch Gesetz vom 22. Februar 2002 (BGBl. I S. 981),
aufgehoben durch Art. 6 Nr. 3 des Kostenrechtsmodernisierungsgesetzes
vom 5. Mai 2004 (BGBl. I S. 718).

Inhaltsübersicht

§ 1 Geltungsbereich und Grundsatz der Entschädigung

(1) Die ehrenamtlichen Richter bei den ordentlichen Gerichten und den Gerichten für Arbeitssachen sowie bei den Gerichten der Verwaltungs-, der Finanz- und Sozialgerichtsbarkeit erhalten eine Entschädigung für

1. Zeitversäumnis (§ 2),
2. Fahrtkosten (§ 3),
3. Aufwand (§§ 4 und 5).

§ 2 Entschädigung für Zeitversäumnis

(1) Die ehrenamtlichen Richter erhalten eine Entschädigung von 4 Euro für jede Stunde.

(2) Entsteht dem ehrenamtlichen Richter ein Verdienstausfall, so erhält er ferner für jede Stunde der versäumten Arbeitszeit höchstens 16 Euro. Als versäumt gilt auch die Zeit, während welcher der ehrenamtliche Richter seiner gewöhnlichen Beschäftigung infolge seiner Heranziehung nicht nachgehen kann. Die Entschädigung richtet sich nach dem regelmäßigen Bruttoverdienst einschließlich der vom Arbeitgeber zu tragenden Sozialversicherungsbeiträge. Wer nicht erwerbstätig ist und einen eigenen Haushalt für mehrere Personen führt, erhält neben der Entschädigung nach Absatz 1 10 Euro je Stunde. Satz 4 gilt entsprechend für Teilzeitbeschäftigte, die außerhalb ihrer vereinbarten regelmäßigen Arbeitszeit herangezogen werden. Die Entschädigung nach Satz 4 und 5 wird nicht gewährt, soweit dem ehrenamtlichen Richter Kosten einer notwendigen Vertretung erstattet werden.

(3) Als Entschädigung nach Absatz 2 kann nach billigem Ermessen unter Berücksichtigung des Verdienstausfalls ein Betrag bis zu 31 Euro für jede Stunde gewährt werden, wenn der ehrenamtliche Richter innerhalb eines Zeitraums von mindestens dreißig Tagen an sechs Tagen oder häufiger seiner regelmäßigen Erwerbstätigkeit entzogen oder wenn er in einem Verfahren an mehr als zwanzig Tagen herangezogen wird. Wird er in einem Verfahren an mehr als fünfzig Tagen herangezogen, so tritt an die Stelle des Betrages von 31 Euro ein Betrag von 41 Euro.

(4) Die Entschädigungen werden für höchstens zehn Stunden je Tag gewährt, die Entschädigung nach Absatz 2 Satz 4 jedoch für höchstens acht Stunden je Tag; Teilzeitbeschäftigten wird die Entschädigung nach Absatz 2 Satz 4 höchstens für die Zeitdauer gewährt, die zusammen mit der ver-

einbarten regelmäßigen Arbeitszeit acht Stunden je Tag nicht überschreitet. Die letzte, bereits begonnene Stunde wird voll gerechnet.

§ 3 Fahrtkosten

(1) Ehrenamtlichen Richtern werden die Fahrtkosten bis zur Höhe der Kosten für die Benutzung des preisgünstigsten öffentlichen Beförderungsmittels oder bei einer Gesamtstrecke bis zu 200 Kilometern bis zur Höhe der Kosten für die Benutzung eines eigenen oder unentgeltlich von einem Dritten zur Verfügung gestellten Kraftfahrzeuges ersetzt. Höhere Fahrtkosten werden ersetzt, soweit durch die Benutzung eines anderen als durch die Benutzung des preisgünstigeren öffentlichen Beförderungsmittels die Entschädigung insgesamt nicht höher wird oder höhere Fahrtkosten wegen besonderer Umstände notwendig sind.

(2) Bei Benutzung von öffentlichen, regelmäßig verkehrenden Beförderungsmitteln werden die wirklichen Auslagen einschließlich der Kosten für die Beförderung des notwendigen Gepäcks bis zur Höhe der Tarife, bei Benutzung der Eisenbahn oder von Schiffen bis zum Fahrpreis der ersten Wagen- oder Schiffsklasse, ersetzt. Die Mehrkosten für zuschlagpflichtige Züge werden erstattet.

(3) Bei Benutzung eines eigenen oder unentgeltlich von einem Dritten zur Verfügung gestellten Kraftfahrzeuges sind zur Abgeltung der Anschaffungs-, Unterhaltungs- und Betriebskosten sowie der Abnutzung des Kraftfahrzeuges 0,27 Euro für jeden gefahrenen Kilometer zuzüglich der durch die Benutzung des Kraftfahrzeuges aus Anlass der Reise regelmäßig anfallenden baren Auslagen, insbesondere der Parkgebühren, zu erstatten.

(4) Für Reisen während der Tagung werden Fahrtkosten nur insoweit ersetzt, als Mehrbeträge an Entschädigung erspart werden, die beim Verbleiben am Sitzungsort gewährt werden müssten.

(5) Tritt der ehrenamtliche Richter die Reise zum Sitzungsort von einem anderen als seinem Wohnort an oder fährt er nach der Sitzung zu einem anderen Ort als seinem Wohnort, so werden die Fahrtkosten bis zur Höhe der bei der Fahrt von und zum Wohnort zu erstattenden Kosten ersetzt. Mehrkosten werden nach billigem Ermessen ersetzt, wenn der ehrenamtliche Richter zu diesen Fahrten durch besondere Umstände genötigt war.

§ 4 Entschädigung für Aufwand

(1) Die ehrenamtlichen Richter erhalten eine Entschädigung für den mit ihrer Dienstleistung verbundenen Aufwand.

(2) Ehrenamtliche Richter, die innerhalb der Gemeinde, in der die Sitzung stattfindet, weder wohnen noch berufstätig sind, erhalten für die Zeit, während der sie aus Anlass der Dienstleistung von ihrem Wohnort abwesend sein müssen, ein Tagegeld, dessen Höhe sich nach § 4 Abs. 5 Satz 1 Nr. 5 Satz 2 des Einkommenssteuergesetzes bestimmt. Bei Abwesenheit bis zu acht Stunden werden die notwendigen Auslagen bis zu 3 Euro erstattet.

(3) Ehrenamtliche Richter, die innerhalb der Gemeinde, in der die Sitzung stattfindet, wohnen oder berufstätig sind, erhalten ein Tagegeld von 3 Euro, wenn sie an einer Sitzung mehr als acht Stunden teilnehmen. Übersteigen ihre Auslagen diesen Betrag, so werden die notwendigen Auslagen bis zur Höhe des in Absatz 2 vorgesehenen Tagegeldes erstattet. Bei einer Sitzungsdauer bis zu acht Stunden werden die notwendigen Auslagen bis zu 3 Euro ersetzt.

(4) Ist eine auswärtige Übernachtung notwendig, so wird ein Übernachtungsgeld in Höhe des Satzes für Richter im Bundesdienst gewährt.

§ 5 Ersatz sonstiger Aufwendungen

Auch die in den §§ 3 und 4 nicht besonders genannten baren Auslagen werden, soweit sie notwendig sind, dem ehrenamtlichen Richter ersetzt. Dies gilt besonders für die Kosten einer notwendigen Vertretung und für die Kosten notwendiger Begleitpersonen.

§ 6
(weggefallen)

§ 7
(aufgehoben)

§ 8 Entschädigung in besonderen Fällen

Die Entschädigung nach den §§ 1 bis 7 wird auch gewährt,

a) wenn die ehrenamtlichen Richter von der zuständigen staatlichen Stelle zu Einführungs- und Fortbildungstagungen herangezogen werden,

b) wenn die ehrenamtlichen Richter bei den Gerichten für Arbeitssachen und den Gerichten der Sozialgerichtsbarkeit in dieser Eigenschaft an der Wahl von gesetzlich für sie vorgesehenen Ausschüssen oder an den Sitzungen solcher Ausschüsse teilnehmen (§§ 29, 38 des Arbeitsgerichtsgesetzes, §§ 23, 35 Abs. 1, § 47 des Sozialgerichtsgesetzes).

§ 9
(aufgehoben)

§ 10 Vorschuss

Den ehrenamtlichen Richtern ist auf Antrag ein angemessener Vorschuss zu bewilligen.

§ 11 Erlöschen des Anspruchs

Der Anspruch auf Entschädigung erlischt, wenn er nicht binnen eines Jahres nach Beendigung der Dienstleistung bei der Stelle geltend gemacht wird, welche die Entschädigung anzuweisen hat.

§ 12 Gerichtliche Festsetzung

(1) Die dem ehrenamtlichen Richter zu gewährende Entschädigung wird durch gerichtlichen Beschluss festgesetzt, wenn der ehrenamtliche Richter oder die Staatskasse die richterliche Festsetzung beantragt. Zuständig ist das Gericht, bei dem der ehrenamtliche Richter mitgewirkt hat.

(2) Gegen die richterliche Festsetzung ist die Beschwerde zulässig, wenn der Wert des Beschwerdegegenstandes 50 Euro übersteigt. Beschwerdeberechtigt sind nur der ehrenamtliche Richter und die Staatskasse. Die Beschwerde ist nicht an eine Frist gebunden. Eine Beschwerde an einen obersten Gerichtshof des Bundes ist nicht zulässig. Die Beschwerde wird bei dem Gericht eingelegt, das die angefochtene Entscheidung erlassen hat. Das Gericht kann der Beschwerde abhelfen.

(3) Die Entscheidung trifft das Gericht ohne die Hinzuziehung der ehrenamtlichen Richter.

(4) Anträge, Erklärungen und Beschwerden können zu Protokoll der Geschäftsstelle gegeben oder schriftlich ohne Mitwirkung eines Rechtsanwalts eingereicht werden; § 130a der Zivilprozessordnung gilt entsprechend.

(5) Das Verfahren über die Beschwerde ist gebührenfrei. Kosten werden nicht erstattet.

§ 13 Entschädigung der Vertrauensleute

(1) Nach den §§ 2 bis 5 sowie 9 bis 11 werden entschädigt

1. die Vertrauenspersonen in den Ausschüssen zur Wahl von Schöffen;
2. die Vertrauensleute in den Ausschüssen zur Wahl der ehrenamtlichen Richter bei den Gerichten der Verwaltungsgerichtsbarkeit,
3. die Vertrauensleute in den Ausschüssen zur Wahl der ehrenamtlichen Richter bei den Gerichten der Finanzgerichtsbarkeit.

(2) § 12 gilt entsprechend. Für die gerichtliche Festsetzung ist das Gericht zuständig, bei dem der Ausschuss gebildet ist.

§ 14 Besondere Regelungen

Die Bestimmungen über die Entschädigung von Personen, die als ehrenamtliche Richter bei den in § 1 genannten Gerichten in ehren- oder berufsgerichtlichen Verfahren mitwirken, bleiben unberührt. Das gleiche gilt für die Bestimmungen über die Entschädigung der ehrenamtlichen Richter bei Dienst- und Dienststrafgerichten.

§ 15 Aufhebung des Ermäßigungssatzes im Land Berlin

In dem Teil des Landes Berlin, in dem das Grundgesetz vor dem 3. Oktober 1990 nicht galt, ist die Maßgabe in Anlage I Kapitel III Sachgebiet A Abschnitt III Nr. 24 Buchstabe a des Einigungsvertrages vom 31. August 1990 (BGBl. 1990 II S. 885, 936) ab 1. März 2002 nicht mehr anzuwenden.

Anhang 4

Gesetz über die Vergütung von Sachverständigen, Dolmetscherinnen, Dolmetschern, Übersetzerinnen und Übersetzern sowie die Entschädigung von ehrenamtlichen Richterinnen, ehrenamtlichen Richtern, Zeuginnen, Zeugen und Dritten (Justizvergütungs- und -entschädigungsgesetz – JVEG)

vom 5. Mai 2004 (BGBl. I S. 776) –
Art. 2 des Gesetzes zur Modernisierung des Kostenrechts
(Kostenrechtsmodernisierungsgesetz – KostRMoG)

– in Auszügen –

Das JVEG ist nach Art. 8 KostRMoG am 1. Juli 2004 in Kraft getreten.

Inhaltsübersicht

Abschnitt 1
Allgemeine Vorschriften

§ 1 Geltungsbereich und Anspruchsberechtigte

(1) Dieses Gesetz regelt

1. die Vergütung der Sachverständigen, Dolmetscherinnen, Dolmetscher, Übersetzerinnen und Übersetzer, die von dem Gericht, der Staatsanwaltschaft, der Finanzbehörde in den Fällen, in denen diese das Ermittlungsverfahren selbstständig durchführt, der Verwaltungsbehörde im Verfahren nach dem Gesetz über Ordnungswidrigkeiten oder dem Gerichtsvollzieher herangezogen werden;
2. die Entschädigung der ehrenamtlichen Richterinnen und Richter bei den ordentlichen Gerichten und den Gerichten für Arbeitssachen sowie bei den Gerichten der Verwaltungs-, der Finanz- und der Sozialgerichtsbarkeit mit Ausnahme der ehrenamtlichen Richterinnen und Richter in Handelssachen, in berufsgerichtlichen Verfahren oder bei Dienstgerichten sowie
3. die Entschädigung der Zeuginnen, Zeugen und Dritten (§ 23), die von den in Nummer 1 genannten Stellen herangezogen werden.

Eine Vergütung oder Entschädigung wird nur nach diesem Gesetz gewährt. Der Anspruch auf Vergütung nach Satz 1 Nr. 1 steht demjenigen zu, der beauftragt worden ist; dies gilt auch, wenn der

Mitarbeiter einer Unternehmung die Leistung erbringt, der Auftrag jedoch der Unternehmung erteilt worden ist.

(2) Dieses Gesetz gilt auch, wenn Behörden oder sonstige öffentliche Stellen von den in Absatz 1 Satz 1 Nr. 1 genannten Stellen zu Sachverständigenleistungen herangezogen werden. Für Angehörige einer Behörde oder einer sonstigen öffentlichen Stelle, die weder Ehrenbeamte noch ehrenamtlich tätig sind, gilt dieses Gesetz nicht, wenn sie ein Gutachten in Erfüllung ihrer Dienstaufgaben erstatten, vertreten oder erläutern.

(3) Einer Heranziehung durch die Staatsanwaltschaft oder durch die Finanzbehörde in den Fällen des Absatzes 1 Satz 1 Nr. 1 steht eine Heranziehung durch die Polizei oder eine andere Strafverfolgungsbehörde im Auftrag oder mit vorheriger Billigung der Staatsanwaltschaft oder der Finanzbehörde gleich. Satz 1 gilt im Verfahren der Verwaltungsbehörde nach dem Gesetz über Ordnungswidrigkeiten entsprechend.

(4) Die Vertrauenspersonen in den Ausschüssen zur Wahl der Schöffen und die Vertrauensleute in den Ausschüssen zur Wahl der ehrenamtlichen Richter bei den Gerichten der Verwaltungs- und der Finanzgerichtsbarkeit werden wie ehrenamtliche Richter entschädigt.

§ 2 Geltendmachung und Erlöschen des Anspruchs, Verjährung

(1) Der Anspruch auf Vergütung oder Entschädigung erlischt, wenn er nicht binnen drei Monaten bei der Stelle, die den Berechtigten herangezogen oder beauftragt hat, geltend gemacht wird. Die Frist beginnt

1. im Fall der schriftlichen Begutachtung oder der Anfertigung einer Übersetzung mit Eingang des Gutachtens oder der Übersetzung bei der Stelle, die den Berechtigten beauftragt hat,
2. im Falle der Vernehmung als Sachverständiger oder Zeuge oder der Zuziehung als Dolmetscher mit Beendigung der Vernehmung oder Zuziehung,
3. in den Fällen des § 23 mit Beendigung der Maßnahme und
4. im Fall der Dienstleistung als ehrenamtlicher Richter oder Mitglied eines Ausschusses im Sinne des § 1 Abs. 4 mit Beendigung der Amtsperiode.

Die Frist kann auf begründeten Antrag von der in Satz 1 genannten Stelle verlängert werden; lehnt sie eine Verlängerung ab, hat sie den Antrag unverzüglich dem nach § 4 Abs. 1 für die Festsetzung der Vergütung oder Entschädigung zuständigen Gericht vorzulegen, das durch unanfechtbaren Beschluss entscheidet. Weist das Gericht den Antrag zurück, erlischt der Anspruch, wenn die Frist nach Satz 1 abgelaufen und der Anspruch nicht binnen zwei Wochen ab Bekanntgabe der Entscheidung bei der in Satz 1 genannten Stelle geltend gemacht worden ist.

(2) War der Berechtigte ohne sein Verschulden an der Einhaltung einer Frist nach Absatz 1 gehindert, gewährt ihm das Gericht auf Antrag Wiedereinsetzung in den vorigen Stand, wenn er innerhalb von zwei Wochen nach Beseitigung des Hindernisses den Anspruch beziffert und die Tatsachen glaubhaft macht, welche die Wiedereinsetzung begründen. Nach Ablauf eines Jahres, von dem Ende der versäumten Frist an gerechnet, kann die Wiedereinsetzung nicht mehr beantragt werden. Gegen die Ablehnung der Wiedereinsetzung findet die Beschwerde statt. Sie ist nur zulässig, wenn sie innerhalb von zwei Wochen eingelegt wird. Die Frist beginnt mit der Zustellung der Entscheidung. § 4 Abs. 4 Satz 1 bis 3 und Abs. 6 bis 8 ist entsprechend anzuwenden.

(3) Der Anspruch auf Vergütung oder Entschädigung verjährt in drei Jahren nach Ablauf des Kalenderjahrs, in dem der nach Absatz 1 Satz 2 Nr. 1 bis 4 maßgebliche Zeitpunkt eingetreten ist. Auf die Verjährung sind die Vorschriften des Bürgerlichen Gesetzbuchs anzuwenden. Durch den Antrag auf gerichtliche Festsetzung (§ 4) wird die Verjährung wie durch Klageerhebung gehemmt. Die Verjährung wird nicht von Amts wegen berücksichtigt.

(4) Der Anspruch auf Erstattung zu viel gezahlter Vergütung oder Entschädigung verjährt in drei Jahren nach Ablauf des Kalenderjahrs, in dem die Zahlung erfolgt ist. § 5 Abs. 3 des Gerichtskostengesetzes gilt entsprechend.

§ 3 Vorschuss

Auf Antrag ist ein angemessener Vorschuss zu bewilligen, wenn dem Berechtigten erhebliche Fahrtkosten oder sonstige Aufwendungen entstanden sind oder voraussichtlich entstehen werden oder wenn die zu erwartende Vergütung für bereits erbrachte Teilleistungen einen Betrag von 2 000 Euro übersteigt.

§ 4 Gerichtliche Festsetzung und Beschwerde

(1) Die Festsetzung der Vergütung, der Entschädigung oder des Vorschusses erfolgt durch gerichtlichen Beschluss, wenn der Berechtigte oder die Staatskasse die gerichtliche Festsetzung beantragt oder das Gericht sie für angemessen hält. Zuständig ist

1. das Gericht, von dem der Berechtigte herangezogen worden ist, bei dem er als ehrenamtlicher Richter mitgewirkt hat oder bei dem der Ausschuss im Sinne des § 1 Abs. 4 gebildet ist;
2. das Gericht, bei dem die Staatsanwaltschaft besteht, wenn die Heranziehung durch die Staatsanwaltschaft oder in deren Auftrag oder mit deren vorheriger Billigung durch die Polizei oder eine andere Strafverfolgungsbehörde erfolgt ist, nach Erhebung der öffentlichen Klage jedoch das für die Durchführung des Verfahrens zuständige Gericht;
3. das Landgericht, bei dem die Staatsanwaltschaft besteht, die für das Ermittlungsverfahren zuständig wäre, wenn die Heranziehung in den Fällen des § 1 Abs. 1 Satz 1 Nr. 1 durch die Finanzbehörde oder in deren Auftrag oder mit deren vorheriger Billigung durch die Polizei oder eine andere Strafverfolgungsbehörde erfolgt ist, nach Erhebung der öffentlichen Klage jedoch das für die Durchführung des Verfahrens zuständige Gericht;
4. das Amtsgericht, in dessen Bezirk der Gerichtsvollzieher seinen Amtssitz hat, wenn die Heranziehung durch den Gerichtsvollzieher erfolgt ist, abweichend davon im Verfahren der Zwangsvollstreckung das Vollstreckungsgericht.

(2) Ist die Heranziehung durch die Verwaltungsbehörde im Bußgeldverfahren erfolgt, werden die zu gewährende Vergütung oder Entschädigung und der Vorschuss durch gerichtlichen Beschluss festgesetzt, wenn der Berechtigte gerichtliche Entscheidung gegen die Festsetzung durch die Verwaltungsbehörde beantragt. Für das Verfahren gilt § 62 des Gesetzes über Ordnungswidrigkeiten.

(3) Gegen den Beschluss nach Absatz 1 können der Berechtigte und die Staatskasse Beschwerde einlegen, wenn der Wert des Beschwerdegegenstands 200 Euro übersteigt oder wenn sie das Gericht, das die angefochtene Entscheidung erlassen hat, wegen der grundsätzlichen Bedeutung der zur Entscheidung stehenden Frage in dem Beschluss zulässt.

(4) Soweit das Gericht die Beschwerde für zulässig und begründet hält, hat es ihr abzuhelfen; im Übrigen ist die Beschwerde unverzüglich dem Beschwerdegericht vorzulegen. Beschwerdegericht ist das nächsthöhere Gericht. Eine Beschwerde an einen obersten Gerichtshof des Bundes findet nicht statt. Das Beschwerdegericht ist an die Zulassung der Beschwerde gebunden; die Nichtzulassung ist unanfechtbar.

(5) Die weitere Beschwerde ist nur zulässig, wenn das Landgericht als Beschwerdegericht entschieden und sie wegen der grundsätzlichen Bedeutung der zur Entscheidung stehenden Frage zugelassen hat. Sie kann nur darauf gestützt werden, dass die Entscheidung auf einer Verletzung des Rechts beruht; die §§ 546 und 547 der Zivilprozessordnung gelten entsprechend. Über die weitere Beschwerde entscheidet das Oberlandesgericht. Absatz 4 Satz 1 und 4 gilt entsprechend.

(6) Anträge und Erklärungen können zu Protokoll der Geschäftsstelle abgegeben oder schriftlich eingereicht werden; die §§ 129a und 130a der Zivilprozessordnung gelten entsprechend. Die Beschwerde ist bei dem Gericht einzulegen, dessen Entscheidung angefochten wird.

(7) Das Gericht entscheidet über den Antrag durch eines seiner Mitglieder als Einzelrichter; dies gilt auch für die Beschwerde, wenn die angefochtene Entscheidung von einem Einzelrichter oder einem Rechtspfleger erlassen wurde. Der Einzelrichter überträgt das Verfahren der Kammer oder

dem Senat, wenn die Sache besondere Schwierigkeiten tatsächlicher oder rechtlicher Art aufweist oder die Rechtssache grundsätzliche Bedeutung hat. Das Gericht entscheidet jedoch immer ohne Mitwirkung ehrenamtlicher Richter. Auf eine erfolgte oder unterlassene Übertragung kann ein Rechtsmittel nicht gestützt werden.

(8) Die Verfahren sind gebührenfrei. Kosten werden nicht erstattet.

(9) Die Beschlüsse nach den Absätzen 1, 2, 4 und 5 wirken nicht zu Lasten des Kostenschuldners.

Abschnitt 2
Gemeinsame Vorschriften

§ 5 Fahrtkostenersatz

(1) Bei Benutzung von öffentlichen, regelmäßig verkehrenden Beförderungsmitteln werden die tatsächlich entstandenen Auslagen bis zur Höhe der entsprechenden Kosten für die Benutzung der ersten Wagenklasse der Bahn einschließlich der Auslagen für Platzreservierung und Beförderung des notwendigen Gepäcks ersetzt.

(2) Bei Benutzung eines eigenen oder unentgeltlich zur Nutzung überlassenen Kraftfahrzeugs werden

1. dem Zeugen oder dem Dritten (§ 23) zur Abgeltung der Betriebskosten sowie zur Abgeltung der Abnutzung des Kraftfahrzeugs 0,25 Euro,
2. den in § 1 Abs. 1 Satz 1 Nr. 1 und 2 genannten Anspruchsberechtigten zur Abgeltung der Anschaffungs-, Unterhaltungs- und Betriebskosten sowie zur Abgeltung der Abnutzung des Kraftfahrzeugs 0,30 Euro

für jeden gefahrenen Kilometer ersetzt zuzüglich der durch die Benutzung des Kraftfahrzeugs aus Anlass der Reise regelmäßig anfallenden baren Auslagen, insbesondere der Parkentgelte. Bei der Benutzung durch mehrere Personen kann die Pauschale nur einmal geltend gemacht werden. Bei der Benutzung eines Kraftfahrzeugs, das nicht zu den Fahrzeugen nach Absatz 1 oder Satz 1 zählt, werden die tatsächlich entstandenen Auslagen bis zur Höhe der in Satz 1 genannten Fahrtkosten ersetzt; zusätzlich werden die durch die Benutzung des Kraftfahrzeugs aus Anlass der Reise angefallenen regelmäßigen baren Auslagen, insbesondere die Parkentgelte, ersetzt, soweit sie der Berechtigte zu tragen hat.

(3) Höhere als die in Absatz 1 oder Absatz 2 bezeichneten Fahrtkosten werden ersetzt, soweit dadurch Mehrbeträge an Vergütung oder Entschädigung erspart werden oder höhere Fahrtkosten wegen besonderer Umstände notwendig sind.

(4) Für Reisen während der Terminsdauer werden die Fahrtkosten nur insoweit ersetzt, als dadurch Mehrbeträge an Vergütung oder Entschädigung erspart werden, die beim Verbleiben an der Terminsstelle gewährt werden müssten.

(5) Wird die Reise zum Ort des Termins von einem anderen als dem in der Ladung oder Terminsmitteilung bezeichneten oder der zuständigen Stelle unverzüglich angezeigten Ort angetreten oder wird zu einem anderen als zu diesem Ort zurückgefahren, werden Mehrkosten nach billigem Ermessen nur dann ersetzt, wenn der Berechtigte zu diesen Fahrten durch besondere Umstände genötigt war.

§ 6 Entschädigung für Aufwand

(1) Wer innerhalb der Gemeinde, in der der Termin stattfindet, weder wohnt noch berufstätig ist, erhält für die Zeit, während der er aus Anlass der Wahrnehmung des Termins von seiner Wohnung und seinem Tätigkeitsmittelpunkt abwesend sein muss, ein Tagegeld, dessen Höhe sich nach § 4 Abs. 5 Satz 1 Nr. 5 Satz 2 des Einkommensteuergesetzes bestimmt.

(2) Ist eine auswärtige Übernachtung notwendig, wird ein Übernachtungsgeld nach den Bestimmungen des Bundesreisekostengesetzes gewährt.

§ 7 Ersatz für sonstige Aufwendungen

(1) Auch die in den §§ 5, 6 und 12 nicht besonders genannten baren Auslagen werden ersetzt, soweit sie notwendig sind. Dies gilt insbesondere für die Kosten notwendiger Vertretungen und notwendiger Begleitpersonen.

(2) Für die Anfertigung von Ablichtungen werden 0,50 Euro je Seite für die ersten 50 Seiten und 0,15 Euro für jede weitere Seite, für die Anfertigung von Farbkopien 2 Euro je Seite ersetzt. Die Höhe der Pauschale ist in derselben Angelegenheit einheitlich zu berechnen. Die Pauschale wird für Ablichtungen aus Behörden- und Gerichtsakten gewährt, soweit deren Herstellung zur sachgemäßen Vorbereitung oder Bearbeitung der Angelegenheit geboten war, sowie für Ablichtungen, die nach Aufforderung durch die heranziehende Stelle angefertigt worden sind.

(3) Für die Überlassung von elektronisch gespeicherten Dateien anstelle der in Absatz 2 genannten Ablichtungen werden 2,50 Euro je Datei ersetzt.

…

Abschnitt 4
Entschädigung von ehrenamtlichen Richtern

§ 15 Grundsatz der Entschädigung

(1) Ehrenamtliche Richter erhalten als Entschädigung

1. Fahrtkostenersatz (§ 5),
2. Entschädigung für Aufwand (§ 6),
3. Ersatz für sonstige Aufwendungen (§ 7),
4. Entschädigung für Zeitversäumnis (§ 16),
5. Entschädigung für Nachteile bei der Haushaltsführung (§ 17) sowie
6. Entschädigung für Verdienstausfall (§ 18).

(2) Soweit die Entschädigung nach Stunden bemessen ist, wird sie für die gesamte Dauer der Heranziehung einschließlich notwendiger Reise- und Wartezeiten, jedoch für nicht mehr als zehn Stunden je Tag, gewährt. Die letzte bereits begonnene Stunde wird voll gerechnet.

(3) Die Entschädigung wird auch gewährt,

1. wenn ehrenamtliche Richter von der zuständigen staatlichen Stelle zu Einführungs- und Fortbildungstagungen herangezogen werden,
2. wenn ehrenamtliche Richter bei den Gerichten der Arbeits- und der Sozialgerichtsbarkeit in dieser Eigenschaft an der Wahl von gesetzlich für sie vorgesehenen Ausschüssen oder an den Sitzungen solcher Ausschüsse teilnehmen (§§ 29, 38 des Arbeitsgerichtsgesetzes, §§ 23, 35 Abs. 1, § 47 des Sozialgerichtsgesetzes).

§ 16 Entschädigung für Zeitversäumnis

Die Entschädigung für Zeitversäumnis beträgt 5 Euro je Stunde.

§ 17 Entschädigung für Nachteile bei der Haushaltsführung

Ehrenamtliche Richter, die einen eigenen Haushalt für mehrere Personen führen, erhalten neben der Entschädigung nach § 16 eine zusätzliche Entschädigung für Nachteile bei der Haushaltsführung von 12 Euro je Stunde, wenn sie nicht erwerbstätig sind oder wenn sie teilzeitbeschäftigt sind und außerhalb ihrer vereinbarten regelmäßigen täglichen Arbeitszeit herangezogen werden. Die Entschädigung von Teilzeitbeschäftigten wird für höchstens zehn Stunden je Tag gewährt abzüglich der Zahl an Stunden, die der vereinbarten regelmäßigen täglichen Arbeitszeit entspricht. Die Entschädigung wird nicht gewährt, soweit Kosten einer notwendigen Vertretung erstattet werden.

§ 18 Entschädigung für Verdienstausfall

Für den Verdienstausfall wird neben der Entschädigung nach § 16 eine zusätzliche Entschädigung gewährt, die sich nach dem regelmäßigen Bruttoverdienst einschließlich der vom Arbeitgeber zu tragenden Sozialversicherungsbeiträge richtet, jedoch höchstens 20 Euro je Stunde beträgt. Die Entschädigung beträgt bis zu 39 Euro je Stunde für ehrenamtliche Richter, die in demselben Verfahren an mehr als 20 Tagen herangezogen oder innerhalb eines Zeitraums von 30 Tagen an mindestens sechs Tagen ihrer regelmäßigen Erwerbstätigkeit entzogen werden. Sie beträgt bis zu 51 Euro je Stunde für ehrenamtliche Richter, die in demselben Verfahren an mehr als 50 Tagen herangezogen werden.

...

Abschnitt 6
Schlussvorschriften

§ 24 Übergangsvorschrift

Die Vergütung und die Entschädigung sind nach bisherigem Recht zu berechnen, wenn der Auftrag an den Sachverständigen, Dolmetscher oder Übersetzer vor dem Inkrafttreten einer Gesetzesänderung erteilt oder der Berechtigte vor diesem Zeitpunkt herangezogen worden ist. Dies gilt auch, wenn Vorschriften geändert werden, auf die dieses Gesetz verweist.

§ 25 Übergangsvorschrift aus Anlass des Inkrafttretens dieses Gesetzes

Das Gesetz über die Entschädigung der ehrenamtlichen Richter in der Fassung der Bekanntmachung vom 1. Oktober 1969 (BGBl. I S. 1753), zuletzt geändert durch Artikel 1 Abs. 4 des Gesetzes vom 22. Februar 2002 (BGBl. I S. 981), und das Gesetz über die Entschädigung von Zeugen und Sachverständigen in der Fassung der Bekanntmachung vom 1. Oktober 1969 (BGBl. 1 S. 1756), zuletzt geändert durch Artikel 1 Abs. 5 des Gesetzes vom 22. Februar 2002 (BGBl. I S. 981), sowie Verweisungen auf diese Gesetze sind weiter anzuwenden, wenn der Auftrag an den Sachverständigen, Dolmetscher oder Übersetzer vor dem 1. Juli 2004 erteilt oder der Berechtigte vor diesem Zeitpunkt herangezogen worden ist. Satz 1 gilt für Heranziehungen vor dem 1. Juli 2004 auch dann, wenn der Berechtigte in derselben Rechtssache auch nach dem 1. Juli 2004 herangezogen worden ist.

Anhang 5

Antrag der Landesregierung betreffend Entlastung der Landesregierung wegen der Haushaltsrechnung des Landes Hessen für das Haushaltsjahr 1996

Auszug aus der Drucksache 14/3900 des Hessischen Landtags vom 20. Mai 1998

Im Anschluss an die Vorlage der Landesregierung vom 13. November 1997 wegen der nachträglichen Genehmigung der über- und außerplanmäßigen Ausgaben im Haushaltsjahr 1996 (Drucks. 14/3346) übermittelt die Landesregierung nach Art. 144 der Verfassung des Landes Hessen (HV) in Verbindung mit § 97 der Hessischen Landeshaushaltsordnung (LHO)

die Stellungnahme der Landesregierung zu den Bemerkungen 1997
des Hessischen Rechnungshofs
zur Haushalts- und Wirtschaftsführung
des Landes Hessen
mit Bemerkungen,
zur Landeshaushaltsrechnung 1996

und beantragt,

die Landesregierung wegen der Haushaltsrechnung für das Haushaltsjahr 1996 nach Art. 144 HV in Verbindung mit § 97 LHO zu entlasten.*

Bemerkungen des Rechnungshofs	Stellungsnahme der Landesregierung
Fortbildung ehrenamtlicher Richter in der Arbeits- und Sozialgerichtsbarkeit (Kap. 2104/2105)	
Das Ministerium für Frauen, Arbeit und Sozialordnung bezuschusst die Aus- und Fortbildung ehrenamtlicher Richter/innen in der Arbeits- und Sozialgerichtsbarkeit. Der Rechnungshof sieht dafür keine sachliche Notwendigkeit.	**Zu Tz. 149**
149 In der Arbeitsgerichtsbarkeit in Hessen gibt es rund 2 170 ehrenamtliche Richter/innen, in der Sozialgerichtsbarkeit rund 1 400. Sie werden für vier Jahre berufen. Das Ministerium für Frauen, Arbeit und Sozialordnung fördert alljährlich eine Aus- und Fortbildung der ehrenamtlichen Richter/innen oder der Personen, die für dieses Amt vorgesehen sind, auf Antrag durch Zuschüsse für Lehrgän-	Entgegen den Ausführungen in den Bemerkungen gehen die einschlägigen bundesrechtlichen Verfahrensvorschriften von der Notwendigkeit aus, dass die ehrenamtlichen Richterinnen und Richter der Arbeits- und Sozialgerichtsbarkeit neben praktischen Erfahrungen im Arbeits- und Sozialleben auch über ein Mindestmaß von Rechtskenntnissen im materiellen Arbeits- und Sozialrecht sowie im Verfahrensrecht verfügen.

* Auf Empfehlung des Haushaltsauschusses vom 11.11.1998 (Drucksache 14/4330 S. 1, 3) hat der Hessische Landtag am 19.11.1998 beschlossen, die Landesregierung zu entlasten sowie zu Tz. 149 der Bemerkung des Rechnungshofes zu widersprechen und der Auffassung der Landesregierung zu folgen (Plenarprotokoll 14/111 S. 6649).

Bemerkungen des Rechnungshofs	Stellungnahme der Landesregierung

ge mit bis zu 75 v. H. der zuwendungsfähigen Kosten.

1996 sah der Landeshaushalt hierfür im Bereich der Arbeitsgerichtsbarkeit 31 500 DM, im Bereich der Sozialgerichtsbarkeit 21 000 DM vor.

Der Rechnungshof hat festgestellt, dass es nur vier Organisationen sind, die Zuschüsse für die Schulung der ehrenamtlichen Richter/innen erhalten haben. In der Arbeitsgerichtsbarkeit sind dies die Deutsche Angestelltengewerkschaft und der Deutsche Gewerkschaftsbund. In der Sozialgerichtsbarkeit, sind dies der Verband der Kriegs- und Wehrdienstopfer, Behinderten, Sozialrentner und Hinterbliebenen, der Reichsbund der Kriegs- und Wehrdienstopfer. Behinderten, Sozialrentner und Hinterbliebenen, die Deutsche Angestelltengewerkschaft und der Deutsche Gewerkschaftsbund.

Jährlich werden durchschnittlich 600 ehrenamtliche Richter/innen in der Arbeitsgerichtsbarkeit und 300 in der Sozialgerichtsbarkeit geschult. Häufig sind es dieselben Personen, die die Gelegenheit zur Schulung mehrmals innerhalb eines Jahres nutzen. An der Aus- und Fortbildung ehrenamtlicher Richter/innen durch den Deutschen Gewerkschaftsbund nehmen auch hauptberufliche Rechtssekretäre (weiblich/männlich) dieser Organisation teil. Sie sind entweder Volljuristen oder haben bereits eine besondere Ausbildung im Arbeits- und Sozialrecht durchlaufen. Außerdem sind sie schon jahrelang als Prozessvertreter der Arbeitnehmerseite vor den jeweiligen Gerichten eingesetzt. Schließlich handelt es sich bei den Fortbildungsteilnehmern in vielen Fällen um Betriebsratsvorsitzende, freigestellte sonstige Betriebsräte und Vertrauensleute der Gewerkschaften oder der anderen geförderten Verbände.

Themen, die im Rahmen der Aus- und Fortbildung vermittelt werden, sind beispielsweise:

- Grundsätze der Auslandversorgung,
- wichtige Entscheidungen der Sozialgerichtsbarkeit, des Verfassungsgerichts und des Europäischen Gerichtshofs, Falllösungen,
- Schwerbehinderte und deren Rechte,
- Rentenversicherung bei Arbeitslosigkeit,
- Gleichbehandlung/Gleichheitsgrundsätze,
- Betriebsänderung, Sozialplan, Interessenausgleich, Tendenzbetriebe.

So fordert der Bundesgesetzgeber exemplarisch für die Kammern für Angelegenheiten der Kriegsopferversorgung, dass die ehrenamtlich Mitwirkenden mit dem Schwerbehindertenrecht vertraute Personen sein müssen (§§ 12 Abs. 4, 14 Abs. 4 Sozialgerichtsgesetz). Andernfalls könnten die ehrenamtlichen Richterinnen und Richter nicht in dem gebotenen Maße ihre gesetzlichen Amtsaufgaben erfüllen, die, von der gleichberechtigten Mitwirkung und Mitentscheidung sowohl bei der Tatsachenfeststellung als auch bei Klärung der Rechtsfragen geprägt sind.

Bei der Aus- und Fortbildung der ehrenamtlichen Richterinnen und Richter handelt es sich nicht um eine weitgehende „quasi-juristische Ausbildung“, sondern es werden die vorhandenen Fachkenntnisse durch notwendige Informationen über die einschlägigen materiell-rechtlichen Regelungen ergänzt.

Auch werden von den ehrenamtlichen Richterinnen und Richter nicht die Interessen der Verbände und Institutionen, für die sie stehen, vertreten. Vielmehr sind sie unabhängige und nur Gesetz und Recht unterworfene Mitinhaber der rechtsprechenden Gewalt.

Mit der Förderung von Rechts- und sonstigen Fachkenntnissen wird der Rechtsprechung des Bundesverfassungsgerichts Genüge getan, wonach der Schwerpunkt der Mitwirkung der ehrenamtlichen Richter gerade nicht einseitig in dem Einbringen von Lebenserfahrungen aus dem Sozialbereich, in dem die Rechtsstreitigkeiten wurzeln, liegt. Nach der höchstrichterlichen Rechtsprechung sollen sie mit gleichem Gewicht wie die Vorsitzenden die Rechtsfragen mitentscheiden.

Dies wird auch bei dem vom Rechnungshof angesprochenen Vergleich mit dem strafrechtlichen Bereich deutlich: im Gegensatz zum Strafrecht wirken die ehrenamtlichen Richter in der Arbeits- und Sozialgerichtsbarkeit gleichberechtigt an der Rechtsfindung mit. Sie haben die gleicher Rechte und Pflichten wie die Berufsrichter. Gerade hierfür ist neben ihren Erfahrungen aus der Arbeits- und Wirtschaftswelt auch ein Mindestumfang an Kenntnissen im materiellen Arbeits- und Sozialrecht sowie im Verfahrensrecht notwendig. Die Schöffen im Bereich Strafrecht beurteilen hingegen ausschließlich die Wahrheitsfindung.

Bemerkungen des Rechnungshofs	Stellungnahme der Landesregierung
Der Rechnungshof hat die finanzielle Förderung der Aus- und Fortbildung ehrenamtlicher Richter/innen gegenüber dem Ministerium beanstandet und empfohlen, sie einzustellen. Dabei ist er von folgenden Überlegungen ausgegangen: Die Beteiligung ehrenamtlicher Richter an der Rechtsprechung ist deutsche Rechtstradition. Sie soll im Interesse einer volksnahen und gegenwartsbezogenen Rechtsfindung in allen Gerichtszweigen bewirken, – allgemeine Lebenserfahrungen und unterschiedliche Sichtweisen weiter Bevölkerungskreise einzubringen. – auf diese Weise die Abgewogenheit der Urteilsfindung durch Berücksichtigen auch nichtjuristischer Beurteilungen und Wertungen zu fördern. – dadurch dem allgemeinen Verständnis für die Rechtsprechung zu dienen und so das Vertrauen des Volkes in die Rechtsprechung zu stärken. In der Arbeits- und Sozialgerichtsbarkeit kommt hinzu, dass die Beteiligung je zweier ehrenamtlicher Richter/innen aus entgegengesetzten Interessengruppen, zum Ausgleich der streitbefangenen Interessen innerhalb des jeweiligen Spruchkörpers beitragen soll. Weiter hat der Rechnungshof in seiner Prüfungsmitteilung ausgeführt: Der Grundgedanke des Laienelements in der richterlichen Praxis lässt eine juristische oder quasijuristische Aus- und Fortbildung, ehrenamtlicher Richter/innen nicht nur nicht angezeigt sein, er widerstreitet ihr sogar. Deshalb gibt es völlig zu Recht in keiner anderen Gerichtsbarkeit eine derartige Schulung und darauf ausgerichtete staatliche Förderung. Aber auch in der Arbeits- und Sozialgerichtsbarkeit fehlt es an einer sachlichen Veranlassung, Aus- und Fortbildung der in Rede stehenden Art staatlich zu fördern. Allein der Umstand, dass hier die ehrenamtlichen Richter/innen in der Lage sein sollen, die Interessen der Verbände und Institutionen, für die sie stehen, wirksam zu vertreten, rechtfertigt die staatliche Unterstützung nicht. Interessenvertretung ist von dem zu finanzieren, dessen Interessen vertreten werden.	Die staatliche Förderung, der Aus- und Fortbildung der ehrenamtlichen Richterinnen und Richter der Arbeits- und Sozialgerichtsbarkeit wird von der Rechtsordnung des Bundes als notwendig, angesehen (vgl. § 8 Buchst. a Gesetz über die Entschädigung der ehrenamtlichen Richter). Auch in der juristischen Literatur besteht über die Zweckmäßigkeit und Erforderlichkeit der Förderung von Rechtskenntnissen der ehrenamtlich an der Rechtssprechung der Arbeits- und Sozialgerichte Mitwirkenden Einigkeit. Über die Art und Weise der staatlichen Förderung der Aus- und Fortbildung, gibt es in der Verfahrensrechtsordnung keine zwingenden Gebote und Verbote. Die Einschätzung, es sei Aufgabe allein der Verbände, durch Schulung oder Auswahl für eine qualifizierte Besetzung zu sorgen, geht fehl. Zwar haben die Verbände das Vorschlagsrecht, jedoch obliegt dem Land als Träger der Gerichtsbarkeiten die Auswahl und Ernennung der Ehrenamtlichen. Somit ist das Land für eine qualitativ gute Besetzung der Kammern mit ehrenamtlichen Richterinnen und Richtern verantwortlich. Deshalb besteht auch erhebliches öffentliches Interesse an den Qualifizierungsmaßnahmen. Hinzu kommt als weiterer Gesichtspunkt, dass die ehrenamtlichen Richterinnen und Richter durch ihre qualifizierte Mitwirkung und ihre in den Gerichtsverfahren gewonnenen Erfahrungen auch außerhalb ihrer gerichtlichen Tätigkeit dazu beitragen können, Rechtsstreitigkeiten zu vermeiden, bzw. deren Zahl zu vermindern; die damit verbundene Entlastung der Gerichte liegt gerade auch im Interesse des Haushaltsgesetzgebers. Hinsichtlich der Aufwendungen ist die praktizierte 75 v. H.-Förderung der Schulungsarbeit der Verbände eindeutig die kostengünstigere Lösung. Da die Qualifizierung unabweisbar notwendig ist, müsste sie, würde eine Schulung durch die Verbände nicht erfolgen, durch eigene Schulungen des Landes sichergestellt werden, die dann den Landeshaushalt stärker belasten würden als die Fördermittel von derzeit rd. 56.000 DM für den Bereich beider Gerichtsbarkeiten. Schließlich ist anzumerken, dass wegen des öffentlichen Interesses auch in anderen Bundes-

Bemerkungen des Rechnungshofs	Stellungnahme der Landesregierung

Das gilt um so mehr, wenn wie hier kein Zweifel daran bestehen kann, dass die Aus- und Fortbildung, nicht unter dem Blickwinkel eines neutralen Vermittlers, sondern einseitig aus der Sicht des jeweils schulenden Verbandes geschieht. Inwieweit hierbei noch die notwendige Unvoreingenommenheit gewahrt bleiben kann, der durchaus auch ehrenamtliche Richter/innen der Arbeits- und Sozialgerichtsbarkeit verpflichtet sind, ist zusätzlich problematisch.

Das Ministerium hat dem Rechnungshof geantwortet:

Die Ehrenamtlichen in der Arbeits- und Sozialgerichtsbarkeit seien nicht mit den Laienrichtern in der Strafgerichtsbarkeit vergleichbar. Sie seien „Fachkundige“. Ihre fachliche Qualifikation werde vom Arbeitsgerichts- und Sozialgerichtsgesetz und durch das Gesetz über die Entschädigung der ehrenamtlichen Richter unmittelbar oder indirekt vorgegeben und durch die Rechtsprechung des Bundesverfassungs- und des Bundessozialgerichts unterstrichen.

Da die Schulungen „lediglich in Form der Anteilfinanzierung gefördert“ würden, sei „im Ergebnis u. a. auch sichergestellt, dass ein über den unmittelbaren Gerichts- und Rechtsprechungsnutzen hinausgehender Verbandsnutzen von den Verbänden auch selbst finanziert“ werde.

Unabhängig von diesen grundsätzlichen Ausführungen will das Ministerium

- auf eine Reduzierung der Mehrfachteilnehmer und eine rechtzeitige Vorlage der Verwendungsnachweise hinwirken und
- den schulenden Verbänden aufgeben, keine Mitarbeiter zu den geförderten Veranstaltungen zu entsenden.

Die Darlegungen des Ministeriums überzeugen den Rechnungshof nicht.

Tatsächlich wird bei ehrenamtlichen Arbeits- und Sozialrichtern eine gewisse Fachkunde vorausgesetzt. Doch bedeutet das noch nicht, dass damit das Laienelement gänzlich beseitigt wäre. Denn „Fachkunde“ heißt nicht einfach „Rechtskunde“. Anderenfalls nämlich wäre das ehrenamtliche Element neben dem Berufsrichter im Spruchkörper ohne Sinn. Mit Fachkunde der Ehrenamtlichen sind deshalb in erster Linie ihre Kenntnisse und Erfahrungen aus dem Berufsle-

Stellungnahme der Landesregierung:

ländern die qualifizierte Aus- und Fortbildung finanziell gefördert wird.

Bemerkungen des Rechnungshofs	Stellungnahme der Landesregierung
ben, aus der praktischen Arbeit mit der zu beurteilenden Materie, aus der Zusammenarbeit mit Betroffenen, Kollegen, Vorgesetzten und Interessenvertretungen innerhalb und außerhalb ihres Arbeitsfeldes gemeint. Dies alles soll in die Rechtsprechung einfließen. Eine quasijuristische Ausbildung ist auch nach den zitierten Entscheidungen des Bundesverfassungsgerichts nicht darunter zu verstehen. Die vom Ministerium genannten Vorschriften des Arbeitsgerichtsgesetzes, des Sozialgerichtsgesetzes und des Gesetzes über die Entschädigung ehrenamtlicher Richter geben dafür ebenfalls nichts her. Dass die ehrenamtlichen Richter/innen in der Arbeits- und Sozialgerichtsbarkeit die Rechtsfragen mit entscheiden, ist keine für sie geltende Besonderheit. Das tun die Schöffen im Strafprozess gleichermaßen. Wie auch immer man die Frage der Qualifikation ehrenamtlicher Richter letztlich aber beurteilen mag: Keine mögliche Antwort rechtfertigt die staatliche (Teil-)Finanzierung der Vermittlung von Rechtskunde. Sollten die vorschlagenden Organisationen bei den von ihnen zu benennenden Personen Qualifikationsdefizite feststellen, wäre es allein ihre Aufgabe, die Mängel durch Schulungen abzubauen oder eine andere Auswahl zu treffen. Nach alledem ist der Rechnungshof weiterhin der Auffassung, dass die Förderung eingestellt werden sollte.	

Anhang 6

Wahl der Mitglieder der Ausschüsse der ehrenamtlichen Richterinnen und Richter bei den Gerichten für Arbeitssachen

Runderlass des Hessischen Ministeriums der Justiz vom 12.2.2002 (JMBl. S. 181)

Nach den §§ 29 und 38 des Arbeitsgerichtsgesetzes ist bei jedem Arbeitsgericht mit mehr als einer Kammer und beim Landesarbeitsgericht ein Ausschuss der ehrenamtlichen Richterinnen und Richter zu bilden. Die Mitglieder des Ausschusses sind von den ehrenamtlichen Richterinnen und Richtern der Arbeitnehmer- und der Arbeitgeberseite in getrennter Wahl zu wählen. Für die Zusammensetzung dieser Ausschüsse und die Wahl ihrer Mitglieder wird nach Anhörung der in § 14 Abs. 5 des Arbeitsgerichtsgesetzes genannten Verbände Folgendes bestimmt:

1. Der Ausschuss besteht aus sechs ehrenamtlichen Richterinnen und Richtern, von denen drei der Arbeitnehmerseite und drei der Arbeitgeberseite angehören müssen.
2. Die Mitglieder des Ausschusses und ihre Stellvertreterinnen und Stellvertreter werden von den ehrenamtlichen Richterinnen und Richtern der Arbeitnehmer- und der Arbeitgeberseite in getrennter und schriftlicher Wahl gewählt.
3. Wahlberechtigt und wählbar sind die ehrenamtlichen Richterinnen und Richter, die am letzten Tag der Stimmabgabe bei dem Gericht im Amt sind.
4. Die Durchführung der Wahl obliegt dem Wahlvorstand. Der Wahlvorstand besteht aus der oder dem Vorsitzenden und zwei weiteren Mitgliedern. Vorsitzende oder Vorsitzender ist die Präsidentin oder der Präsident oder die Direktorin oder der Direktor des Gerichts; im Falle der Verhinderung tritt an die Stelle der oder des Vorsitzenden die Vertreterin oder der Vertreter im Amt. Als weitere Mitglieder gehören dem Wahlvorstand die jeweils am Sitz des Gerichts wohnhaften lebensältesten ehrenamtlichen Richterinnen bzw. Richter der Arbeitnehmer- und der Arbeitgeberseite an. Ihre Stellvertreterinnen oder Stellvertreter sind die beiden ihnen an Lebensjahren nachfolgenden ehrenamtlichen Richterinnen bzw. Richter aus dem jeweiligen Kreis, die am Sitz des Gerichts wohnen.
5. Für die Wahl im Wege der Briefwahl gelten die folgenden Bestimmungen:
   a) Die oder der Vorsitzende des Wahlvorstandes bestimmt spätestens acht Wochen vor dem Ende der Amtszeit des Ausschusses den letzten Tag der Stimmabgabe. Sie oder er unterrichtet unverzüglich auf dem Dienstweg die zuständige oberste Landesbehörde über den vorgesehenen Zeitablauf der einzelnen Wahlhandlungen und den letzten Tag der Stimmabgabe und erhält von dort unverzüglich eine Aufstellung der Namen und Anschriften der Gewerkschaften, Vereinigungen und Behörden, auf deren Vorschlag ehrenamtliche Richterinnen und Richter an das Gericht berufen worden sind. Die vorschlagenden Gewerkschaften und Vereinigungen können sich durch Regionalorganisationen vertreten lassen.
   b) Unverzüglich nach Eingang der Aufstellung unterrichtet die oder der Vorsitzende des Wahlvorstandes die darin genannten Gewerkschaften, Vereinigungen und Behörden über den vorgesehenen Zeitablauf der einzelnen Wahlhandlungen und den letzten Tag der Stimmabgabe. Zusammen mit der Unterrichtung gibt sie oder er ihnen unter Einräumung einer Frist von mindestens vier Wochen Gelegenheit, schriftliche Wahlvorschläge einzureichen.
   c) Die zuständige oberste Landesbehörde trägt dafür Sorge, dass ab dem Eingang der Unterrichtung über die bevorstehende Wahl bis zur Bekanntgabe des Wahlergebnisses keine Amtszeiten neu berufener ehrenamtlicher Richterinnen und Richter beginnen; sofern bei Eingang der Unterrichtung Wiederberufungen mit Amtszeitbeginn bis zum letzten Tag der Stimmabgabe noch ausstehen, wird die oder der Vorsitzende des Wahlvorstandes von erfolgten Wiederberu-

fungen rechtzeitig vor der Versendung der Liste nach Nr. 5 Buchst. d Doppelbuchst. aa unterrichtet.

d) Spätestens zehn Tage vor dem letzten Tag der Stimmabgabe müssen den Wahlberechtigten zugegangen sein:
   aa) eine Liste der bei dem Gericht am letzten Tag der Stimmabgabe im Amt befindlichen ehrenamtlichen Richterinnen und Richter aus dem jeweiligen Kreis und die zu ihm eingereichten schriftlichen Wahlvorschläge,
   bb) eine vorgedruckte, von der Wählerin oder dem Wähler abzugebende Erklärung, in der gegenüber dem Wahlvorstand versichert wird, dass sie oder er die Namen auf der übersandten Liste persönlich angekreuzt hat,
   cc) ein Wahlumschlag, der die Aufschrift des Wahlvorstandes trägt und auf dem der Vermerk „Briefwahl" angebracht ist,
   dd) ein freigemachter Umschlag mit der Anschrift des Gerichts und dem Hinweis, dass in diesem der verschlossene Wahlumschlag mit der Liste der ehrenamtlichen Richterinnen und Richter und die unterschriebene Erklärung über das persönliche Ankreuzen der Namen an das Gericht zurückzusenden sind (Nr. 5 Buchst. g),
   ee) die Bezeichnung des Tages, an dem die Stimmabgabe bei Gericht eingegangen sein muss (letzter Tag der Stimmabgabe),
   ff) eine Abschrift dieses Runderlasses.

e) Die oder der Vorsitzende des Wahlvorstandes hat die Aushändigung oder Übersendung der Unterlagen zu vermerken.

f) Jede oder jeder Wahlberechtigte hat drei Stimmen für die Wahl der Ausschussmitglieder. Die Stimmabgabe erfolgt in der Weise, dass auf der übersandten Liste bis zu drei Namen angekreuzt werden.

g) Die oder der Wahlberechtigte verschließt die Liste im Wahlumschlag und sendet den Wahlumschlag zusammen mit der unterschriebenen Erklärung über das persönliche Ankreuzen der Namen in dem nach Nr. 5 Buchst. d Doppelbuchst. dd übersandten Umschlag verschlossen an das Gericht zurück. Der Wahlumschlag darf weder Vermerke noch die Absenderanschrift enthalten.

h) Die oder der Vorsitzende des Wahlvorstandes entnimmt den bei Gericht eingegangenen Sendungen die Wahlumschläge und die Erklärungen über das persönliche Ankreuzen der Namen und bewahrt diese bis zur Stimmenauszählung verschlossen auf; sie oder er vermerkt den Eingang des Wahlumschlages und der unterschriebenen Erklärung über das persönliche Ankreuzen der Namen auf der Wählerliste. Innerhalb von drei Tagen nach Ablauf des letzten Tages der Stimmabgabe hat der Wahlvorstand die Stimmenauszählung vorzunehmen. Als Ausschussmitglieder sind diejenigen ehrenamtlichen Richterinnen und Richter gewählt, die innerhalb des jeweiligen Kreises die meisten Stimmen erhalten haben. Stellvertreterinnen und Stellvertreter sind die ehrenamtlichen Richterinnen und Richter mit den nächsthöchsten Stimmenzahl innerhalb des jeweiligen Kreises. Bei Stimmengleichheit sind die jeweils Älteren gewählt.

i) Die oder der Vorsitzende des Wahlvorstandes fertigt eine Niederschrift an, aus der der Gang der Wahlhandlung, die Beachtung der Förmlichkeiten, das Wahlergebnis mit Angabe der gewählten Mitglieder und ihrer Stellvertreterinnen und Stellvertreter sowie Beschlüsse des Wahlvorstandes über die Ungültigkeit abgegebener Stimmen ersichtlich sind. Die Niederschrift ist von den Mitgliedern des Wahlvorstandes zu unterzeichnen.

6. Die oder der Vorsitzende des Wahlvorstandes kann die Durchführung der Wahl im Wege der Wahlversammlung anordnen. Für die Vorbereitung der Wahl finden die Regelungen in Nr. 5 Buchst. a bis c entsprechende Anwendung. Zu den Wahlversammlungen sind die am letzten Tag der Stimmabgabe im Amt befindlichen ehrenamtlichen Richterinnen und Richter mindes-

tens zehn Tage vorher schriftlich zu laden. Für die Durchführung der Wahl gilt die Regelung in Nr. 2 entsprechend, wobei die Grundsätze eines demokratischen Wahlverfahrens zu beachten sind. Über die Wahlversammlung wird eine Niederschrift gefertigt, auf die Nr. 5 Buchst. i entsprechende Anwendung findet.

7. Die Amtszeit des Ausschusses beträgt fünf Jahre. Die Amtszeit beginnt mit dem letzten Tag der Stimmabgabe. Das Mitglied behält sein Amt im Ausschuss auch dann bei, wenn sein Amt als ehrenamtliche Richterin oder ehrenamtlicher Richter während der Amtszeit des Ausschusses endet, sofern sich seine weitere Berufung als ehrenamtliche Richterin oder ehrenamtlicher Richter innerhalb von sechs Monaten anschließt. In diesem Fall gilt das Mitglied in der Zeit zwischen dem Ausscheiden und der erneuten Berufung als verhindert.
8. Bei Verhinderung oder Ausscheiden eines Ausschussmitgliedes rückt die Stellvertreterin oder der Stellvertreter aus dem jeweiligen Kreis nach.
9. Das Wahlergebnis ist unverzüglich durch Übersendung der Niederschrift an die in der Aufstellung gemäß Nr. 5 Buchst. a genannten Gewerkschaften, Vereinigungen und Behörden und durch Aushang im Gericht bekannt zu geben sowie der zuständigen obersten Landesbehörde auf dem Dienstweg mitzuteilen. Außerdem sind die gewählten Mitglieder des Ausschusses unverzüglich über Ihre Wahl zu unterrichten.
10. Die Anfechtung der Wahl hat innerhalb von vier Wochen nach Aushang des Wahlergebnisses beim Wahlvorstand zu erfolgen. Über die Anfechtung entscheidet der Wahlvorstand endgültig.
11. Dieser Runderlass tritt mit Wirkung vom 1. Januar 2002 in Kraft und mit Ablauf des 31. Dezember 2006 außer Kraft. Der Runderlass vom 13. November 1991 (JMBl. S. 453) ist im Zuge der Erlassbereinigung mit Ablauf des 31. Dezember 2001 außer Kraft getreten.

Anhang 7

Zusammenfassung wesentlicher sozialversicherungs- und vermögensbildungsrechtlicher Fragen auf Grund der Tätigkeit als ehrenamtlicher Richter

I. Gesetzliche Krankenversicherung

A. Auswirkungen auf das Bestehen des Versicherungsschutzes

1. Bei **pflichtversicherten** ehrenamtlichen Richtern hat die jeweilige Unterbrechung der Weiterzahlung des Arbeitsentgelts bis zu einem Monat keine Auswirkungen auf die Mitgliedschaft bei einem Träger der gesetzlichen Krankenversicherung (§ 7 Abs. 3 SGB IV). Die Versicherung gilt als fortbestehend, Beiträge brauchen nicht gezahlt zu werden.
2. Wird die Beschäftigung gegen Arbeitsentgelt – z. B. durch unbezahlte Beurlaubung oder vorübergehende Betriebsruhe – länger als einen Monat unterbrochen, ist es zur Aufrechterhaltung des Versicherungsschutzes erforderlich, dass sich der ehrenamtliche Richter **freiwillig** weiterversichert. Auch soweit die Tätigkeit als ehrenamtlicher Richter zur Überschreitung dieses langen Unterbrechungszeitraums beigetragen hat, sind die Beiträge aus eigenen Mitteln zu bestreiten; sie werden durch die Entschädigung für Zeitversäumnis (§ 16 JVEG) mit abgegolten. Der Beitritt zur freiwilligen Versicherung muss der Krankenkasse binnen drei Monaten nach der Beendigung der Mitgliedschaft mitgeteilt werden (§ 9 Abs. 2 Nr. 1 SGB V).

   Soweit durch die Tätigkeit als ehrenamtlicher Richter bei einem aufgrund Überschreitung der Jahresarbeitsentgeltgrenze freiwillig Versicherten ein Verdienstausfall eintritt, hat er keinen Anspruch gegen seinen Arbeitgeber auf Zahlung des Beitragszuschusses zur gesetzlichen Krankenversicherung (§§ 257 Abs. 1 Satz 1, 250 Abs. 2 SGB V). Die Beiträge müssen aus eigenen Mitteln bestritten werden; sie werden durch die Entschädigung des Bruttoverdienstes (§ 18 Satz 1 JVEG) mit abgegolten.

B. Auswirkungen auf die Krankenversicherungsleistungen

1. Bei Fortbestehen des Versicherungsverhältnisses werden für ehrenamtliche Richter und ihre mitversicherten Familienangehörigen die gesetzlichen und satzungsmäßigen Sachleistungen ohne Einschränkung gewährt.
2. In der Regel wirkt sich die Unterbrechung der entgeltpflichtigen Beschäftigung durch die Ausübung des ehrenamtlichen Richteramtes nicht auf den Anspruch auf Krankengeld aus; bei der Berechnung des für die Bemessung des Krankengeldes maßgebenden Regelentgelts (§ 47 Abs. 1 SGB V) bleiben die durch die Tätigkeit bei einem Gericht entstehenden Fehlzeiten grundsätzlich unberücksichtigt.

II. Rentenversicherung

Wird das Arbeitsentgelt eines versicherungspflichtigen Arbeitnehmers infolge einer Tätigkeit als ehrenamtlicher Richter gemindert, so gilt auch der Unterschiedsbetrag zwischen dem tatsächlich erzielten Entgelt und dem Entgelt, das ohne die ehrenamtliche Tätigkeit erzielt worden wäre, als Bruttoarbeitsentgelt. Von diesem werden dann ebenfalls Beiträge abgezogen, so dass dem Arbeitnehmer aus seiner ehrenamtlichen Tätigkeit keine Nachteile für seine spätere Rente erwachsen können. Voraussetzung für ein derartiges Verfahren ist allerdings ein entsprechender Antrag des Arbeitnehmers beim Arbeitgeber, der nur für laufende und künftige Lohnberechnungszeiträume gestellt werden kann (§ 163 Abs. 3 SGB VI). Hat der Arbeitnehmer einen solchen Antrag gestellt, so führt der Arbeitgeber bis zur Beitragsbemessungsgrenze auch den Beitrag vom Unterschiedsbetrag ab. Der Versicherte muss sich den Beitrag in voller Höhe von seinem Nettoarbeitsentgelt abziehen lassen. Zum Ausgleich hat der ehrenamtliche Richter einen Entschädigungsanspruch gegen die

Staatskasse auf Auszahlung des Arbeitnehmer- und des Arbeitgeberanteils zum Rentenversicherungsbeitrag (§ 18 Satz 1 JVEG).

III. Gesetzliche Unfallversicherung

Für die ehrenamtlichen Richter besteht Unfallversicherungsschutz gegen Körperschäden kraft Gesetzes (§ 2 Abs. 1 Nr. 10 SGB VII). Sie erhalten über die Geldleistungen der gesetzlichen Unfallversicherung hinaus Mehrleistungen, soweit dies die Satzung bestimmt (§ 94 SGB VII).

Versicherungsfälle im Sinne der gesetzlichen Unfallversicherung sind u. a. auch die Wegeunfälle. Es handelt sich hierbei um Unfälle, die beim Zurücklegen des Weges nach und von dem Ort der versicherungsrechtlich geschützten Tätigkeit eintreten. Dabei muss ein Zusammenhang zwischen unmittelbarem Weg und Unfallereignis bestehen (§ 8 Abs. 2 SGB VII). Der Versicherungsschutz erlischt in der Regel (außer z. B. bei Übergabe von Kindern in fremde Obhut oder beim Bestehen von Fahrgemeinschaften), wenn der ehrenamtliche Richter von dem unmittelbaren Wege zwischen seiner Wohnung und dem Ort seiner Tätigkeit abweicht.

Unfälle (auch Wegeunfälle) müssen zur Vermeidung von Nachteilen unverzüglich dem Gericht, bei dem der ehrenamtliche Richter tätig ist, angezeigt werden.

Erleidet ein ehrenamtlicher Richter bei seiner beruflichen Tätigkeit einen Arbeitsunfall, so wirkt sich ein durch das Ehrenamt bedingter Verdienstausfall bei der Berechnung der Unfallrente nicht nachteilig aus.

IV. Vermögensbildung

Falls sich auf Grund einzelvertraglicher Regelung im Einzelfall infolge der ehrenamtlichen Richtertätigkeit die zusätzlichen vermögenswirksamen Leistungen des Arbeitgebers verringern sollten (§ 10 Abs. 1 Fünftes Vermögensbildungsgesetz), so kann der Arbeitnehmer schriftlich verlangen, dass der Arbeitgeber den zulagebegünstigten Jahreshöchstbetrag von 480 € aus dem Arbeitslohn auffüllt (§ 11 Fünftes Vermögensbildungsgesetz). Die Überweisung an das Unternehmen oder Institut ist vom Arbeitgeber vorzunehmen. Ein Verlust an Arbeitnehmersparzulage wird dadurch vermieden.

V. Weitere Auskünfte über Einzelheiten möglicher sozialversicherungsrechtlicher Folgen einer Unterbrechung der beruflichen Beschäftigung durch eine Tätigkeit als ehrenamtlicher Richter werden die Sozialversicherungsträger geben können.

Diese sind für die

Krankenversicherung die Träger der gesetzlichen Krankenversicherung (Allgemeine Ortskrankenkasse, Betriebskrankenkassen, Innungskrankenkassen, Ersatzkassen, See-Krankenkasse, Landwirtschaftliche Krankenkassen, Bundesknappschaft),

Rentenversicherung die Träger der gesetzlichen Rentenversicherung (Landesversicherungsanstalten, Bundesversicherungsanstalt für Angestellte, Bundesknappschaft, Seekasse, Bundesbahn-Versicherungsanstalt),

Unfallversicherung die Träger der gesetzlichen Unfallversicherung (die Unfallkassen der Länder und des Bundes hinsichtlich der ehrenamtlichen Tätigkeit, im Übrigen die Berufsgenossenschaften, die Gemeindeunfallversicherungsverbände und Unfallkassen der Gemeinden).

Über Einzelfragen zur Arbeitnehmer-Sparzulage informieren die Finanzämter.

Anhang 8

Originalwiedergabe einer Prozessakte erster Instanz

Aus Gründen des Datenschutzes sind die Namen der Parteien, Prozessbevollmächtigten, Zeugen, Richter und Urkundsbeamten abgedeckt worden.

Prüfungsakte: nein ja P - K - V

Arbeitsgericht Darmstadt

Kläg.	Bekl.
Prozessbevollm. Rechtsanwälte Vollmacht Bl. 4 (Gerichtskasten)	**Prozessbevollm.** Unternehmerverband (Gerichtskasten)

☐ PKH ☐ § 11a Bl.
☐ mit ☐ ohne Zahlungsbestimmung

☐ PKH ☐ § 11a Bl.
☐ mit ☐ ohne Zahlungsbestimmung

☐ Arbeitsentgelt
☐ Urlaub, Urlaubsentgelt
☒ Bestandsstreitigkeiten
☒ davon Kündigungen
☐ Zeugnis
☐ Schadenersatz
☐ Tarifl. Einstufungen
☒ Sonstiges
☐ Teil-Urteil Bl. 34-42
☐ Sonstiges Urteil Bl.
☐ Vergleich Bl.
☐ a. W.: Bl.

Termine

Gerichtstag:

Art	Datum	Uhrzeit
GT	25.01.02	11.00
KT	28.05.02	9.00

Dauer ☐ ☐ ☐ ☐ ☐
Mon. -1 -3 -6 -12 üb. 12

☐ **statistisch erfaßt**

Weggelegt	
Aufbewahren bis	

8 Ca 534/01

*Akt 7.1 Deckblatt Ca/Ga/Ha-Verfahren 19.04.2001

1

Notar

Rechtsanwalt am Oberlandesgericht

Rechtsanwalt am Landgericht

Frankfurt am Main

U – Bahnstation Grüneburgweg
Gerichtsfach

Telefon (069) -
Telefax (069) -

RAe. Frankfurt am Main

Arbeitsgericht Darmstadt
Steubenplatz 14

64239 Darmstadt

Unser Zeichen: 430/01
bei Antwort u. Zahlung bitte angeben
den 27. November 2001

KLAGE

des Reinigungsfacharbeiters Rüsselsheim,

- Kläger -

- **Prozeßbevollm.:** - RAe
Frankfurt am Main,

g e g e n

die Firma .
Rüsselsheim, gest. vertr. d. d. GF Herren ebenda,

- Beklagte -

wegen **Kündigung/Kündigungsschutz**

namens und in Vollmacht des Klägers – Prozeßvollmacht ist in begl. Ablichtung beigefügt – erheben wir hiermit Klage gegen die Beklagte.

Für den Kläger wird in einer anzuberaumenden mündlichen Verhandlung beantragt werden,

1. **festzustellen, daß das Arbeitsverhältnis der Parteien durch die am 22.11.2001 ausgesprochene und schriftlich zugestellte fristlose – hilfsweise ordentliche Kündigung zum 31.07.2002 – nicht beendet wird,**

2. **die Klägerin zu verurteilen, den Kläger zu den bisher bestehenden Bedingungen weiter zu beschäftigen.**

Frankfurter Sparkasse (BLZ 500 502 01) Kto. Nr. · Postbank Frankfurt am Main (BLZ 500 100 60) Kto. Nr.

2 G 534/01

2

2

Begründung

Der Kläger ist seit 03.05.1975 bei der Beklagten als Reinigungsfachkraft beschäftigt. Vereinbart ist eine Wochenarbeitszeit von 39 Stunden, der derzeitige Stundenlohn beträgt DM 23,00, der Nettoverdienst des Klägers stellte sich zuletzt auf ca. DM 2.700,00.

Zu den Sozialdaten des Klägers ist weiter vorzutragen, daß er die marokkanische Staatsangehörigkeit besitzt. Seine Ehefrau ist nicht berufstätig, im Haushalt des Klägers sind 5 minderjährige Kinder vorhanden und zu versorgen.

Am Abend des 22.11.2001, d.h. am Schluß der Arbeitszeit, wurde dem Kläger durch einen der beiden Geschäftsführer der Beklagten, Herr ,erklärt, man kündige ihm fristlos. Übergeben wurde dann ein Schriftstück, mit dem das Arbeitsverhältnis mit sofortiger Wirkung gekündigt und hilfsweise eine ordentliche Kündigung zum 31.07.2002 ausgesprochen wird.

Beweis: Das Kündigungsschreiben vom 22.11.2001

Mündlich wurde dem Kläger weiter erklärt, er habe beim Kunden, dem Restaurant in Rüsselsheim, , angeblich „Schwarzarbeit" während der normalen Arbeitszeit verrichtet und für eine Außenreinigungstätigkeit „Geld verlangt und erhalten".

Diese Behauptungen sind absolut unzutreffend. Die Lokalität kennt der Kläger zwar aus einem Arbeitseinsatz vor ca. 3 Monaten, er hat aber dabei nie irgendwelche Zusatzarbeiten verrichtet und auch ebenso wenig irgendwelche Gelder für sog. Schwarzarbeit erhalten.

Beweis: Unter Verwahrung gegen die Beweislast erforderlichenfalls Vernehmung der Inhaber dieses Lokals

Dem Kläger ist auch völlig unbekannt, welchen jedenfalls falschen Informationen die Beklagte im Zusammenhang mit dem Vorwurf gegenüber dem Kläger, diese Tätigkeiten ausgeführt und dafür Zahlungen erhalten zu haben, aufgesessen ist.

Die Beklagte hatte jedenfalls weder einen persönlichen noch einen sonstigen und auch nur betriebsbedingten Anlaß, gegenüber dem Kläger eine Kündigung und dabei insbesondere eine fristlose Kündigung auszusprechen.

3

3

Der Kläger ist zwar derzeit Arbeitsunfähig erkrankt, er bittet der Beklagten allerdings weiter seine Arbeitskraft mit Wiederherstellung seiner Gesundheit an. Die Beklagte hat sich dazu bislang nicht erklärt.

Bei dem Verhalten der Beklagten ist für den Kläger jetzt Klage geboten.

Rechtsanwalt

Anlagen
1. *Vollmacht in begl. Ablichtung*
2. *Ablichtung Kündigungsschreiben 22.11.2001*

Anhang 8

Beglaubigte Abschrift

4

VOLLMACHT

Den Herren Rechtsanwälten

, Notar

Frankfurt am Main,

wird hiermit zur - Führung des Rechtsstreits - Verteidigung - Vertretung -

in Sachen

Rüsselsheim

gegen/betreffend TA.

in

wegen Kündigung / Anspr. aus Arbeitsverhältnis

Vollmacht gemäß §§ 81 ff. ZPO und §§ 302,374 StPO mit den folgenden Befugnissen erteilt:

1. Vertretung und Verteidigung in Bußgeldsachen und Strafsachen in allen Instanzen,auch als Nebenkläger (gemäß § 411 II,bei ausdrücklicher Ermächtigung nach §§ 233 I und 234 StPO), auch für Fälle der Abwesenheit.
2. Alle zulässigen Anträge und Strafanträge zu stellen bzw. zurückzunehmen sowie Zustimmung gemäß §§ 153 und 153a StPO zu erteilen.
3. Entschädigungsanträge nach dem StrEG zu stellen.
4. Empfangnahme von Geld, Wertsachen und Urkunden (insbesondere auch des Streitgegenstandes), sowie der von der Justizkasse, vom Gegener oder anderen zu erstattenden Kosten und zur Verfügung darüber.
5. Einlegung und Rücknahme von Rechtsmitteln, oder Verzicht auf solche und Vor- bzw. Entgegennahme aller Zustellungen, Erklärungen und Ladungen gemäß § 145 III StPO.
6. Erledigung des Rechtsstreits durch Vergleich, Verzicht oder Anerkenntnis.
7. Vertretung vor den Familiengerichten gemäß § 78 Abs. 1, Satz 2 ZPO in Scheidungs- und allen Folgesachen.
8. Erhebung oder Rücknahme von Widerklagen, auch in Ehesachen.
9. Vertretung in Vergleichs-/Konkursverfahren über Vermögen des Gegners und Freigabeprozessen sowie als Nebenintervenient.
10. Alle Neben- und Folgeverfahren, (z.B. Arrest und einstweilige Verfügung, Kostenfestsetzung, Zwangsvollstreckung einschließlich der aus ihr erwachsenden besonderen Verfahren, Zwangsversteigerung, Zwangsverwaltung und Hinterlegungsverfahren usw.) durchzuführen.
11. Außergerichtliche Verhandlungen zu führen bzw. Vergleiche zur Vermeidung eines Rechtsstreits abzuschließen, auch in Unfallsachen zur Geltendmachung von Ansprüchen gegen Schädiger, Fahrzeughalter und Versicherer, sowie Vereinbarungen in Ehesachen und Folgesachen zu treffen.
12. Abgabe von Willenserklärungen.

Die Bevollmächtigten sind von den Beschränkungen des § 181 BGB befreit und ermächtigt, die Vollmacht ganz oder teilweise auf andere zu übertragen.

Frankfurt am Main, den 26.11.07

Beglaubigt

Rechtsanwalt

PR.Nr. .

5

Glas-, Gebäude-, Fußbodenreinigung

seit 1924

Rüsselsheim

Rüsselsheim
Rüsselsheim

Herr

Telefon (0 61 42)
Telefax (0 61 42)
E-Mail:

Rüsselsheim

Ihr Zeichen	Ihre Nachricht vom	Unser Zeichen	Datum
		RM/VK	22. November 2001

Fristlose Kündigung

Sehr geehrter Herr ,

das mit Ihnen bestehende Arbeitsverhältnis kündigen wir mit sofortiger Wirkung.

Rein vorsorglich sprechen wir gleichzeitig eine ordentliche Kündigung zum 31.Juli 2002 aus.

Mit freundlichen Grüßen

Geschäftsführer

Bankkonten:

Geschäftsführer: · Handelsregister Rüsselsheim HRB · Erfüllungsort und Gerichtsstand für beide Teile: Rüsselsheim

Arbeitsgericht Darmstadt

6

Aktenzeichen: 8 Ca 534/01

(Bitte stets angeben)

Beschluss

In dem Rechtsstreit pp. wird **Gütetermin** anberaumt auf

Wochentag und Datum	Uhrzeit	Raum	Gerichtstag
Freitag 25.01.2002	11:00	5/6/7	

Es wird angeordnet:

☒ A) D. Beklagten wird zur Vorbereitung der Verhandlung aufgegeben, zur Klage **unverzüglich** schriftlich in **zweifacher** Ausfertigung Stellung zu nehmen und gegebenenfalls für die Behauptungen Beweis anzutreten.

☒ B) Das persönliche Erscheinen d.

☒ Kläg. ☒ GF d. Bekl.

☐ Bekl. zu ☐

☐

zur Herbeiführung einer gütlichen Einigung sowie zur Aufklärung des Sachverhalts.

☐ C) Die Ladung eines Dolmetschers für folgende Sprache(n):

☐ ☐

☐ D)

z. T. / Wv:

Verfügung

1. ☒ **Parteien** bzw. **Vertreter** laden (Vordruck Lad 1) mit Nachricht über Anordnung(en) im Beschluss

   ☒ **Klägerin/Kläger** zu
   ☒ formlos ☐ mit ZU ☐ mit EB

   ☒ **Kläg.-Vertr.** zu
   ☒ formlos ☐ mit EB ☐ mit ZU

   ☒ **Beklagte/Beklagter** zu
   ☒ mit ZU ☐ mit EB ☐ formlos
   ☒ und begl. Klage- /Schriftsatz-Abschrift Bl.

   ☐ **Bekl.-Vertr.** zu
   ☐ mit EB ☐ mit ZU ☐ formlos
   ☐ und begl. Klage- /Schriftsatz-Abschrift Bl.

   ☐
   ☐ mit ZU ☐ mit EB ☐ formlos

2. ☐ Terminsnachricht (AV 1.4) an Streitverkündeten mit ZU und begl. Klage- bzw. Schriftsatz-Abschrift Bl.
   ☐ Auf ZU für Bekl. vermerken: „Ersatzzustellung an

   ist unzulässig."

3. ☒ **Persönlich** laden (Vordruck Lad. 4) - wie unter B) angeordnet -

4. ☐ **Dolmetscher** laden (Vordruck Lad 6)

5. ☐

6. ☒ Kalender

7. ☒ z.T. / zur Frist

D. Vorsitzende

... 2001 [Unterschrift]

Datum Unterschrift

D. Urkundsbeamt. d. Geschäftsstelle

12. Dez. 2001 [Unterschrift]

Datum Unterschrift

Erledigungsvermerke

zu 1.: 2 Lad 1
2 begl. Klage-/Schriftsatz-Abschrift
1 ZU
1 EB

zu 2.: AV 1.4
begl. Klage-/Schriftsatz-Abschrift
ZU mit Hinweis

zu 3.: 2 Lad 4

zu 4.: Lad 6

zu 5.: ____________

... Dez. 20..

gef. und ab: ____ 6

***T-Best 1** Terminsbestimmung Gütetermin 10.10.2000

Postzustellungsurkunde

1.1 Aktenzeichen/Geschäftsnummer

8 Ca 534/01 Lad 1, Lad 4

1.2 Kurze Bezeichnung d. Schriftst.: Klageabschrift vom 27.11.2001

Ladung zum 25.01.2002 11:00

Gütetermin

Arbeitsgericht Darmstadt
Eing 21. Dez. 2001
Kopien
Anlagen

7

1.3 Empfänger Firma

Rüsselsheim

A Zustellung durch Übergabe oder Zurücklassen nach Annahmeverweigerung

Die mit obiger Anschrift *(1.3)* und Geschäftsnummer *(1.1)* versehene Sendung (verschlossenes Schriftstück) habe ich in meiner Eigenschaft als Postbediensteter zugestellt.

2 Art der Zustellung	*bei Einzelperson, Einzelfirma, Rechtsanwalt usw.*	*Persönliche Zustellung*	2.1 ☐	Ich habe die Sendung dem Empfänger/Inhaber der Einzelfirma persönlich *(3.1 oder 3.2)*,
		Ersatzzustellung im Geschäftslokal	2.2 ☐	Ich habe den Empfänger/Inhaber der Einzelfirma selbst im Geschäftslokal nicht angetroffen. Daher habe ich die Sendung dort dem Bediensteten *(3.2)*
		Ersatzzustellung in der Wohnung	2.3 ☐	Ich habe den Empfänger/Inhaber der Einzelfirma selbst in der Wohnung nicht angetroffen. Daher habe ich die Sendung dort dem zu seiner Familie gehörenden erwachsenen Hausgenossen/im Dienst der Familie stehenden Erwachsenen *(3.2)*
		Ersatzzustellung an den Hauswirt/Vermieter	2.4 ☐	Ich habe in der Wohnung weder den Empfänger/Inhaber der Einzelfirma selbst noch einen zu seiner Familie gehörenden erwachsenen Hausgenossen oder einen im Dienst der Familie stehenden Erwachsenen angetroffen. Daher habe ich die Sendung dem im selben Haus wohnenden und zur Annahme bereiten Hauswirt/Vermieter *(3.2)*
	bei juristischer Person, Behörde, Gesellschaft, Gemeinschaft (Vereinigung)	*Persönliche Zustellung*	2.5 ☐	Ich habe die Sendung einem Vertretungsberechtigten (gesetzlichen Vertreter /Vorsteher) persönlich *(3.1 oder 3.2)*,
		Ersatzzustellung im Geschäftslokal	2.6 ☒	Ich habe während der gewöhnlichen Geschäftsstunden das Geschäftslokal *(4.1 oder 4.2)* aufgesucht und dort keinen Vertretungsberechtigten (gesetzlichen Vertreter/Vorsteher) erreicht. Daher habe ich die Sendung dort dem Bediensteten *(3.2)*
		Ersatzzustellung in der Wohnung	2.7 ☐	Ein besonderes Geschäftslokal ist nicht vorhanden. In der Wohnung *(4.1 oder 4.2)* des in der Anschrift *(1.3)* bezeichneten Vertretungsberechtigten (gesetzlichen Vertreters/Vorstehers) — 2.8 des Vertretungsberechtigten (gesetzlichen Vertreters/Vorstehers) Herrn/Frau/Frl. *(Vorname, Name)* — habe ich diesen nicht angetroffen. Daher habe ich die Sendung dort dem zu seiner Familie gehörenden erwachsenen Hausgenossen/im Dienst der Familie stehenden Erwachsenen *(3.2)*
		Ersatzzustellung an den Hauswirt/Vermieter	2.9 ☐	Ein besonderes Geschäftslokal ist nicht vorhanden. In der Wohnung *(4.1 oder 4.2)* des in der Anschrift *(1.3)* bezeichneten Vertretungsberechtigten (gesetzlichen Vertreters/Vorstehers) — 2.10 des Vertretungsberechtigten (gesetzlichen Vertreters/Vorstehers) Herrn/Frau/Frl. *(Vorname, Name)* — habe ich weder diesen noch einen zu seiner Familie gehörenden erwachsenen Hausgenossen oder einen im Dienst der Familie stehenden Erwachsenen angetroffen. Daher habe ich die Sendung dem im selben Haus wohnenden und zur Annahme bereiten Hauswirt/Vermieter *(3.2)*

3 *Person, der die Sendung übergeben/bei der sie zurückgelassen wurde*	3.1 ☐	und zwar dem in der Anschrift *(1.3)* namentlich bezeichneten Einzelempfänger/Vertretungsberechtigten	3.2	Herrn /Frau/Frl. *(Vorname, Name)*
4 *Ort der Zustellung*	4.1 ☒	unter der Zustellanschrift (Straße, Hausnummer, Postleitzahl, Ort, Zustellamtsnummer) – wie in *1.3* –	4.2	an folgendem Ort – soweit von *1.3* abweichend – *(Straße und Hausnummer)* *(ggf.: Postleitzahl, Ort, Zustellamtsnummer)*
5 *Form der Zustellung*	5.1 ☒	übergeben.	5.2 ☐	zu übergeben versucht. Da er die Annahme verweigerte, habe ich die Sendung am Ort der Zustellung zurückgelassen. ***(Nicht bei 2.4, 2.9, 2.10)***

Den Tag der Zustellung, ggf. mit Uhrzeit, habe ich auf der Sendung vermerkt.
Die Zustellung habe ich ausgeführt

6 *Zeit der Zustellung, Unterschrift (zu A)*	6.1 *Datum* am 18.12.01	6.2 *Auf Verlangen Uhrzeit* um . Uhr.	6.3 *Unterschrift des Zustellers*

Zust. 1 Postzustellungsurkunde -8.84- 911 013 097-2

Anhang 8

8

Notar

Frankfurt am Main

Rechtsanwalt am Oberlandesgericht

U - Bahnstation Grüneburgweg
Gerichtsfach
Telefon 069 -
Telefax 069 -

Rechtsanwalt am Landgericht

Rae. Frankfurt

Arbeitsgericht Darmstadt
-8. Kammer-
Steubenplatz 14

64293 Darmstadt

Arbeitsgericht
Darmstadt
Eing.: 24. Dez. 2001
Kopien 2
Anlagen

Unser Zeichen: **-430/01**
bei Antwort u. Zahlung bitte angeben

den 20.12.2001

In dem Rechtsstreit

RA. , Ffm.,

gegen

8 Ca 534/01

bleibt mitzuteilen, dass für den Kläger ein Dolmetscher erforderlich ist.
Der Kläger ist Berber.

Rechtsanwalt

V.
1. [illegible]
2. z.T.
27.12.01
[illegible]

Frankfurter Sparkasse (BLZ 500 502 01) Kto.-Nr. · Postbank Frankfurt am Main (BLZ 500 100 60) Kto.-Nr.

9

Unternehmerverband

Darmstadt

Darmstadt

Arbeitsgericht Darmstadt
Steubenplatz 14

64293 Darmstadt

Arbeitsgericht
Darmstadt
Eing.: 31. Dez. 2001
Kopien 2
Anlagen

WIR
unternehmen
WAS!

27. Dez. 2001
st

In Sachen

./.

- 8 Ca 534/01 –

zeigen wir an, daß wir die Beklagte vertreten.

Wir beantragen,

die Klage abzuweisen.

Vfg.
1. Abschrift dem Kläger - ~~Beklagten~~ - Vertreter
übersenden / ~~zustellen~~.................................
2. Zum Termin ....
Darmstadt, den 4.1.02
D. Vorsitzende:

Der ~~Prozess~~bevollmächtigte

Ab an Kl. V.

Geschäftsführung
tel. 06151 -
fax 06151 -

Rechtsabteilung
tel. 06151 -
fax 06151 -

Öffentlichkeitsarbeit
tel. 06151 -
fax 06151 -

Bankverbindung
Dresdner Bank Darmstadt
BLZ 508 800 50
Konto

Anhang 8

Öffentliche Sitzung
des Arbeitsgerichts Darmstadt

Aktenzeichen: 8 Ca 534/01

(Bitte stets angeben)

Ort, Datum
Darmstadt, den 25.01.2002

10

Vorsitzender	**Richter am Arbeitsgericht**
Urkundsbeamtin der Geschäftsstelle	**./.** **(Von der Hinzuziehung wurde abgesehen)**
Dolmetscher (in)	**Herr** unter Bezugnahme auf den allgemein geleisteten Dolmetschereid

In dem Rechtsstreit

Rüsselsheim — Kläger

Prozessbevollmächtigt.: **Rechtsanwälte** **Frankfurt** — Geschäftszeichen

gegen

Rüsselsheim — Beklagte

Prozessbevollmächtigt.: **Herren** **Unternehmerverband** **Darmstadt** — Geschäftszeichen

gef. und zur Post ab am 25. Jan. 2002

erschien(en) bei Aufruf zur Güteverhandlung

1. d. Kläg. und RA

2. für d. Bekl. deren Personalleiterin und Herr vom Arbeitgeberverband

Es fand eine Güteverhandlung statt.
Die Sach- und Rechtslage wurde im Sinne des § 31 Abs. 1 Nr. 4 BRAGO erörtert.

Die Güteverhandlung blieb erfolglos.

B. u. v.

Kammertermin wird bestimmt auf

Dienstag, den 28. Mai 2002, 9.00 Uhr.

1. Das persönliche Erscheinen des Klägers sowie des Geschäftsführers der Beklagten wird zum Zwecke der Sachaufklärung und zur Herbeiführung einer gütlichen Einigung angeordnet.

2. Als Dolmetscher soll erneut Herr zum Termin geladen werden.

3. Der Beklagten wird aufgegeben, abschließend und unter Beweisantritt bis 22. Februar 2002 auf die Klage zu erwidern, insbesondere die Kündigungsgründe sowie die Einhaltung der Zweiwochenfrist zum Ausspruch der Kündigung substantiiert vorzutragen.

4. Dem Kläger bleibt nachgelassen, seinerseits abschließend und unter Beweisantritt bis 28. März 2002 hierauf zu erwidern.

€ Prot 1 Verhandlungsprotokoll Gütetermin 28.01.2002

11

Es wurde darauf hingewiesen, dass Vortrag nach Fristablauf als verspätet zurückgewiesen werden kann.

Der Dolmetscher wurde um 11.13 Uhr entlassen.

Richter am Arbeitsgericht

Angestellte
Urkundsbeamtin der Geschäftsstelle
für die Richtigkeit der Übertragung vom Tonträger

Anhang 8

12

Unternehmerverband

Darmstadt

Arbeitsgericht Darmstadt
Steubenplatz 14

64293 Darmstadt

Darmstadt

WIR unternehmen WAS!

Arbeitsgericht Darmstadt
Eing.: 29. Jan. 2002
Kopien: 2
Anlagen: —

28. Jan. 2002
/st

In Sachen

./.

- 8 Ca 534/01 -

begründen wir unseren Klageabweisungsantrag wie folgt:

Die außerordentliche Kündigung vom 22.11.2001 ist gerechtfertigt, da im Verhalten des Klägers ein wichtiger Grund im Sinne des § 626 BGB gesehen werden muss, der der Beklagten ein weiteres Festhalten am Arbeitsverhältnis – auch nur bis zum Ablauf der ordentlichen Kündigungsfrist – unzumutbar macht.

Hilfsweise wurde das Arbeitsverhältnis ordnungsgemäß aufgekündigt.

Der am 01.01.1942 geborene Kläger war seit 03.05.1975 bei der Beklagten als Reinigungskraft beschäftigt.

Im September 2001 besuchte Herr V P , ebenfalls ein ehemaliger Mitarbeiter der Beklagten, das thailändische Restaurant , das sich durch die Geschäftsführerin, Frau , geleitet wird.

Geschäftsführung	Rechtsabteilung	Öffentlichkeitsarbeit	Bankverbindung
tel. 06151 -	tel. 06151 -	tel. 06151 -	Dresdner Bank Darmstadt
fax 06151 -	fax 06151 -	fax 06151 -	BLZ 508 800 50
			Konto

V

1. ∅ an Kl.V.

2. z.T.

31.1.02

∅ an Kl.V.

31. Jan. 2002

Anhang 8

2 13

Herr P hat bereits in der Vergangenheit als Arbeitnehmer der Beklagten Glasreinigungsarbeiten an der Außenfassade des Restaurants durchgeführt.

In einem Gespräch mit der Geschäftsführerin Frau erklärte der Herr P , es gebe einen ehemaligen Mitarbeiter der Beklagten, der derzeit massiv Kunden abwirbt. Er habe den Auftrag, die bisherigen Kundenkontakte zu pflegen und anzufragen, inwieweit aktuell Reinigungsbedarf besteht. Zum Zweck der Terminsabsprache nannte Herr P dabei eine Telefonnummer zur Terminsabsprache.

Beweis: Frau , zu laden über die Beklagte

Als in dem Restaurant wieder Reinigungsarbeiten erforderlich waren, rief Frau Herrn P an und vereinbarte einen Termin für den 26. Oktober. Am gleichen Tage startete Frau in einen mehrwöchigen USA-Urlaub.

Am 26.10.2001 wurden keine Reinigungsarbeiten durchgeführt. Erst am 27.10.2001 erschienen Herr P und eine weitere Person zu Reinigungstätigkeiten. Vom Küchenpersonal wurden diese Reinigungstätigkeiten überwacht. Es wurde dabei festgestellt, dass Herr P anwesend war und die weitere Person wurde als großer, schlanker älterer Mann beschrieben.

Nachdem Frau am 07.11.2001 aus den USA zurückkam wurde sie von den eigenen Mitarbeitern darüber informiert, dass die Reinigungstätigkeiten durchgeführt haben lassen.

In der 46. Kalenderwoche erschien wiederum die Begleitperson von Herrn P im Restaurant und forderte mit Nachdruck Bezahlung der Reinigungstätigkeiten. Da die Mitarbeiter des Restaurant keine Berechtigung haben, irgendwelche Zahlungen zu leisten, verwiesen sie darauf, dass hier zunächst Rücksprache mit der Geschäftsführerin geführt werden muss.

3 14

Einige Tage später erreichte ein telefonischer Anruf der Begleitperson von Herrn P , Frau . Hier forderte die Begleitperson nochmals mit Nachdruck Barzahlung für die Reinigungstätigkeiten.

Beweis: Frau , b.b.

Frau erstaunte dies, da es bislang üblich war, dass die Beklagte ihre Reinigungstätigkeit in Rechnung gestellt hatte. Aus diesem Grund rief sie die Geschäftsleitung der , Herrn , an und bat um Klärung der Angelegenheit. Hier stellte sich heraus, dass bei der Beklagten kein Reinigungsauftrag für das Restaurant vorlag. Bei der Begleitperson von Herrn P konnte es sich aus eigenen Reihen nur um den Kläger handeln, da das Unternehmen keinen von der Gestalt vergleichbaren Mitarbeiter beschäftigt.

Zur Klärung des Sachverhalts wurde ein Termin sowohl mit Herrn P als auch mit dem Kläger für den 22.11.2001 vereinbart.

Zunächst wurde ein Gespräch mit Herrn V P und dem Geschäftsführer, Herrn sowie dem Bereichsleiter, Herrn geführt. Auf den Vorhalt erklärte Herr P , dass er versucht habe, hier einen kleinen Nebenverdienst zu erzielen, dass es ihm leid tue und dass er einsieht, dass er hier falsch gehandelt hat. Angesprochen auf die Frage, wer die Begleitperson war, antworte Herr P , dass es sich hierbei um Herrn handelte.

Beweis, dass der Kläger die Begleitperson von Herrn P bei den Reinigungsarbeiten war:

Beweis:
1. Herr V P , ladungsfähige Anschrift wird nachgereicht
2. Die ladungsfähigen Anschriften des Küchenpersonals der Beklagten zwecks Gegenüberstellung mit dem Kläger werden nachgereicht.

4 15

Als zweites wurde sodann der Kläger zum Vorfall angehört, während Herr P in einem Vorraum wartete.

Angesprochen auf den Vorfall am 27.10.2001 im Restaurant bestritt der Kläger dies. Daraufhin suchten Herr und Herr nochmals Herrn P auf und befragten ihn nochmals, ob es tatsächlich Herr war, der ihn anlässlich der Reinigungstätigkeit im Restaurant am 27.10.2001 unterstützt hatte. Dies wurde nochmals von Herrn P bestätigt.

Beweis: Zeugnis von Herrn V P , b.b.

Nochmals den Kläger auf diesen Vorfall angesprochen, bestritt der Kläger weiterhin Reinigungstätigkeiten durchgeführt zu haben.

In Anbetracht der Aussage des Küchenpersonals und der Aussage von Herrn P ist davon auszugehen, dass der Kläger Konkurrenztätigkeiten bei Kunden der Beklagten durchgeführt hat. In Anbetracht dessen ist es der Beklagten unzumutbar, das Arbeitsverhältnis – auch nur bis zum Ablauf der entsprechend langen Kündigungsfrist – aufrecht zu erhalten.

Auch in Anbetracht der langen Betriebszugehörigkeit des Klägers ist das Interesse der Beklagten an der Beendigung des Arbeitsverhältnis höher zu bewerten, da eine Konkurrenztätigkeit den eigentlichen Geschäftsbetrieb tangiert. Es ist somit ein unmittelbarer Vertauensbereich betroffen. Der Kläger konnte nicht davon ausgehen, dass die Beklagte diese Konkurrenztätigkeit sanktionslos hinnimmt.

5

16

Das Arbeitsverhältnis sowohl von Herrn P als auch des Klägers wurden mit Schreiben vom 22.11.2001 außerordentlich, hilfsweise ordentlich aufgekündigt.

Der Prozessbevollmächtigte

Anhang 8

Arbeitsgericht Unterbeleg Nr. 67

Darmstadt

Aktenzeichen: 8 Ca 534/01

Ersuchende Behörde

Dort. Aktenzeichen

Arbeitsgericht Darmstadt
Eing.: 13. Feb. 2002
Kopien:
Anlagen

Berechnung

der Entschädigung von Zeugen, Sachverständigen ~~und Dolmetschern~~

in dem Rechtsstreit ./.

Termin am 25.01.2002

1	2	3		4					5	6
Name Beruf Wohnort Beschäftigungsort	Zeitpunkt des Termins und der Entlassung	Einf. Entfernung v. Wohn- bzw. Besch. Ort: PKW km	Öff. Verk.-Mittel km	Berechnung: Verdienst-ausfall € ~~DM~~	Reiseent-schädigung € DM	Aufwand DM	Über-nachtung DM	Sonst. Ausl. / Mwst. DM	Gesamt-betrag € ~~DM~~	Unterschrift als Quittung und als Versicherung über die Richtigkeit der Angaben
Familienname Vorname: Dolmetscher Beruf Wohnort Beschäftigungsort Abwesenheit vom Wohn- bzw. Beschäftigungsort: Abfahrt: 10³⁰ Uhr Rückkehr: 11⁴³ Uhr	11.00 11.13	25	–	72,– 2 Std à 36,– €	13,50 50 km PKW à 0,27 €	–	–	–	85,50	Kreissparkasse GG Konto 11 BLZ: 508 525 53
Familienname Vorname Beruf Wohnort Beschäftigungsort Abwesenheit vom Wohn- bzw. Beschäftigungsort: Abfahrt: Uhr Rückkehr: Uhr										

Insgesamt 85,50 €

Aufgestellt am 3. ... und Durchschrift der Berechnung zu den Akten genommen.

D. ~~Zeug.~~ — ~~Sachverständ.~~ — Dolmetsch. ~~hat~~ — ~~haben~~ einen Vorschuß nicht erhalten.

~~OInsp. — Amtmann — Amtsrat~~ — Ang.

D. ~~Zeug.~~ — ~~Sachverständ.~~ — Dolmetsch. ist — ~~sind~~ bestimmungsgemäß zu entschädigen.

Richter(in)

Ausgezahlt: —

Sachlich und rechnerisch richtig

~~OInsp. — Amtmann — Amtsrat~~ — Ang.

Kost 6 Berechnung der Entschädigung von Zeugen pp.
JVA Darmstadt 04.76

angewiesen am 11. FEB. 2002

18

Rechtsanwalt am Oberlandesgericht

Notar

Rechtsanwalt am Landgericht

Frankfurt am Main

U - Bahnstation Grüneburgweg
Gerichtsfach
Telefon 069 -
Telefax 069 -

Rae. Frankfurt

Arbeitsgericht Darmstadt
Steubenplatz 14

64293 Darmstadt

Unser Zeichen: -**430/01**
bei Antwort u. Zahlung bitte angeben
den 19.02.2002

Arbeitsgericht
Darmstadt
Eing.: 22. Feb. 2002
Kopien: 2
Anlagen: —

In dem Rechtsstreit

RAe /Ffm.

gegen

Firma

Unternehmerverband

8 Ca 534/01

wird für den Kläger im Wege der Klageerweiterung in der anstehenden mündlichen Verhandlung neben den bereits angekündigten Anträgen folgender weiterer Sachantrag verlesen werden:

2. Die Beklagte zu verurteilen, an den Kläger

a) für restlichen Arbeitslohn aus Monat November 2001 DM 90,00 (EUR 46,02) nebst 5 % Zinsen über Basiszinssatz seit 15.12.01,

b) für Arbeitslohn aus dem Monat Dezember 2001 DM 3.690,36 (EUR 1.886,85) nebst 5 % Zinsen über Basiszinssatz seit 05.01.02,

c) für Arbeitslohn aus dem Monat Januar 2002 DM 3.690,36 (EUR 1.886,85) nebst 5 % Zinsen über Basiszinssatz zu zahlen.

Frankfurter Sparkasse (BLZ 500 502 01) Kto.-Nr. Postbank Frankfurt am Main (BLZ 500 100 60) Kto.-Nr.

Anhang 8

V.

1. ∅ an B.V. mit EB
2. z.T.

25.2.02

∅ an B.V.

1 EB

25. Feb. 2002

19

B E G R Ü N D U N G :

Die Klageerweiterung ist erforderlich geworden, da die Beklagte es auf schriftliche Anfrage abgelehnt hat, bzgl. des seit Kündigung eingetretenen Verzugslohns auf Ausschlussfristen pp zu verzichten.

Für den Monat November 2001 hat die Beklagte gegenüber dem Kläger eine zwar inhaltlich insoweit nicht nachvollziehbare Abrechnung vorgelegt, die Akkordlohn ausweist, der bis heute nie abgesprochen war, insoweit aber hingenommen wird und ein Bruttolohn von DM 2.920,22 ausweist.

Abgezogen wurden aber für „Geldbuße" ein Betrag von DM 90,00 netto.

Beweis: Lohn-Gehaltsabrechnung vom 30.11.01

Es ist in der Firma der Beklagten mit allen Arbeitnehmern vereinbart, dass Park- und entsprechend einfache fahrlässige begangene Verkehrsordnungswidrigkeiten mit Firmenfahrzeugen im Diensteinsatz von dem Arbeitgeber übernommen werden.

Wieso das nicht für den Kläger gelten soll, ist nicht nachvollziehbar.

Für die Monatsabrechnung ist grundsätzlich zwischen den Parteien ein Normallohn für eine monatliche Arbeitszeit von 162,5 Stunden á DM 21,58/Arbeitsstunde von DM 3.506,75 vereinbart. Gezahlt wurden in der Vergangenheit immer eine freiwillige übertarifliche Zulage von monatlich DM 183,63, was insgesamt ein Bruttolohn von monatlich DM 3.690,38 als Grundlohn ausmacht.

Diese Ansprüche macht der Kläger für die Monate Dezember 2001 und Januar 2002 jetzt geltend.

Die eingeklagten Zinsansprüche ergeben sich aus der Vereinbarung, dass der Lohn mit dem ersten Werktag des Folgemonats abzurechnen und auszuzahlen ist. Zumindest ab den im vorstehenden Antrag angegebenen Fristen war Verzugseintritt gegeben, entsprechend rechtfertigt sich der Zinsanspruch.

Vorsorglich ist im übrigen grundsätzlich festzuhalten, dass der Kläger direkt nach der Kündigung der Beklagten seine Arbeitskraft weiter anbot und zur Verfügung stellte. Er wurde allerdings nach Hause geschickt.

3

20

Beweis: Zeugnis des Sohnes des Klägers, der sich hier entsprechend bemühte

Gegenüber der Beklagten bleibt anzukündigen, dass für die entsprechenden Ansprüche ab Februar 2002 jeweils entsprechende Klageerweiterungen eingereicht werden, sollte es nicht doch zu einer im Kosteninteresse sinnvollen Absprache kommen.

Rechtsanwalt

Arbeitsgericht Darmstadt

Aktenzeichen: 8 Ca 534/01

(Bitte stets angeben)

Straße und Hausnummer	PLZ Ort
Steubenplatz 14	**64293 Darmstadt**
Postfach	PLZ Ort
	64293 Darmstadt
Telefon	Telefax
(06151) 804 - 03	**(06151) 804 - 501**
Ihr Zeichen	Datum
	25. Februar 2002

8 Ca 534/01

Herren

Unternehmerverband

Darmstadt

Zutreffendes ist angekreuzt ☒ bzw. ausgefüllt

Arbeitsgericht Darmstadt
Eing.: 28. Feb. 2002
Kopien:.................................
Anlagen..................................

Empfangsbekenntnis

(Zustellung gemäß § 212 a ZPO)

In dem Rechtsstreit

gegen

habe ich heute erhalten:

☐ Ausfertigung des Urteils vom

☐ Ausfertigung des Beschlusses vom

☐ Schriftsatz vom

☒ **Klageerweiterung vom** **19. Februar 2002**

☐ Ladung zum Kammertermin am

Wochentag und Datum		Uhrzeit	Gebäude	Raum	Stockwerk
Dienstag	**28.05.2002**	**9:00 Uhr**	**Arbeitsgericht**	**5/6/7**	**E**

Antwort

Arbeitsgericht Darmstadt
Steubenplatz 14

64293 Darmstadt

Ich bin zur Entgegennahme der Zustellung legitimiert.

Datum: 27 Feb 2002

Unterschrift:

← **Empfangsbekenntnis vollzogen zurück**

€ Zust 3 Empfangsbekenntnis (§ 212 a ZPO) 01.01.2002

Anhang 8

22

®

Unternehmerverband

Darmstadt

Darmstadt

Arbeitsgericht Darmstadt
Steubenplatz 14

64293 Darmstadt

WIR unternehmen WAS!

Arbeitsgericht Darmstadt
Eing.: 22. März 2002
Kopien: 2
Anlagen: –

21. März 2002
/st

In Sachen

./.

- 8 Ca 534/01 -

beantragen wir,

auch die Klageerweiterung abzuweisen.

Der Prozessbevollmächtigte

Geschäftsführung	**Rechtsabteilung**	**Öffentlichkeitsarbeit**	**Bankverbindung**
tel. 06151 -	tel. 06151 -	tel. 06151 -	Dresdner Bank Darmstadt
fax 06151 -	fax 06151 -	fax 06151 -	BLZ 508 800 50
			Konto

V.

1. ∅ an Kl.-V.

2. z.T.

25.3.02

El

gel. Gr. 26. MRZ. 2002

23

V.

Vermerk

1. auf telef. Hinweis teilt Herr (Bvollm.vertr.) P mit, die Anschrift des Zeugen V laute

Kinzelskaim.

2. Zeugen P z.T. laden mit V. B. Thema Behauptung, der Kläger habe während des Arbeitsverhältnisses der Parteien Konkurrenztätigkeit verrichtet.

3. Nachr. von 2. an P.V., an Kl.V. mit Ø des angekündigten Telefaxes des B.V.

4. z.T.

13.5.02

Zeuge P geladen

Nachr. hiervon an P.V.

Foko des Faxes Bl. 24+25 an Kl.V.

6

14. [illegible] 2002

13/05 '02 11:54 NO.063 01/02

1 – €

24

Unternehmerverband

64216 Darmstadt

Darmstadt

Arbeitsgericht Darmstadt
Steubenplatz 14

64293 Darmstadt

Arbeitsgericht Darmstadt
Eing.: 13. Mai 2002
Kopien: ...
Anlagen: ...

WIR unternehmen WAS!

13. Mai 2002
/wu

Gegenseite hat Abschrift vorab per Telefax erhalten !

In Sachen

./.

- 8 Ca 534/01 -

nehmen wir zur Klageerweiterung wie folgt Stellung:

Unrichtig ist, dass es bei der Beklagten üblich ist, dass Verkehrsordnungswidrigkeiten mit Firmenfahrzeugen vom Arbeitgeber übernommen werden.

Beweis: Frau , Assistentin der Geschäftsleitung, zu laden über die Beklagte

Soweit ein Mitarbeiter eine Verkehrsordnungswidrigkeit begeht, so bezahlt er dies selbstverständlich selbst.

Beweis: wie oben

Geschäftsführung
tel. 06151
fax 06151 -

Rechtsabteilung
tel. 06151 -
fax 06151 -

Öffentlichkeitsarbeit
tel. 06151 -
fax 06151 -

Bankverbindung
Dresdner Bank Darmstadt
BLZ 508 800 50
Konto

13/05 '02 MO 11:55 [SE/EM NR 6877] ☑001

Anhang 8

13/05 '02 11:54 NO.063 02/02

25

2

Hinsichtlich der Monatsabrechnung bleibt anzumerken, dass der Kläger sehr unterschiedlichen Verdienst hatte. Dieser Betrug im Juli 1.402,00 €, im August 1.648,00 € und im Oktober 1.815,00 €.

Beweis: wie oben

Wir reichen die ladungsfähige Anschrift von Herrn V P wie folgt nach:

Herr V P , Rüsselsheim

Der Prozessbevollmächtigte

13/05 '02 MO 11:55 [SE/EM NR 6877] 002

26

Unternehmerverband

64216 Darmstadt

Darmstadt

Arbeitsgericht Darmstadt
Steubenplatz 14

64293 Darmstadt

Arbeitsgericht
Darmstadt

Eing.: 14. Mai 2002

Kopien: 2

Anlagen: —

WIR unternehmen WAS!

13. Mai 2002
/wu

Gegenseite hat Abschrift vorab per Telefax erhalten !

In Sachen

./.

- 8 Ca 534/01 -

nehmen wir zur Klageerweiterung wie folgt Stellung:

Unrichtig ist, dass es bei der Beklagten üblich ist, dass Verkehrsordnungswidrigkeiten mit Firmenfahrzeugen vom Arbeitgeber übernommen werden.

Beweis: Frau , Assistentin der Geschäftsleitung, zu laden über die Beklagte

Soweit ein Mitarbeiter eine Verkehrsordnungswidrigkeit begeht, so bezahlt er dies selbstverständlich selbst.

Beweis: wie oben

Geschäftsführung
tel. 06151 -
fax 06151 -

Rechtsabteilung
tel. 06151 -
fax 06151 -

Öffentlichkeitsarbeit
tel. 06151 -
fax 06151 -

Bankverbindung
Dresdner Bank Darmstadt
BLZ 508 800 50
Konto

Anhang 8

2 27

Hinsichtlich der Monatsabrechnung bleibt anzumerken, dass der Kläger sehr unterschiedlichen Verdienst hatte. Dieser Betrug im Juli 1.402,00 €, im August 1.648,00 € und im Oktober 1.815,00 €.

Beweis: wie oben

Wir reichen die ladungsfähige Anschrift von Herrn V P wie folgt nach:

Herr V P , Rüsselsheim

Der Prozessbevollmächtigte

Öffentliche Sitzung
des Arbeitsgerichts Darmstadt

Ort, Datum
Darmstadt, den 28.05.2002

28

Aktenzeichen: 8 Ca 534/01

(Bitte stets ? ,geben)

V· sitzender **Richter am Arbeitsgericht**

Ehrenamtliche(r) Richter(in)

Ehrenamtliche(r) Richter(in)

Urkundsbeamtin der Geschäftsstelle ./. **(Von der Hinzuziehung wurde abgesehen)**

Dolmetscher(in) **Herr**
unter Bezugnahme auf den allgemein geleisteten Dolmetschereid

In dem Rechtsstreit

Rüsselsheim	Kläger
Prozessbevollmächtigt.: **Rechtsanwälte** **Frankfurt**	Geschäftszeichen

gegen

Rüsselsheim	Beklagte
Prozessbevollmächtigt.: **Herren** **Unternehmerverband** **, 64283 Darmstadt**	Geschäftszeichen

gef. und zur Post ab
am -4. Juni 2002

erschien(en) bei Aufruf

1. d. Kläg. und RA

2. für d. Bekl. deren Personalleiterin und Herr vom Unternehmerverband

Ferner erschien der zum Termin geladenen Zeuge , welcher seinen Vornamen richtigstellte und den Sitzungssaal sodann verließ.

Klägervertreter erklärte, seit 15.Februar 2002 beziehe der Kläger Arbeitslosengeld in Höhe von 229,04 €. In der Zeit davor habe der Kläger Sozialhilfe bezogen und zwar in Höhe von monatlich etwa 2.000,-- DM.

Der Vorsitzende wies darauf hin, dass die auf das Sozialamt übergegangenen Ansprüche der Höhe nach genau beziffert werden müssen, sodass insoweit Bedenken hinsichtlich der Zulässigkeit der Klage in Bezug auf die Zahlungsanträge bestünden.

Klägervertreter beantragte

1. festzustellen, dass das Arbeitsverhältnis der Parteien durch die Kündigung der Beklagten vom 22. November 2001 nicht aufgelöst wurde;

2. die Beklagte zu verurteilen, den Kläger zu den bisherigen Arbeitsbedingungen als Reinigungskraft weiterzubeschäftigen

und erklärte:

„Im Hinblick auf den Klageantrag Ziffer 2. a (46,02 €) nehme ich die Klage zurück.

€ Prot 2 Verhandlungsprotokoll Kammertermin 31.05.2002

29

Im Übrigen stelle ich derzeit die weiteren Anträge nicht, da ich die vom Sozialamt bezogenen Leistungen heute nicht exakt beziffern kann".

Beklagtenvertreter beantragte,

die Klage hinsichtlich der gestellten Anträge abzuweisen.

Vom Tonträger vorgespielt, übersetzt und genehmigt.

Die Parteien verhandelten streitig zur Sach- und Rechtslage.

B. u. v.

Es soll Beweis erhoben werden über die Behauptung der Beklagten, der Kläger habe während seiner Beschäftigung bei der Beklagten dieser dadurch Konkurrenz gemacht, dass er in dem Gasthaus Reinigungsarbeiten verrichtet und deren Bezahlung verlangt habe, durch Vernehmung des von der Beklagten benannten Zeugen D P .

Der Zeuge wurde sodann in den Sitzungssaal gerufen.

Der Zeuge wurde auf seine Pflicht zur wahrheitsgemäßen und vollständigen Aussage hingewiesen und über die Strafbarkeit eines Meineides und fahrlässigen Falscheides sowie über die Strafbarkeit einer uneidlichen falschen Aussage vor Gericht belehrt und wie folgt vernommen:

Zur Person:

Ich heiße D P , wohnhaft Rüsselsheim, Glas- und Gebäudereiniger, 40 Jahre alt, mit den Parteien nicht verwandt und nicht verschwägert.

Zur Sache:

Ich habe das ausgehandelt mit der Frau vom Restaurant. Wir hatten ja schon so viele Kunden verloren, da habe ich mir gedacht, dass wir bei denen reinigen. Der Kläger hat davon aber nichts gewusst. Wir haben nicht gegen Bezahlung gereinigt.

Auf Befragen des Vorsitzenden:

Ich war nicht der Vorgesetzte des Klägers. Aber dadurch, dass wir schon Jahre lang zusammengearbeitet hatten, habe ich oft gesagt, wer welche Arbeiten macht. Ich war der Kolonnenführer von uns vier oder fünf Mitarbeitern.

Auf Vorhalt des entsprechenden Beklagtenvortrags:

Wir haben nicht auf eigene Rechnung gearbeitet. Die Frau war ja gar nicht da, die war ja in Urlaub oder sonst etwas. Es wurde zwar ein Preis ausgehandelt, das habe aber ich gemacht. Davon wusste der Kläger nichts.

30

Auf Befragen des Vorsitzenden:

Ich habe meinen Arbeitsplatz aufgrund dieser Angelegenheit auch verloren. Ich weiß nichts davon, dass der Kläger im Restaurant gewesen sein soll, um Bezahlung zu verlangen.
Ich hatte das alles ausgehandelt und gemacht. Der Kläger hat von Bezahlung nichts gewusst und damit nichts zu tun.

Auf Befragen des Beklagtenvertreters:

Ein Auftrag der Firma lag nicht vor. Ich habe das mit dem Restaurant auf eigene Rechnung ausgehandelt. Mit dem Kläger hatte ich nicht vereinbart, dass er für die Reinigungstätigkeiten im Restaurant Bezahlung erhält. Das haben wir öfters in dieser Weise gemacht und das hat er auf Kameradschaft mir gegenüber gemacht. Den Begriff „öfters" möchte ich nicht in Bezug auf den Kläger verstanden wissen, sondern in Bezug auf andere Vorarbeiter. Er hat auch tatsächlich von mir kein Geld bekommen für den Einsatz in diesem Restaurant. Ich habe selbst auch allerdings keine Bezahlung dafür erhalten. Über eine Bezahlung des Klägers haben wir gar nicht gesprochen. Dabei war dem Kläger klar, dass er von der Beklagten keine Bezahlung erhalten würde. Dies nehme ich zumindest an. Wie es genau war, weiß ich nicht, da er ja von nichts gewusst hat.

Auf Befrage des Klägervertreters:

Wir hatten am Vormittag des 27. Oktober 1991 für die Beklagte gearbeitet, und zwar in der Behindertenschule in Königstätten.

Auf Befragen des Beklagtenvertreters:

Ich weiß nicht, ob der Kläger gewusst hat, dass ich auf eigene Rechnung für das Restaurant gearbeitet habe.

Auf Befragen des Klägervertreters:

Im haben wir dann an diesem Tag am Nachmittag gearbeitet. Wir haben dort nur die Scheiben gereinigt, das hat etwa eine halbe Stunde gedauert. Es handelte sich bei dem Restaurant um einen Kunden der Beklagten, der jedoch recht selten Aufträge erteilt hat; ich selbst war vorher nur etwa zwei Mal dort eingesetzt.

Auf Befragen des Beklagtenvertreters:

Ich wohne in der Nähe des Restaurants in Rüsselsheim. Der Kläger hat mich nicht abgeholt, um dorthin zu gelangen.

Alle Beteiligten verzichteten auf das Vorspielen der Aussage.

Der Zeuge wurde um 9.40 Uhr entlassen.
Der Zeuge erklärte Verzicht auf Zeugenentschädigung und Auslagen.

Die Parteien verhandelten mit den Eingangs gestellten Anträgen weiterhin streitig zur Sach- und Rechtslage und zum Ergebnis der Beweisaufnahme.

Anhang 8

Klägervertreter erklärte, der Kläger spreche fast kein deutsch und sei gar nicht in der Lage, Verhandlungen, wie etwa die Behauptung mit dem Restaurant , selbst zu führen. Er gehöre jedoch zu der Art von Menschen, die das machten, was der Kolonnenführer ihnen sage.

Der Dolmetscher wurde um 10.17 Uhr entlassen.

B. u. v.

Eine Entscheidung ergeht am Ende der Sitzung.

(Für die Richtigkeit der Übertragung vom Tonträger)

Am Ende der Sitzung wurde nach geheimer Beratung und Wiederaufruf der Sache - in Abwesenheit der Parteien und der Protokollführerin -

IM NAMEN DES VOLKES

folgendes

TEIL-URTEIL

verkündet:

Es wird festgestellt, dass das Arbeitsverhältnis der Parteien durch die Kündigung der Beklagten vom 22. November 2001 nicht aufgelöst wurde.

Die Beklagte wird verurteilt, den Kläger zu bis zum rechtskräftigen Abschluss des Kündigungsschutzverfahrens zu unveränderten Arbeitsbedingungen als Reinigungskraft weiterzubeschäftigen.

Die Kostenentscheidung bleibt dem Schlussurteil vorbehalten.

Der Wert des Streitgegenstandes wird für das Teil-Urteil auf 7.547,40 € festgesetzt.

32

Ferner wurde folgenden

BESCHLUSS

verkündet:

Im Übrigen wird das Ruhen des Verfahrens angeordnet.

Gründe:

Die Parteien haben über die Verzugslohnansprüche des Klägers nicht verhandelt, sodass insoweit das Ruhen des Verfahrens anzuordnen ist.

Richter am Arbeitsgericht

2 Teil-Urt. (Ausf.)
an Partei-Vertr.
2EB
gef. und zur Post ab
am 11. JUN. 2002

Anhang 8

33

Zur Geschäftsstelle am: 6.6.02
Arbeitsgericht
Darmstadt

Verkündet am
28.05.2002

Urkundsbeamtin der Geschäftsstelle

Aktenzeichen
8 Ca 534/01

Im Namen des Volkes

Teilurteil

ARBEITSGERICHT DARMSTADT 11

In dem Rechtsstreit

Kläger

Prozessbevollmächtigt.:
Rechtsanwälte
Frankfurt

gegen

Beklagte

Rüsselsheim

Prozessbevollmächtigt.:
Herren
Unternehmerverband
Darmstadt

hat das Arbeitsgericht Darmstadt Kammer 8
auf die mündliche Verhandlung vom 28.05.2002
durch
Richter am Arbeitsgericht - Vorsitzender -
ehrenamtlicher Richter
ehrenamtliche Richterin
für Recht erkannt:

Es wird festgestellt, dass das Arbeitsverhältnis der Parteien durch die Kündigung der Beklagten vom 22. November 2001 nicht aufgelöst wurde.

Die Beklagte wird verurteilt, den Kläger zu bis zum rechtskräftigen Abschluss des Kündigungsschutzverfahrens zu unveränderten Arbeitsbedingungen als Reinigungskraft weiterzubeschäftigen.

Die Kostenentscheidung bleibt dem Schlussurteil vorbehalten.

Der Wert des Streitgegenstandes wird für das Teil-Urteil auf 7.547,40 € festgesetzt.

ARBEITSGERICHT DARMSTADT 11

€ Prot 3.1 Urteil (allgemein) - Urschrift und Ausfertigung 31.05.2002

34

8 Ca 534/01

Tatbestand

Der 1942 geborene, verheiratete und gegenüber 5 Kindern unterhaltspflichtige Kläger war seit Mai 1975 bei der Beklagten als Reinigungskraft beschäftigt. Sein Stundenlohn betrug zuletzt 23,-- DM bei einer Wochenarbeitszeit von 39 Stunden. Der Kläger ist marokkanischer Staatsbürger ohne bzw. mit schlechten Deutschkenntnissen.

Die Beklagte beschäftigt regelmäßig mehr als 5 Arbeitnehmer außer Auszubildenden. Ein Betriebsrat ist nicht gebildet.

Im Restaurant in Rüsselsheim hatte die Beklagte in der Vergangenheit Glasreinigungsarbeiten durchgeführt. Am 26. Oktober 2001 führte der Zeuge D P , ein Arbeitnehmer der Beklagten, in Begleitung einer weiteren männlichen Person Reinigungsarbeiten in diesem Restaurant in eigener Regie, also nicht im Auftrag der Beklagten, durch. Die Begleitperson des Zeugen P verlangte in der 46. Kalenderwoche durch Vorsprache vor Ort sowie einige Tage später telefonisch Bezahlung der Reinigungstätigkeiten. Nachdem die Restaurantleiterin diesen Sachverhalt der Geschäftsleitung der Beklagten mitgeteilt hatte, sprachen der Geschäftsführer und der Bereichsleiter am 22. November 2001 mit dem Kläger und dem Zeugen P . Der Zeuge P erklärte dabei, dass er versucht habe, mit den Tätigkeiten im Restaurant einen kleinen Nebenverdienst zu erzielen und dass es sich bei der ihn begleitenden Person um dem Kläger gehandelt habe. Der Kläger bestritt dies beharrlich.

Mit Schreiben vom 22. November 2001 sprach die Beklagte sodann gegenüber dem Kläger die fristlose Kündigung, hilfsweise eine ordentliche Kündigung zum 31. Juli 2002 aus. Sie kündigte auch das Arbeitsverhältnis des Zeugen P fristlos.

Der Kläger wendet sich mit der Klage vom 27. November 2001 gegen die Wirksamkeit der außerordentlichen Kündigung und beruft sich auf das Fehlen eines wichtigen Grundes. Er ist ferner der Auffassung, auch für die hilfsweise ausgesprochene ordentliche Kündigung liege kein Grund vor. Er behauptet, im Restaurant niemals auf eigene Rechnung Arbeiten verrichtet zu haben.

2

Weiterhin verlangt der Kläger mit der Klage Zahlung der Vergütung für Dezember 2001 und Januar 2002.

Der Kläger beantragt bisher nur,

1. festzustellen, dass das Arbeitsverhältnis der Parteien durch die Kündigung der Beklagten vom 22. November 2001 nicht aufgelöst wurde;

2. die Beklagte zu verurteilen, den Kläger zu den bisherigen Arbeitsbedingungen als Reinigungskraft weiterzubeschäftigen.

Die Beklagte beantragt,

die Klage insoweit abzuweisen.

Sie ist der Auffassung, ein wichtiger Grund für die Kündigung liege vor und behauptet, es sei der Kläger gewesen, der zusammen mit dem Zeugen P auf eigene Rechnung die Reinigungsarbeiten in dem Restaurant durchgeführt habe.

Wegen des weiteren Vortrags der Parteien wird auf die gewechselten Schriftsätze nebst deren Anlagen Bezug genommen.

Die Kammer hat über die Behauptung der Beklagten, der Kläger habe während seiner Beschäftigung bei ihr dieser dadurch Konkurrenz gemacht, dass er in dem Gasthaus Reinigungsarbeiten verrichtet und deren Bezahlung verlangt habe, Beweis erhoben durch Vernehmung des Zeugen P .
Wegen des Ergebnisses der Beweisaufnahme wird auf die Sitzungsniederschrift vom 28. Mai 2002 (Blatt 29 ff. d. A.) Bezug genommen.

3

7

Entscheidungsgründe

Die Klage ist begründet.

Die Kündigung der Beklagten vom 22. November 2001 hat das Arbeitsverhältnis der Parteien weder mit sofortiger Wirkung, noch zum 31. Juli 2002 aufgelöst.

Ein wichtiger Grund für die außerordentliche Kündigung im Sinne des § 626 Abs. 1 BGB, welcher der Beklagten die Fortsetzung des Arbeitsverhältnisses bis zum Ablauf der Kündigungsfrist unter Berücksichtigung der Interessen beider Vertragsparteien unzumutbar machen würde, liegt nicht vor.
Konkurrenztätigkeit gegenüber dem Arbeitgeber während der Dauer des Arbeitsverhältnisses ist generell geeignet, eine außerordentliche Kündigung zu rechtfertigen, denn der Arbeitsvertrag schließt für die Dauer seines Bestandes aufgrund der Treuepflicht des Arbeitnehmers ein Wettbewerbsverbot ein (BAG 17. Oktober 1969, EZA § 60 HGB Nr. 2). Nach dem Ergebnis der Beweisaufnahme steht zur Überzeugung der Kammer fest, dass der Kläger es war, der zusammen mit dem Zeugen P die Reinigungsarbeiten im Restaurant verrichtet hat. Dies hat der Zeuge P glaubhaft bekundet. Gegen seine Glaubwürdigkeit bestehen insoweit keine Bedenken, da er, der selbst seinen Arbeitsplatz aufgrund seines Fehlverhaltens verloren hat, keinen Grund haben dürfte, zu Unrecht den Kläger zu bezichtigen, er habe seine arbeitsvertraglichen Pflichten verletzt.
Die Kündigung hält jedoch nicht der gebotenen Interessensabwägung stand. Dabei spricht der Umstand, dass die Konkurrenztätigkeit aufgrund des Umstands, dass es sich bei dem Restaurant um - zumindest frühere - Kundschaft der Beklagten gehandelt hat, für das Auflösungsinteresse der Beklagten, denn es liegt damit ein eher schwerwiegender Verstoß gegen die arbeitsvertraglichen Pflichten vor. Für die Interessen des Klägers am Erhalt seines Arbeitsplatzes spricht hingegen, dass dieser bereits seit mehr als 26 Jahren bei der Beklagten beschäftigt war, ohne dass - soweit ersichtlich - diese Grund zu Beanstandungen gehabt hätte. Darüberhinaus trifft die Kündigung den Kläger aufgrund seines recht hohen Lebensalters und des Umstands, dass er für 5 Kinder unterhaltspflichtig ist, besonders hart. Entscheidend ist jedoch, dass es der Zeuge P war, der die

arbeitsvertragswidrige und wohl auch illegale Reinigungstätigkeit im Restaurant eingefädelt und organisiert hat. Der Zeuge P hat bekundet, er sei der Kolonnenführer des Klägers gewesen und gesagt, wer welche Arbeiten macht. Von den Hintergründen habe der Kläger nichts gewußt. Die Bekundung, wonach es sich bei dem Zeugen P um den Drahtzieher handelte, ist glaubhaft, da die Beklagte der Aussage, der Zeuge sei Kolonnenführer gewesen, nicht entgegengetreten ist. Ob es glaubhaft ist, dass der Kläger von der Pflichtwidrigkeit der Tätigkeit im Restaurant nichts gewußt haben soll, kann dahingestellt bleiben. Selbst wenn zugunsten der Beklagten unterstellt wird, dass es dem Kläger bewußt war, dass hier auf eigene Rechnung gearbeitet werden sollte, geht die Interessensabwägung zu Lasten der Beklagten aus. Das Fehlverhalten des Klägers erscheint in einem milderen Licht. Der Zeuge P hat ihn in die Angelegenheit mit hineingezogen. Alleine schon aufgrund seiner sprachlichen Ungewandtheit wäre der Kläger nicht in der Lage gewesen, die Schwarzarbeit in Konkurrenz zur Beklagten selbst zu organisieren. Hauptverantwortlicher war der Zeuge P , denn er hatte als Kolonnenführer in bestimmtem Umfang Weisungsbefugnis gegenüber dem Kläger und ist aufgrund seiner Persönlichkeit ausreichend gewandt, eine Aktion wie die im Restaurant zu organisieren.

Die zuletzt aufgeführten Umstände sind im Prozess zugunsten des Klägers zu berücksichtigen, auch wenn er sie nicht vorgetragen, sondern stattdessen beharrlich jegliche Beteiligung an den Reinigungsarbeiten im Restaurant geleugnet hat. Wie sich aus der mündlichen Verhandlung zum Ergebnis der Beweisaufnahme ergab, ist davon auszugehen, dass der Kläger sich die entsprechenden Bekundungen des Zeugen P als Sachvortrag zu eigen macht. Hierfür spricht auch die Interessenlage.

Die hilfsweise ausgesprochene ordentliche Kündigung zum 31. Juli 2002 beendet das Arbeitsverhältnis nicht, da sie nicht aus im Verhalten des Klägers liegenden Gründen sozial gerechtfertigt ist. Auch bei der verhaltensbedingten ordentlichen Kündigung hat eine Abwägung des Auflösungsinteresse des Arbeitgebers gegenüber dem Bestandsinteresse des Arbeitnehmers zu erfolgen. Die Gründe, die dazu geführt haben, den Interessen des Klägers in Zusammenhang mit der außerordentlichen Kündigung den Vorrang einzuräumen, führen dazu, dass auch die ordentliche Kündigung der Interessensabwägung nicht standzuhalten vermag.

5

Ergänzend ist hierzu anzumerken, dass auch die fristgerechte Kündigung den Kläger angesichts seines hohen Lebensalters und der umfangreichen Unterhaltsverpflichtungen besonders hart trifft.

Aufgrund des Obsiegens des Klägers mit der Kündigungsklage hat er Anspruch auf vorläufige Weiterbeschäftigung zu den bisherigen Arbeitsbedingungen, da auch insoweit seine Interessen überwiegen (vgl. BAG GS 27. Februar 1985, EZA § 611 BGB Beschäftigungspflichten Nr. 9).

Die Kosten der Entscheidung ist dem Schlussurteil vorzubehalten.

Der Wert des Streitgegenstandes bemißt sich hinsichtlich des Klageantrages zu 1) gem. § 12 Abs. 7 S. 1 ArbGG nach der Höhe eines durchschnittlichen Vierteljahresverdienstes des Klägers, wobei von einem Bruttomonatsverdienst von 1.886,85 € auszugehen ist.
Der Klageantrag zu 2) ist in Höhe eines weiteren Bruttomonatsverdienstes berücksichtigt.

6

Anhang 8

8 Ca 534/01 gegen

40

Rechtsmittelbelehrung

Gegen dieses Urteil kann die unterlegene Partei **Berufung** einlegen,

- wenn die Berufung im Urteil ausdrücklich zugelassen worden ist
  oder

- wenn der Wert des Beschwerdegegenstandes 600 Euro übersteigt
  oder

- in Rechtsstreitigkeiten über das Bestehen, das Nichtbestehen oder die Kündigung eines Arbeitsverhältnisses.

In anderen Fällen ist die Berufung unstatthaft.

Die Berufung muss bei dem

Hessischen Landesarbeitsgericht

Adickesallee 36 60322 Frankfurt am Main	oder	Postfach 18 03 20 60084 Frankfurt am Main

eingelegt werden.

Die **Frist** für die Einlegung der Berufung beträgt einen Monat, die Frist für die Begründung der Berufung zw Monate. Beide Fristen beginnen mit der Zustellung des in vollständiger Form abgefassten Urteils, spätestens abe mit Ablauf von fünf Monaten nach der Verkündung.

Berufungsschrift und Berufungsbegründung müssen **unterzeichnet** sein

- von einer oder einem bei einem deutschen Gericht zugelassenen Rechtsanwältin oder Rechtsanwalt

- oder von Bevollmächtigten einer Gewerkschaft oder einer Vereinigung von Arbeitgebern oder eines Zusammenschlusses solcher Verbände oder einer rechtlich selbständigen Rechtsschutzorganisation dieser Verbände, wenn der Zusammenschluss selbst, der Verband selbst oder eines deren Mitglieder Partei ist oder wenn die Partei Mitglied in einem anderen Verband oder Zusammenschluss mit vergleichbarer Ausrichtung ist.

Der Vorsitzende

Hinweis der Geschäftsstelle

Das Hessische Landesarbeitsgericht bittet, im Falle der Berufungseinlegung **sämtliche Schriftsätze in fünffacher Ausfertigung** einzureichen. Die beiden Überstücke werden zur Information der ehrenamtlichen Richterinnen und Richter benötigt.

€ RMB 1 Berufungsfähiges streitiges Urteil I. Instanz 01.01.2002 28.03.2002

Arbeitsgericht Darmstadt

Aktenzeichen: 8 Ca 534/01

(Bitte stets angeben)

Straße und Hausnummer	PLZ Ort
Steubenplatz 14	**64293 Darmstadt**
Postfach	PLZ Ort
	64293 Darmstadt
Telefon	Telefax
(06151) 804 - 03	**(06151) 804 - 501**
Ihr Zeichen	Datum
430/01	**11. Juni 2002**

Zutreffendes ist angekreuzt ☒ **bzw. ausgefüllt**

8 Ca 534/01

Rechtsanwälte

Frankfurt

Arbeitsgericht Darmstadt
Eing.: 14. Juni 2002
Kopien:.................................
Anlagen.................................

Empfangsbekenntnis

(Zustellung gemäß § 212 a ZPO)

In dem Rechtsstreit

gegen

habe ich heute erhalten:

☒ Ausfertigung des Teil-Urteils vom **28. Mai 2002**

☐ Ausfertigung des Beschlusses vom

☐ Schriftsatz vom

☐

☐ Ladung zum Kammertermin am

Wochentag und Datum	Uhrzeit	Gebäude	Raum	Stockwerk

Antwort

Arbeitsgericht Darmstadt
Steubenplatz 14

64293 Darmstadt

Ich bin zur Entgegennahme der Zustellung legitimiert.

Datum: ....

EINGEGANGEN
12. Juni 2002

Unterschrift: ....

← **Empfangsbekenntnis vollzogen zurück**

€ Zust 3 Empfangsbekenntnis (§ 212 a ZPO) 28.03.2002

Arbeitsgericht Darmstadt

Aktenzeichen: 8 Ca 534/01

(Bitte stets angeben)

Straße und Hausnummer	PLZ Ort
Steubenplatz 14	**64293 Darmstadt**
Postfach	PLZ Ort
	64293 Darmstadt
Telefon	Telefax
(06151) 804 - 03	**(06151) 804 - 501**
Ihr Zeichen	**Datum**
	11. Juni 2002

42

8 Ca 534/01

Herren

Unternehmerverband

Darmstadt

Zutreffendes ist angekreuzt ☒ bzw. ausgefüllt

Arbeitsgericht Darmstadt
Eing.: 17. Juni 2002
Kopien:..............................
Anlagen..............................

Empfangsbekenntnis

(Zustellung gemäß § 212 a ZPO)

In dem Rechtsstreit

gegen

habe ich heute erhalten:

☒ Ausfertigung des Teil-Urteils vom **28. Mai 2002**

☐ Ausfertigung des Beschlusses vom

☐ Schriftsatz vom

☐

☐ Ladung zum Kammertermin am

Wochentag und Datum	Uhrzeit	Gebäude	Raum	Stockwerk

Antwort

Arbeitsgericht Darmstadt
Steubenplatz 14

64293 Darmstadt

Ich bin zur Entgegennahme der Zustellung legitimiert.

Datum: 12. Juni 2002

Unterschrift:

← **Empfangsbekenntnis vollzogen zurück**

€ Zust 3 Empfangsbekenntnis (§ 212 a ZPO) 28.03.2002

Stichwortverzeichnis

Die Angaben verweisen auf die Seitenzahl der Fundstelle im Inhalt.
Der Begriff „ehrenamtlicher Richter“ ist hier als eaRi abgekürzt.